NarcoZones
Entgrenzte Märkte und Gewalt in Lateinamerika

Anne Huffschmid | Wolf-Dieter Vogel
Nana Heidhues | Michael Krämer | Christiane Schulte | (Hg.)

NarcoZones

**Entgrenzte Märkte und Gewalt
in Lateinamerika**

Assoziation A

Dieses Buch erscheint mit freundlicher Unterstützung
der Rosa-Luxemburg-Stiftung und der Stiftung Umverteilen.

© Berlin | Hamburg 2012
Assoziation A | Gneisenaustr. 2a | D-10961 Berlin | Tel.: + 49 30 69 58 29 71
www.assoziation-a.de | berlin@assoziation-a.de | hamburg@assoziation-a.de
ISBN 978-3-86241-414-7
Umschlaggestaltung und Satz: kv | Karten: schrenkwerk.de
Druck: Winddruck Siegen

Inhalt

Vorwort 7

Edgardo Buscaglia
Das Paradox der Repression 13

José Reveles
Vom »Business as Usual« zum Territorialkrieg
Geschichte und Hintergründe
des mexikanischen »Drogenkriegs« 33

Paco Ignacio Taibo II
Narcogewalt – Acht Thesen und viele Fragen
Straflosigkeit, Korruption und ein marodes Justizsystem –
die Regierung hätte nicht in den Krieg ziehen dürfen 51

Lourdes Cárdenas
Die Schöne und die Hässliche
Die ungleichen Schwesterstädte Ciudad Juárez und El Paso 59

Anne Huffschmid
Terror und Öffentlichkeit
Bilder und Diskurse im neuen mexikanischen Alltag 73

Valentin Schönherr
Nachrichten aus dem Verwüstungsgebiet
Der mexikanische Drogenkonflikt in der erzählenden Literatur 85

Rossana Reguillo
»Es reicht nicht mehr, nur zu sterben«
Die Geschichte eines Jungen aus Michoacán 95

Jesús Cantú & Mariana Franco
Elitesoldaten auf mörderischen Abwegen
Von der Schutztruppe zum Kartell: Wie aus den Zetas eine
der bedeutendsten kriminellen Organisationen Mexikos wurde 101

Wolf-Dieter Vogel
Aus der Schockstarre erwacht
Christen, Linke, Indigene und Opfer-Angehörige
organisieren sich gegen die Kartelle und den »Drogenkrieg«   119

Óscar Martínez
Ein Niemand sein im Land der Drogenhändler
In Guatemala werden Bauern vertrieben, während
mächtige Drogenhändler unbehelligt bleiben   137

David C. Martínez-Amador
Drohende Militarisierung
Guatemala unter dem Einfluss der mexikanischen Kartelle   155

César Osorio Sánchez
Kein Erfolgsmodell
Militärische Strategien der Drogenbekämpfung:
Der Fall Kolumbien   183

Alfredo Molano Bravo
Die Kultur der Mafia
Kolumnen   169

Robert Lessmann
Alles andere als nachhaltig
Drogenpolitik und »War on Drugs« im Andenraum   199

Dawid Bartelt
Gefährliche Verbindungen
Gewalt, Drogen und Staat in Rio de Janeiro, Brasilien   215

Stephan Lanz
Das Gute des Bösen
Drogengangster und Gottesmänner
in einer Favela von Rio de Janeiro   233

Regine Schönenberg & Annette von Schönfeld
Zwischenstopp Lateinamerika
Von Kolumbien über Südafrika nach Europa:
auf den Routen Transnationaler Organisierter Kriminalität   245

AutorInnen und HerausgeberInnen   263

Vorwort

Es sind erschreckende Bilder, die täglich aus Mexiko um die Welt gehen: grausam zugerichtete Leichen, schwer bewaffnete Soldaten, verzweifelte Angehörige von Ermordeten – und ein völlig überforderter Staatschef. Zigtausende Menschen wurden getötet, seit Präsident Felipe Calderón 2006 begonnen hat, das Militär gegen die Kartelle zu mobilisieren. Nicht nur für Außenstehende ist kaum noch nachvollziehbar, was in Mexiko seither geschieht. Wer sind die Akteure, was sind die Hintergründe? Was muss in einem Land passiert sein, wenn schon 16-Jährige für ein paar Pesos töten? Gibt es Antworten aus der Zivilgesellschaft auf die Zerstörung des sozialen Lebens? Und wie sieht es in anderen Ländern Lateinamerikas aus, in denen Drogenproduktion und Organisierte Kriminalität seit Langem den Alltag mitbestimmen – in Kolumbien, Guatemala, Brasilien, Peru oder Bolivien? Diesen und anderen Fragen geht der vorliegende Band nach.

Zunächst eine begriffliche Klarstellung: Im medialen Diskurs über die Eskalation der Gewalt dominieren die Kurzformeln »Drogenkrieg« oder »Drogenmafia«. Doch diese Begriffe führen in die Irre, denn die großen Kartelle sind längst nicht mehr nur Drogenhändler. Kokain, Heroin und Marihuana sind nur ein Teil der Waren, mit denen sie ihr Geld verdienen. Die Gruppen agieren als transnationale Unternehmen, die nur wenig mit der klassischen, regional angebundenen und auf familiäre Strukturen bauenden klassischen Mafia gemein haben. Wie andere Konzerne auch investieren sie ihr Kapital in Wirtschaftssektoren, die attraktive Gewinne versprechen. So sind »Drogenkartelle« zunehmend in illegale Geschäfte wie Waffenschmuggel und Menschenhandel, den lukrativen Markt der Raubkopien oder Internetbetrug verstrickt und für unzählige Entführungen und Erpressungen verantwortlich. Ihr Vermögen steckt in karibischen Touristenhotels und bulgarischen Immobilien ebenso wie in deutschen Einkaufszentren.

Dabei wird klar, dass ein Blick, der sich allein auf die jeweiligen nationalen Verhältnisse richtet, nicht ausreicht, um das Phänomen zu erfassen. Zwar steht der mexikanische »Drogenkrieg« im Fokus der öffentlichen Wahrnehmung, doch auch andere lateinamerikanische Gesellschaften haben mit dem Organisierten Verbrechen und dessen Verstrickungen in Politik und Wirtschaft zu kämpfen. Staatliche Grenzen können die Kartelle in der Regel nicht aufhalten. So haben sich in Guatemala längst die mexikanischen Zetas, eine der brutalsten neuen Gruppen, breitgemacht und zwingen dort Kleinbauern zur kriminellen Zusammenarbeit. In mehreren Staaten Zentralamerikas entführen, erpressen und morden Jugendbanden im Auftrag der Kartelle aus Mexiko.

Und doch sind Grenzen für die Organisierte Kriminalität von zentraler Bedeutung. Schließlich ist die Kontrolle illegaler Transportwege über Grenzzäune und Zollbehörden hinweg die Grundlage zahlreicher Einnahmequellen. Welche Ware dabei letztlich geschmuggelt wird, ist zweitrangig. Dieselben Container, in denen Kokain aus Lateinamerika exportiert wird, bringen raubkopierte Datenträger (Filme, Musik u.v.m.), Fälschungen und Plagiate von kosmetischen, pharmazeutischen und anderen Produkten hauptsächlich aus China auf den Kontinent. Wer verdienen will, braucht geheime Landebahnen und bewaffnete Schutztrupps ebenso wie legale Speditionsfirmen und ein Heer korrupter Beamter, das einen sicheren Transport garantieren kann. Und nicht zuletzt benötigen die international agierenden Netzwerke ein sicheres Hinterland. Dabei sind sie auf schwache Institutionen im Lande ebenso angewiesen wie auf rechtsstaatliche Verhältnisse anderswo. Denn illegal erwirtschaftetes Geld, das nicht in legalen Unternehmen gewaschen und letztlich in stabilen Staaten investiert werden kann, kann leicht wieder verloren gehen. Um also die Dynamik der Transnationalen Organisierten Kriminalität zu erfassen, reicht es nicht aus, die Gründe ihres Entstehens allein in der Armut, Korruption oder Straffreiheit in den Ländern Lateinamerikas zu suchen. Denn auch europäische Staaten bieten Rechtssicherheit für die kriminellen Investoren.

Wie sehr sich die Entwicklungen auf dem lateinamerikanischen Kontinent gegenseitig bedingen, zeigt das Beispiel Kolumbien. Der Tod des Drogenbosses Pablo Escobar Anfang der 1990er Jahre sowie die Tatsache, dass es Mexikos Drogenhändler waren, die das kolumbianische Kokain in die USA brachten, spielen eine wichtige Rolle beim allmählichen Aufstieg der Mexikaner im Drogengeschäft. Zugleich erinnert das Vorgehen der mexikanischen Kartelle, vor allem der zunehmende Terror gegen die Zivilbevölkerung, durchaus an Escobars Killertruppen in Medellín – wobei die Mordrate in Mexiko heute noch ungleich höher liegt. Heute gilt Kolumbien vielen als Beispiel dafür, dass mit repressiven Maßnahmen gegen korrupte Vertreter der politischen und wirtschaftlichen Elite die Macht der Organisierten Kriminalität gebrochen werden kann. Doch auch dort terrorisieren weiterhin rechtsextreme paramilitärische Gruppen und eine gleichfalls ins Drogengeschäft verwickelte Guerilla die Bevölkerung. Und die Menschenrechtslage hat sich seit der Zerschlagung der großen Kartelle in Kolumbien keinesfalls verbessert, vor allem in den ländlichen Regionen leiden viele Menschen unter den bewaffneten Zusammenstößen beim Kampf um strategisch wichtiges Territorium. Zugleich gehen der Kokaanbau ebenso weiter wie die hochgradig gesundheitsschädliche Besprühung der Pflanzen. Die Drogenökonomie blüht in Kolumbien wie eh und je, weil ihre gesellschaftlichen Ursachen nicht beseitigt sind.

Soziale Ungleichheit, der fehlende Zugang zu Bildung und die damit verbundene Perspektivlosigkeit für die junge Generation bilden auch in Mexiko den Nährboden, auf dem die Macht der Kartelle gedeiht. Acht Millionen Jugendliche gehen weder zur Schule noch haben sie eine Arbeit; viele Kleinbauern haben ihre Lebensgrundlage verloren, seit durch den Freihandelsvertrag mit den USA und Kanada hoch subventionierte landwirtschaftliche Waren aus dem Norden ins Land kommen, mit denen kleine Produzenten nicht konkurrieren können. Vor allem diese Menschen stellen die Reservearmee, aus dem die Organisierte Kriminalität ihre Zuarbeiter rekrutiert. Wer nicht in die Vereinigten Staaten migriert, hat in manchen Regionen kaum eine andere Alternative, als sich in die illegalen Strukturen zu integrieren.

Das Geschäft mit Drogen, Waffen oder Erpressungen spielt als Wirtschaftszweig, der im Versteckten agiert und zugleich eng mit der formalen Ökonomie verzahnt ist, in den lateinamerikanischen Gesellschaften schon lange eine wichtige Rolle. Ins Blickfeld gerät er jedoch erst, wenn wie in den 1990er Jahren in Kolumbien und heute in Mexiko die strukturellen Gewaltverhältnisse eskalieren und physische, sichtbare Gewalt auslösen. Erst in diesem Moment erzeugen sowohl die Killer der Kartelle sowie Polizisten und Soldaten Bilder, die in der nationalen und internationalen Medienöffentlichkeit wahrgenommen werden. Fakten spielen in diesen medialen Inszenierungen, bei denen auch die Akteure untereinander kommunizieren, nur eine untergeordnete Rolle. Besonders Zahlenangaben sind, wie Experten immer wieder betonen, mit Vorsicht zu genießen: Niemand weiß mit Sicherheit, wie viele Menschen in Mexiko in den letzten Jahren eines gewaltsamen Todes gestorben oder »verschwunden« sind. Die offiziellen, häufig interessengeleiteten Statistiken helfen nicht viel weiter. Denn allzu oft ist unklar, warum die Behörden jemanden als Opfer des »Drogenkrieges« registrieren oder nicht. Schnell werden Morde als Folge von Zusammenstößen zwischen Kriminellen eingeordnet, meist fehlen dafür Beweise. Zudem führen Straflosigkeit und Korruption dazu, dass nur die wenigsten Anzeige erstatten. Welche Migrantin, die auf ihrem Weg in die USA entführt wurde, würde zur mexikanischen Polizei gehen? Wer würde einen Mord anzeigen, wenn der Polizist, der den Fall aufnimmt, möglicherweise für das Kartell arbeitet, das die Tat in Auftrag gegeben hat?

Die im nordmexikanischen Tijuana herausgegebene Wochenzeitung *Zeta*, die mit der gleichnamigen Terrorgruppe nur zufällig den Namen teilt, veröffentlichte Ende 2011 einige Zahlen, denen eine seriösere Berechnung zugrunde zu liegen scheint. Das Blatt verglich eigene Daten, die es wie viele mexikanische Zeitungen seit Jahren erhebt, minutiös mit den Angaben verschiedener Landes- und Bundesbehörden. Nach diesem Abgleich starben in Mexiko zwischen Anfang 2007 und Ende 2011 mehr als 60.000 Menschen im Kontext der »Drogengewalt«, bei fast der Hälfte der Toten (28.000) haben die Behörden den Leichnam bis heute nicht identifiziert. Menschenrechtsgruppen gehen zudem davon aus, dass mindestens 10.000 Menschen verschleppt wurden und bis heute verschwunden sind; um die 120.000 sollen in den letzten Jahren auf der Flucht vor der Gewalt ihre Heimat verlassen haben. In Mexiko existiert heute ein Gewaltniveau, wie es die Gesellschaft seit den Revolutionskämpfen Anfang des 20. Jahrhunderts nicht mehr erlebt hat. Dass die offensichtlich gescheiterte Strategie der Militarisierung dennoch Vorbild für die Drogenbekämpfung in Nachbarländern wie Guatemala sein soll, mutet angesichts solcher Dimensionen geradezu abstrus an.

In Rio de Janeiro hingegen sind die blutigen Auseinandersetzungen zwischen Drogenhändlern keine Neuigkeit. In der brasilianischen Küstenstadt baut das Geschäft auf lang herangewachsenen Verflechtungen zwischen Kriminellen, Sicherheitskräften sowie politischen und wirtschaftlichen Eliten auf. Im Gegensatz zu Mexiko sind es hier allerdings keine großen transnational operierenden Kartelle, die den Handel kontrollieren. Verschiedene lokal eingebundene Gruppen versorgen die Märkte, entsprechend verlaufen die Kämpfe oft innerhalb der Stadtviertel. Schwerbewaffnete Polizeieinheiten, Milizen und die Banden des Drogenhandels liefern sich regelmäßig Gefechte um die Kontrolle der

Favelas. Dieser Kampf um die Territorien fordert weiterhin zahlreiche Todesopfer.

NarcoZones meint jedoch mehr als territorial eingrenzbare Räume, in denen kriminelle Banden das Sagen haben. Wenn in Lateinamerika von *Narcos* die Rede ist, so kann damit der Halbwüchsige, der für die Kartelle mordet, ebenso gemeint sein wie der Capo oder auch der Bürgermeister oder Politiker, der seine schützende Hand über die Machenschaften hält. *Narcos* können auch Juristen oder Unternehmer sein; und sogar Taxifahrer, Prostituierte, Kleinbauern oder Musiker, die freiwillig oder gezwungenermaßen für die Kartelle arbeiten, werden mit der Vorsilbe belegt. Der Begriff *Narco* steht für ein gesellschaftliches Verhältnis, dessen Akteure eng mit dem kapitalistischen System verflochten sind, das sich aber längst – gleichsam als dessen marktradikale Zuspitzung – zu einer eigenen Welt und Macht entwickelt hat. Denn der *Narco* agiert in einer komplett deregulierten Marktwirtschaft, jenseits rechts- oder sozialstaatlicher Garantien. Es herrscht das Recht des Stärkeren, das an feudalistische Zeiten erinnert, und dennoch gilt für Warentausch wie auch für Dienstleistungen das Gesetz von Angebot und Nachfrage: Wer zu günstigeren und besseren Konditionen mordet, bekommt den Auftrag. Zugleich »bestechen« die Kriminellen ihre Gesellschaft damit, genau jene Bedürfnisse zu erfüllen, die der marktwirtschaftlich orientierte Staat zwar permanent verspricht, aber für viele seiner Bürgerinnen und Bürger nicht bereitstellen kann: ein sicheres Auskommen, ein wenig Luxus, gegebenenfalls sogar gesellschaftliche Anerkennung.

Diese Entwicklung hat einen eigenen Lebensstil und nicht zuletzt eine eigene »Narcokultur« geschaffen. Damit sind hier weniger die – oft folklorisiert wahrgenommenen – Kulturphänomene wie die Drogenballaden der *Narcocorridos* oder die Verehrung von Schutzheiligen der Mafia als vielmehr die Alltagskultur gemeint. Denn wo die kriminelle Ökonomie dominiert, verändert sich der Alltag grundlegend. Besonders anschaulich werden solche drastisch mutierten Lebenswelten in den Favelas von Rio de Janeiro, wo Drogengangs innerhalb sozialer Netzwerke agieren, die sich an selbstgeschaffenen Normen und Regeln orientieren. Selbst evangelikale Kirchen, die in ganz Lateinamerika an Bedeutung gewinnen, sind dort in dieses Geflecht eingebunden. In anderen Regionen hat die Präsenz von Killern der Mafia und Polizisten das öffentliche und städtische Leben komplett umgekrempelt. So etwa in Ciudad Juárez an der nordmexikanischen Grenze, wo angesichts der alltäglichen Brutalität Tausende von Menschen – so sie über ein Visum verfügen – in die US-amerikanische Schwesterstadt El Paso fliehen.

All diese Mutationen liefern auch Stoff für die lateinamerikanische Kulturproduktion. Die neuen Traumata von Mafiamacht und eskalierender Gewalt werden in Literatur, Kino und Kunst bearbeitet. Den Anfang machte vor Jahren in Mexiko der spanische Roman *Die Königin des Südens*, der bald auch international für Furore sorgte und als Telenovela und als Spielfilm auf die Leinwand gebracht wurde; heute ist der »Drogenkrieg« eines der zentralen Sujets neuer Romane. *Die Hölle*, so der Titel eines der populärsten mexikanischen Spielfilme der letzten Jahre, erzählt das System der Brutalisierung als filmische Farce – und hält der Gesellschaft einen Zerrspiegel vor. Künstlerinnen wiederum verhüllen in Mexiko Denkmäler im städtischen Raum, um die unzähligen neuen »Verschwundenen« ins Bewusstsein zu rufen. Immer geht es darum, die schleichende Gewöhnung an die extreme Gewalt zu unterlaufen, das Unsichtbare sichtbar zu machen, neue Räume jenseits von Mafiaterror und Staatsmacht zu öffnen. Das eint sie mit denen, die sich nicht im Schutzraum der Kunst bewegen, sondern in den Territorien des Schreckens versuchen, den Logiken der Gewalt zu widerstehen: Pfarrer, die rechtlosen Migranten Schutz bieten, indigene Dorfgemeinschaften, die sich der Mafia entgegenstellen, eine Friedensbewegung, in der Angehörige von Gewaltopfern ein Ende des Krieges sowie »Würde und Gerechtigkeit« fordern.

Ein Nachsatz in eigener Sache: *NarcoZones* wurde von Teilen des Redaktionskollektivs des ehemaligen *Jahrbuch Lateinamerika*, erweitert um Wolf-Dieter Vogel, herausgegeben. Dass der Band in der vorliegenden Form erscheinen konnte, verdankt sich nicht nur den beteiligten AutorInnen und ÜbersetzerInnen, sondern auch einer Reihe von anderen guten Geistern, bei denen wir uns an dieser Stelle herzlich bedanken wollen: bei der Rosa-Luxemburg-Stiftung und der Stiftung Umverteilen für die Finanzierung der Übersetzungen, bei Heiko von Schrenk für die unentgeltliche Kartographie und nicht zuletzt bei unserem Verleger Rainer Wendling für sein akribisches Lektorat.

Wolf-Dieter Vogel, Anne Huffschmid, Nana Heidhues,
Michael Krämer und Christiane Schulte
Berlin, Februar 2012

Das Paradox der Repression

Ein Gespräch mit dem Sicherheitsexperten Edgardo Buscaglia über die Fehler im Kampf gegen die mexikanischen Kartelle und das organisierte Verbrechen

Vorbemerkung

Der US-Uruguayer Edgardo Buscaglia zählt zu den profiliertesten Kennern der mexikanischen Kartelle. Kaum eine Publikation in Mexiko zum Thema »Drogenkrieg« kommt ohne das Wissen Buscaglias aus, zahlreichen Analysen liegen seine Forschungsergebnisse zugrunde. Regelmäßig kritisiert er als Interviewpartner großer Fernsehstationen die Politik des Präsidenten Felipe Calderón. Der Jurist, Wirtschaftswissenschaftler und Politologe lehrt an Universitäten in Virginia, Stanford und Mexiko-Stadt. Als Experte für transnationale Organisierte Kriminalität berät er internationale Organisationen. Gerade weil Sicherheitsexperten wie Buscaglia nicht zu den klassischen linken Kritikern der konservativen mexikanischen Regierungspolitik zählen, werden seinen Ausführungen in Mexiko mit großer Aufmerksamkeit verfolgt.

Der von Mexikos Präsident Felipe Calderón erklärte »Krieg gegen die Drogenmafia« steht sowohl im Land selbst als auch international in der Kritik: Zehntausende sterben, der Alltag wird zunehmend brutaler, die von Sicherheitskräften verübten Menschenrechtsverletzungen haben stark zugenommen. Calderón hält dagegen: Durch die Mobilisierung des Militärs habe man zahlreiche Köpfe der Kartelle dingfest machen können, große Mengen Rauschgift seien beschlagnahmt sowie Opium- und Marihuanafelder zerstört worden. Hat die Kriegserklärung den Kampf gegen die Drogenmafia also doch vorangebracht?

Nein, leider ist das alles nur Show. Wenn man sich lediglich dem medienwirksamen Ziel widmet, Capos zu verhaften oder zu töten, bleiben die politischen, wirtschaftlichen und finanziellen Strukturen des Geschäfts völlig intakt. Die kriminellen Unternehmen funktionieren mit oder ohne *La Barbie*, *El Chango* oder *El Chapo* Guzmán. Die Kartelle sind nicht von Personen, sondern von Strukturen abhängig – angefangen bei den Tausenden von Beamten auf Gemeinde-, Länder- und Bundesebene bis hin zu den legalen Unternehmen, die Schiffe für den Transport, Lagerhäuser für die Verteilung oder pharmazeutische Betriebe für die Produktion synthetischer Drogen zur Verfügung stellen. Diese Infrastruktur blieb in Mexiko bislang völlig unberührt. Wenn unter diesen Voraussetzungen ein Capo verhaftet wird, ändert sich rein gar nichts. Aber ohnehin ist es falsch, von der »Drogenmafia« zu sprechen und den Blick nur auf das Drogengeschäft zu beschränken. Die Kartelle agieren in sehr vielen Bereichen. Insgesamt sind sie in 22 verschiedene Deliktsfelder eingebunden: Sie schmuggeln Waffen, bringen Migranten illegal über die Grenzen, organisieren die Prostitution, handeln mit Raubkopien und Organen. Sie sind in die Internetkriminalität involviert und für unzählige Entführungen und Erpressungen verantwortlich. Einzig mit dem illegalen Atomhandel haben sie nichts zu tun.

Aber das Geschäft mit Heroin, Kokain und Marihuana spielt doch eine zentrale Rolle?

Mit der Produktion, dem Handel und dem Schmuggel von Drogen machen die mexikanischen Kartelle etwa 45 bis 48 Prozent ihrer Einnahmen, 52 bis 55 Prozent stammen aus den anderen Deliktsfeldern. Wir sprechen hier von transnational organisierten kriminellen Gruppen, die in 52 Ländern agieren. Sie kümmern sich in erster Linie darum, ihre illegalen Märkte abzusichern. Ihr Vermögen und ihre logistische Basis haben sie auf verschiedene Staaten verteilt.

Wenn die Organisationen überall präsent sind, warum findet dann die Eskalation der Gewalt ausgerechnet in Mexiko statt?

Die Gründe dafür sind vielfältig. Große Bedeutung hat die Transition des politischen Systems Mexikos im letzten Jahrzehnt. Über 70 Jahre lang wurde das Land von der Partei der Institutionalisierten Revolution, der PRI, regiert. In dieser Zeit hat der Präsident die Gouverneure und andere Politiker per Fingerzeig bestimmt. Alles stand unter Kontrolle der PRI, folglich auch die kriminellen Geschäfte. Die Geheimdienste kümmerten sich darum, dass das Golf-Kartell diese und das Tijuana-Kartell jene Route beanspruchen durfte. Während früher schon vorher klar war, wer gewinnen wird, werden Gouverneure heute frei gewählt. Zwar haben diese Wahlen immer noch einen dubiosen Charakter und werden von Kriminellen kontrolliert, aber die PRI und ihre Institutionen stehen nicht mehr über allem. Spätestens nachdem Vicente Fox von der Partei der Nationalen Aktion, der PAN, im Jahr 2000 das Präsidentenamt übernahm, hat sich das hierarchische System der Kontrolle und des Kommandos aufgelöst. Der Apparat kann inzwischen nicht mehr einfach bestimmen, wer Bürgermeister oder Gouverneur wird. Der Einfluss des Präsidenten hat deutlich abgenommen. Damit änderte sich auch die Rolle der Organisierten Kriminalität. War es früher der Staat, der den Kartellen die Schmuggelrouten vorschrieb, so liegt es nun an den Kriminellen, die verschiedenen Institutionen für sich in Beschlag zu nehmen. Und so nahmen die Dinge ihren Lauf: Das Golf-Kartell kontrollierte einige Bürgermeisterämter hier, das Sinaloa-Kartell andere dort. *La Familia Michoacana* hatte jenen Gouverneur der einen Partei im Griff, das Tijuana-Kartell Vertreter der anderen. Und so weiter. Die Gruppen der Organisierten Kriminalität begannen, miteinander zu konkurrieren. Dabei ging es um Schmuggelrouten und illegale Märkte, aber auch um die Kontrolle staatlicher Organe. Die Logik ist einfach: »Will ich meine Geschäfte in der Region XY gegen andere Kartelle schützen, muss ich das dortige Bürgermeisteramt kontrollieren. Ich muss es also erbeuten.« So entstand ein Krieg um die Kontrolle des gesamten Staates. Die Korruption ist also für die Zunahme der Gewalt verantwortlich zu machen. Man kann die aktuelle Eskalation nicht verstehen, wenn man sich nicht mit der politischen Transition der letzten 20 Jahre beschäftigt.

Zugleich hat sich aber auch auf dem internationalen Parkett der Organisierten Kriminalität einiges verschoben. Bis in die 1990er Jahre waren kolumbianische Kartelle auf dem lateinamerikanischen Markt führend. Der Boss des Medellín-Kartells Pablo Escobar war in aller Munde.

Die US-Amerikaner haben die Schmuggelroute für kolumbianisches Kokain über die Karibik dicht gemacht – und zwar sehr effektiv. Dadurch waren die Kartelle gezwungen, den Landweg über Mexiko zu nehmen. Und das ging natürlich nicht ohne die Mexikaner. Diesen wurde – zunächst als Zwischenhändler – wesentlich mehr Macht eingeräumt als zuvor. Sie kassierten ihren Anteil für den Transport und wurden immer reicher. Mit der Zeit übernahmen sie die Führung und wurden zu den Chefs des Geschäftes. Und so begann der Kreislauf: Ein Kartell wächst, nimmt mehr Geld ein, kann Polizisten, Beamte und Staatsanwälte besser bezahlen, wird mächtiger, häuft noch mehr Vermögen an und so weiter. Das Schmiergeld auf Gemeindeebene hat sich allein in den letzten zwei Jahren verdreifacht. Früher bekam ein Beamter monatlich 1.000 US-Dollar, jetzt sind es 3.000. Das Zusammenspiel verschiedener Faktoren hat dafür gesorgt, dass die mexikanischen Organisationen innerhalb von wenigen Jahren zu immer mehr Macht gelangen konnten. Dann handelten sie wie jede kriminelle Organisation, die über viel Geld verfügt, indem sie ihr Betätigungsfeld diversifiziert haben. Kein Kartell der Welt bleibt nur bei ein und demselben Geschäft. Wenn es stärker wird, agiert es vielfältiger. Es beginnt Waffen zu schmuggeln, investiert in die Produktpiraterie oder handelt mit Frauen, die zur Prostitution über die Grenzen gebracht werden. Immer mehr Beamte werden gekauft und ein neuer Zyklus der Gewalt beginnt. Diese Dynamik führte zu einer Zersetzung der mexikanischen Politik bis hin zu sozialem Verfall. Heute kann man Mexiko mit einem Puzzle vergleichen, in dem jedes Fragment einer kriminellen Gruppe zugeordnet werden kann. Diese Entwicklung ist vergleichbar mit der russischen Situation, seitdem die Pyramide der sowjetischen Kontrolle zusammenbrach und Russland sich zu einem fragmentierten Staat entwickelte. Auch dort wurden kriminelle Gruppen vorher von der

Einheitspartei geleitet. Schließlich gelang es den Kriminellen, Teile des Staates aufzukaufen. Ich denke etwa an die Organisierte Kriminalität in der Ukraine und Georgien. Später, mit dem Amtsantritt Vladimir Putins, begann eine andere Geschichte. Aber es ist interessant zu beobachten, was passiert, wenn eine solche Pyramide zusammenbricht. Das Organisierte Verbrechen entwickelt eine ökonomische und politische Kraft, die es vorher nicht hatte. Mexiko ist dabei keine Ausnahme.

Dennoch führen viele Beobachter die Eskalation der Gewalt in Mexiko auf die Tatsache zurück, dass Präsident Calderón Soldaten und Polizisten in die einschlägigen Regionen geschickt hat. Vor dieser Mobilmachung gab es viel weniger Opfer, obwohl das alte PRI-Regime schon zerfallen war.

Die Gewalt hätte so oder so zugenommen. Der Kampf um Einfluss und Märkte hätte unweigerlich dazu geführt, sicher aber nicht in solch einem extremen Ausmaß, wie es jetzt der Fall ist. Calderón verkennt, dass die Gesellschaft selbst einen Teil der Organisierten Kriminalität darstellt. Es liegt eine soziale und politische Komplizenschaft vor. Das heißt natürlich nicht, dass jeder Mexikaner involviert ist, jedoch erhält die Organisierte Kriminalität in den Schlüsselsektoren der Wirtschaft oft passiven und manchmal auch aktiven Schutz. Zum anderen existiert diese Komplizenschaft in den am stärksten marginalisierten Teilen der Bevölkerung. Die Kriminellen investieren in die Infrastruktur der Armenviertel, zum Beispiel in den Bundesstaaten Michoacán, Sinaloa oder Durango. Folglich werden sie von den Marginalisierten dort geschützt. Die militärischen Mobilmachungen sind allein deshalb sinnlos. Das Organisierte Verbrechen ist ein soziales und politisches Phänomen. Diesem den Krieg zu erklären ist wie eine Kampfansage des Staates an die eigene Gesellschaft.

Calderón schüttet Öl ins Feuer. Durch seine Mobilmachung ist Mexiko in ein »Paradox der Repression« gefallen. Wer immer mehr Soldaten und Polizisten einsetzt, zugleich aber nicht die Vermögen der Kartelle beschlagnahmt, muss zunehmend weitere Soldaten und Polizisten einsetzen. Denn auch die Kriminellen investieren mehr Geld, um besser zu bestechen und sich besser verteidigen zu können. Der Präsident geht davon aus, dass er es mit einfachen Verbrechern zu tun hat, die sich zurückziehen, wenn die Armee gegen sie mobilisiert wird. Aber kriminelle Unternehmer reagieren nicht wie gewöhnliche Verbrecher, sondern eben wie Unternehmer. In Mexiko wendet man also eine Medizin an, die schlimmer ist als die Krankheit.

Welches Medikament empfehlen Sie?

Es müssen vier Maßnahmenbündel auf den Weg gebracht werden, die alle nichts mit der Entsendung von Soldaten oder Polizisten zu tun haben. Die Stichwörter dazu sind Prävention, Zerschlagung der finanziellen Basis, Justizreformen und Korruptionsbekämpfung.

Beginnen wir mit der Prävention. Acht Millionen Kinder gehen in Mexiko nicht zur Schule. Sie hängen auf der Straße herum, nehmen Drogen, werden gewalttätig und zerstören sich selbst. Es gibt Untersuchungen darüber, warum junge Menschen im Alter zwischen acht und zwölf Jahren bei Jugendbanden wie der Mara Salvatrucha oder der M 18 landen. Aber die mexikanischen Behörden ziehen keine Konsequenzen aus diesen Studien. Es wäre die Aufgabe des Bildungs- oder Gesundheitsministeriums, hier anzusetzen. Doch es passiert nichts. Dabei könnte man so den Boden zerstören, auf dem sich die Organisierte Kriminalität entwickelt. Wenn einmal etwas getan wird, also Präventionsprogramme tatsächlich angegangen werden, passiert das nur mit politischen Hintergedanken.

Für viele junge Menschen gibt es keine Perspektive, denn die Arbeitslosigkeit ist hoch. Auf diese Weise kommen die Kartelle an billige Arbeitskräfte. Hier sind Konzepte gefragt, um legale Arbeitsplätze zu schaffen. Das Problem ist, dass Calderón einen völlig anderen Ansatz verfolgt. Er setzt auf die Unternehmer. Er folgt der Logik: Geht es denen gut, geht es auch Mexiko gut. Als zweiter Schritt müssten die Milliardengelder beschlagnahmt werden, die Mexikos Kartelle in 52 Staaten besitzen – übrigens auch in Deutschland. Die mexikanische Regierung unternimmt hier rein gar nichts, obwohl in 77 Prozent der Sektoren des Landes, die das Bruttosozialprodukt erwirtschaften, illegale Vermögen stecken. In Guatemala sind es 82 Prozent. Ich spreche nicht von Banken, in denen Geld gelagert würde. Nein, es geht um Gelder der realen Wirtschaft: Die Organisierte Kriminalität investiert in Ländereien, Fabriken, Bauunternehmen, touristische Projekte, Immobilien, Agrarbetriebe und in den Bergbau. Dieses Netzwerk muss zerstört werden. Drittens: Mexiko braucht rechtsstaatliche Verhältnisse. Die Menschenrechte müssen respektiert werden. Die Erfahrung zeigt, dass Staaten, in denen die Menschenrechte zur Geltung kommen, weniger vom Organisierten Verbrechen bedroht sind. Mexikanische Richter brauchen eine adäquate Ausbildung, um sicherzustellen, dass sie die individuellen und konstitutionellen Rechte auch garantieren können. Eine Justizreform ist notwendig. Nur so kann gewährleistet werden, dass die Menschen zu ihren Rechten kommen. Bisher werden Angeklagte wie Verurteilte behandelt. Offensichtlich hat der Präsident selbst nicht die leiseste Ahnung davon, was ein Rechtsstaat ist. Anders ist jedenfalls nicht zu erklären, wie er behaupten konnte, dass die meisten der Toten im »Drogenkrieg« Mitglieder der Organisierten Kriminalität seien. Es gibt keinen Richter, der das je bestätigt hätte. Vor allem aber muss – viertens – die Korruption der politischen Klasse auf höchstem Niveau angegangen werden, damit die Kartelle den mexikanischen Staatsapparat nicht mehr als operative Basis nutzen können. Konkret heißt das: Jeder Politiker, der im Parlament sitzt, hat nachzuweisen, woher sein Vermögen und das seiner Familie stammt. Alle geschäftlichen Beziehungen der Abgeordneten und des Regierungskabinetts von Calderón der letzten 15 Jahre müssen überprüft werden, national und international. Dazu braucht es natürlich entsprechende Polizisten und autonome Behörden. Aber das wäre eine mögliche kurzfristige Maßnahme, die einen unmittelbaren strafrechtlichen sowie präventiven Effekt hätte. Alle Politiker würden wissen, dass die Party nun zu Ende geht.

Was macht Sie so sicher, dass diese Maßnahmen zum Erfolg führen würden?

19 Staaten, die diese vier Regeln umgesetzt haben, konnten die Verbrechensrate der Organisierten Kriminalität um über 40 Prozent senken und zwar schon zehn Monate nach der Implementierung all dieser Initiativen. Ich denke etwa an Kolumbien oder Italien. Da die mexikanische Regierung nicht eine einzige dieser Maßnahmen angeht, erwarte ich nicht, dass sich irgendetwas ändern wird. Alles andere ist Show. Mexiko muss sich freiwillig politisch und sozial in Frage stellen. Aber das passiert nur unter Bedingungen extremen Leidens. Eines Tages wird das Land an diesen Punkt kommen, aber leider müssen dafür wohl noch mehr Menschen sterben. Bis auf Weiteres wird die Instabilität noch weiter zunehmen.

Wollen Sie damit sagen, dass es eine weitere Zuspitzung der Gewalt braucht?

Für eine Veränderung ist eine Bedingung unvermeidbar: Die Unternehmerklasse muss am Abgrund stehen. Bisher trifft es ja vor allem die einfachen Leute, die Bauern, die Arbeiter, die Mittelschicht. Die Unternehmer tun erst dann etwas, wenn ihr Eigentum durch Erpressungen bedroht ist, ihre Familien entführt oder sie selbst durch Autobomben ermordet werden. So wie zum Beispiel in Italien in den 1980er Jahren. Normalerweise kümmert sich die wirtschaftliche Elite, die das Monster ja geschaffen hat, darum, dieses Monster in den Griff zu bekommen, damit es sie nicht auffrisst. Man nennt das die Schmerzgrenze, aber Mexiko hat diese Schmerzgrenze noch nicht erreicht.

Offensichtlich ist aber die politische Klasse nicht fähig, adäquat zu handeln?

Um solche Vorhaben umzusetzen, braucht es eine politische Elite, eine Regierungspartei mit einer klaren Mehrheit. Nur sie kann Maßnahmen implementieren, ohne immer auf die Opposition Rücksicht nehmen zu müssen. Nirgends auf der Welt will die Opposition zusehen, wie die Regierungspartei Erfolge verzeichnet, also muss sie von dieser zu einem politischen Pakt getrieben werden. Das ist in den Neunzigern in Italien und später in Kolumbien passiert, wo Álvaro Uribe 2002 mit mehr als 60 Prozent der Stimmen zum Präsidenten gewählt wurde.

Calderón besitzt kein solch eindeutiges Mandat. Im Gegenteil: Er gewann die Wahlen mit einem extrem kleinen Vorsprung, und die PRD, die Partei der demokratischen Revolution, kritisiert bis heute, er habe nur durch Wahlbetrug gewinnen können. Unter diesen Bedingungen ist die Opposition nicht gezwungen, eine Allianz einzugehen. Und keine Partei will den Anfang machen, um nicht als Verlierer zu enden. Denn das würde der Gegner ausnutzen. Schließlich werden in 67 Prozent der mexikanischen Gemeinden die Wahlkämpfe mit illegalen Geldern finanziert.

Möglicherweise hat Calderón überhaupt kein Interesse, die gesamte Organisierte Kriminalität zu bekämpfen. Es gibt Indizien dafür, dass die Regierung das Sinaloa-Kartell unterstützt. Dieser Verdacht kam bereits auf, als kurz nach der Wahl von Calderóns Vorgänger Vicente Fox der Sinaloa-Boss Joaquín Guzmán Loera, El Chapo, recht problemlos aus dem Hochsicherheitsgefängnis Puente Grande flüchten konnte. 2011 hat die mexikanische Journalistin Anabel Hernández mit dieser These für Aufregung gesorgt. Handelt es sich um reine Verschwörungstheorie?

Zumindest existieren einige Fakten, die zu denken geben. Das Sinaloa-Kartell ist ein Verbund, eine Föderation vieler krimineller Unternehmen und der wichtigste mexikanische Player im Drogengeschäft. Es wickelt 46 Prozent der Exporte aus Mexiko in die USA und nach Europa ab. Doch nur 1,8 Prozent der Verhafteten stammen aus dieser Organisation, von den Verurteilten sind es sogar nur 0,9 Prozent.

Nach anderen Informationen, die ich aus Quellen des militärischen Geheimdienstes habe, hängen von 51.000 Festgenommenen nur 600 Mitglieder mit der Sinaloa-Föderation zusammen. Viele von ihnen sind kleine Fische oder Leute, die sich, wie etwa Arturo Beltrán Leyba, von *Chapo* getrennt hatten. Die Regierung bekämpft Sinaloa nicht mit der gleichen Leidenschaft wie etwa die Zetas, die *Familia Michoacana* und Politiker, die mit diesen Gruppen zusammenarbeiten. Diese zweifelhafte Bilanz kann die Regierung nicht erklären, aber niemand hat mir bisher widersprochen. Anabel Hernández kommt über andere Quellen zu ähnlichen Schlussfolgerungen. Eines ist offensichtlich: Sinaloa korrumpiert besser, bedroht besser, erpresst besser und ist deshalb besser geschützt. Das ist schlicht eine Tatsache und daran wird sich nichts ändern, solange nicht konsequent gegen die Korruption vorgegangen wird.

Dieser Schutz begann mit dem Präsidenten Fox?

Man muss sich vor Augen halten, in welcher Situation Fox war, als er im Jahr 2000 das Amt übernahm. Er hatte damals kaum politisch fähige Leute, um die wichtigen Posten im Apparat zu besetzen. Fox hing also von Personen aus der PRI ab. Die unterstützten ihn als Funktionäre, er brauchte dieses technische Personal. Bei der Ernennung von Politikern und Beamten wurde sehr viel improvisiert. Schon unter seinem Vorgänger, dem PRI-Mann Ernesto Zedillo, war der Einfluss des Staates auf die Institutionen schwächer als zuvor. Fox hatte aber noch weniger Kontrolle über den gesamten Apparat.

Kriminelle Gruppen nutzten ihre Chance, größeren Einfluss auf Teile des Staatsapparats zu erlangen. Und die Ersten, die kamen, waren eben die Leute vom Sinaloa-Kartell. Sie machten offenbar das beste Angebot. Gewissermaßen hat sich Fox auf einen Deal eingelassen: Wenn sich Sinaloa durchsetzt, werden die Dinge wieder, wie sie vorher waren.

Das hatte sich Fox von diesem Geschäft versprochen?

Wenn ich von Fox rede, meine ich natürlich die Administration der Fox-Regierung. Diese setzte ihre Hoffnung auf die Hypothese, dass wenn eine Gruppe die Kontrolle habe, die Kämpfe abnehmen und die Gewalttaten und Morde zurückgehen würden. Mit dieser Organisation handelt man dann alles aus und macht sie sich zu Nutzen. So wie früher, als die Einheitspartei noch das Sagen hatte. Man setzte auf die »Pax Mafiosa«, den »mafiösen Frieden«, wie er unter der PRI existierte. Das war im Grunde die Idee, die zum Schutz der Sinaloa-Föderation führte. Doch dann lief alles aus dem Ruder. Fox hatte sich getäuscht, weil die Gruppen untereinander konkurrieren, um den Staat zu kapern. Dabei lag es nahe, dass sich in Mexiko dieselbe Dynamik entwickeln würde wie in Russland oder China. Ich habe aber keinerlei Bestätigung dafür, dass Fox Geld von diesen Leuten bekommen hat. Wofür ich Beweise habe, ist, dass das Sinaloa-Kartell nicht bekämpft wird und dass sich die Regierung auf diese Arbeitsthese verlassen ...

... und Calderón sie übernommen hat?

Ich würde auch nicht von Calderón als Person sprechen. Die Akteure, die diese Strategie unter Fox vorangetrieben haben, sind dieselben wie die, die das jetzt unter Calderón tun. Viele der Mitarbeiter sind ja in der Administration geblieben. Nehmen wir etwa Genaro García Luna. Er war zu PRI-Zeiten beim Geheimdienst tätig, unter Fox wurde er zum Leiter der Bundessonderpolizei AFI. Calderón ernannte ihn zum Minister für Öffentliche Sicherheit. Aber man sollte nicht auf den Präsidenten schauen. Er kann nicht einmal sein eigenes Haus kontrollieren, geschweige denn andere Kräfte. Er ist schwach, hat kein wirklich gewähltes Mandat, sein Staat ist fragmentiert. Denselben Schutz, auf den das Sinaloa-Kartell unter Fox bauen konnte, gibt es jedenfalls auch unter der Administration Calderón.

Ruben Aquilar, der Regierungssprecher von Fox, sowie Jorge Castañeda, der eine Zeit lang unter Fox Außenminister war, propagieren ein Zurück zum alten Status quo. Sie wollen zunächst die Kollateralschäden reduzieren und Verhältnisse schaffen, wie sie in alten PRI-Zeiten existierten, also eine friedliche Koexistenz mit den Kartellen.

Die beiden sind die Stimme des mafiösen ökonomischen mexikanischen Establishments. Auch wenn sie es gar nicht merken, sie sind es. Leute, die das vorschlagen, sind entweder von der Mafia gekauft oder deren nützliche Idioten. Eins von beiden. Es ist schlicht nicht möglich, unter einem Mehrparteiensystem zu einer »Pax Mafiosa« zurückzukehren. Das passt da einfach nicht hinein. Es wird nicht möglich sein, dass sich eine einzige kriminelle Gruppe auf einem Territorium konsolidiert, auf dem sich internationale Organisationen breit gemacht haben. Mexiko hat sich zu einem wenn auch mafiösen, so doch dezentralen System entwickelt. Ein solches System kann nicht vom Regierungssitz Los Pinos aus die kriminellen Organisationen kontrollieren. Wer so etwas vertritt, ist intellektuell und politisch verwirrt.

Im Übrigen kann ich diese Nostalgie gegenüber der »Pax Mafiosa« nicht nachvollziehen. Mexiko befindet sich in einer politischen Transition. Diese Entwicklung hat zwar mafiösen Charakter und viele Fehler, doch diese Schwierigkeiten muss man durch stärkere Regierungsfähigkeit auffangen. Mexiko muss Richtung Europa gehen, nicht Richtung Nigeria. Es muss seine Institutionen festigen. Die politischen Parteien und auch die zivilgesellschaftlichen Organisationen müssen sich selbst säubern. Sie müssen sich den Regeln der Konventionen von Palermo unterordnen, also die vier beschriebenen Maßnahmenbündel durchführen. Und es braucht einen Pakt aller Parteien, eine gemeinsame Entscheidung, sich zu säubern. So, wie es in anderen Ländern geschehen ist. Etwa in Italien, wo die politische Klasse genau das beschlossen hat. Das war alles andere als perfekt, aber sie haben damit begonnen.
Solange das in Mexiko nicht passiert, bleibt alles andere Phantasie und Utopie. Diese Säuberung wird schmerzhaft sein und viel Dreck aufwirbeln. Aber eines Tages wird sie stattfinden. Und zwar eben dann, wenn die Angehörigen der politischen Klasse dieselben Schmerzen erleiden müssen wie die Menschen in Ciudad Juárez. Wenn sie die Körper ihrer Kinder enthauptet auf der Straße sehen, wenn sie erleben müssen, wie ihr Eigentum verschwindet. Dann werden sie sich darauf einlassen,

die Konventionen von Palermo umzusetzen. Aber Leute wie Castañeda und Aquilar wollen diese bittere Medizin nicht schlucken. Auch den Italienern und Kolumbianern gefiel das nicht. Aber es gab keinen anderen Weg, also mussten sie diesen einschlagen.

Sie erwähnen immer wieder als positives Beispiel Italien. Hat sich denn dort tatsächlich etwas verbessert?

Ja. Natürlich gibt es in Italien weiterhin Korruption, aber die Lage ist viel besser als in den 1980er Jahren. Im Gegensatz zu damals reagieren inzwischen die Behörden. Es gibt eine Strafverfolgung und die Mafia wurde sehr geschwächt. Die N'Drangetha agiert zwar weiterhin, aber sie muss mit staatlichen Reaktionen rechnen. Eine ideale Situation wird man nie und in keinem Land vorfinden.

Ob Italien, Costa Rica oder Spanien – viele Regierungen stehen heute besser da als früher. Madrid hat während der Regierungszeit des konservativen Staatschefs José Maria Aznar kein einziges Wirtschaftsverbrechen untersucht. Kapital floss komplett unkontrolliert ins Land. Heute dagegen werden sehr große Fälle strafrechtlich verfolgt. Die Prüfung finanzieller Quellen funktioniert besser als je zuvor. Es gibt also Verbesserungen in Ländern mit ganz unterschiedlichem ideologischen Background.

Aber Kolumbien ...

... in Kolumbien mussten sich 32 Prozent der Abgeordneten wegen Korruptionsvorwürfen vor Gericht verantworten. Es war genau das geschehen, was Mexiko noch vor sich hat: Die Organisierte Kriminalität hatte Richter, Staatsanwälte, Polizisten und Politiker angegriffen, drei von vier Kandidaten für die Präsidentschaftswahl waren ermordet worden. Es ging der politischen Klasse und den Unternehmern selbst an den Kragen. Daraufhin einigten sich die wichtigsten politischen Parteien darauf, die Korruption zu bekämpfen, und waren sogar bereit, sich selbst zu säubern. Man verhinderte, dass kriminelle Gruppen Wahlkampagnen finanzierten und etablierte einen Mechanismus zur Finanzkontrolle. Inzwischen gibt es eine relativ unabhängige juristische Macht und eine autonome Staatsanwaltschaft. Ich betone: Das war nicht nur der damalige Präsident Alvaro Uribe, sondern daran waren linke und rechte Parteien, Bürgermeister und viele andere beteiligt. Aber eine wichtige Voraussetzung für diesen Schritt war, dass mit Uribe ein Mann an die Regierung kam, der enorme Macht hatte.

Wie lässt sich überhaupt herausfinden, ob ein Land tatsächlich quantitativ messbare Fortschritte gemacht hat?

Will man feststellen, ob die Ansätze funktionieren, muss man natürlich Methoden anwenden, die bestätigen können, ob es eine Veränderung gibt. Eine gute Maßnahme sind zivilgesellschaftliche öffentliche Foren, die prüfen, ob bei der Polizei tatsächlich gesäubert wurde. Solche Gremien wurden in New York und in den Niederlanden geschaffen. Dort führen Mitglieder der Zivilgesellschaft, unabhängige Bürger und Mitarbeiter des Staatsapparates, ein sogenanntes Police-Board durch, also ein Monitoring polizeilicher Ermittlungen: Werden Anzeigen von Bürgern untersucht? Greift eine Staatsanwaltschaft die Ermittlungen der Polizei auf? Was tut sie damit? So kann man feststellen, ob tatsächlich ein konkreter, in Zahlen überprüfbarer Fortschritt stattgefunden hat. In einem nächsten Schritt wird überprüft, was die Behörden mit diesem Police-Board machen. Das alles dauert seine Zeit. Wir dürfen nicht erwarten, dass von einem Tag auf den anderen revolutionäre Veränderungen passieren. In Kolumbien dauerten diese Veränderungen zehn Jahre, aber jetzt steht die kolumbianische Polizei besser da als früher. Kriminelle Gruppen agieren zwar weiterhin, aber sie können nicht mehr die Macht des Staates infrage stellen. Daran gibt es keinen Zweifel.

Erhebliche Zweifel bestehen jedoch mit Blick auf die Menschenrechte in Kolumbien. Kritikerinnen und Kritiker werfen der Regierung vor, sie habe die Lage durch repressive Maßnahmen noch verschlechtert. Insbesondere Uribe ist umstritten.

Ja, es steht noch immer schlecht um die Menschenrechte. Auch die Landreform müsste viel intensiver angegangen werden und es werden weiterhin Menschen vertrieben. Kolumbien hat noch sehr viel zu tun. Aber man tut diesen Ländern keinen Gefallen, wenn man nur das anschaut, was nicht gut läuft, anstatt die positiven Aspekte zu suchen. Es ist notwendig, eine nüchterne technische Analyse durchzuführen, um festzustellen, was in welchen Staaten besser läuft. Tatsächlich hat der kolumbianische Staat ein Legitimitätsproblem, weil dort massiv gegen die Menschenrechte verstoßen wird. Vertreter des Staates erklären mir dagegen immer wieder, dass die Menschenrechte es schwirig machen würden, konsequent gegen Straftäter vorzugehen. Dabei ist doch genau das Gegenteil der Fall: Die Menschenrechte sind eine unglaublich gute Möglichkeit für den Staat, um mit den Bürgern zusammenzuarbeiten. Die Leute beginnen, mit den Institutionen zu kooperieren, wenn sie spüren, dass diese auf ihrer Seite stehen. Sie reagieren offen, wenn sie feststellen, dass die Polizei die Opfer respektiert und deren Anzeigen verfolgt. Wenn Polizisten die Rechte der Bürger respektieren, anstatt ohne Durchsuchungsbefehl Häuser zu stürmen, beginnen die Menschen, mit ihnen zu kooperieren. Wenn die Leute der Polizei vertrauen können, nützt ihnen das ja. Schließlich wollen sie selbst, dass ihre Fälle gelöst werden. Die Menschenrechte sind also ein sehr nützliches Werkzeug, um die Unterstützung der Bürger für die Behörden zu stärken. So gesehen ist die Einhaltung der Menschenrechte nicht nur eine juristische Angelegenheit, also eine Frage der Anerkennung internationaler Konventionen, sondern hat ganz pragmatische Aspekte. Wie Sie sehen, argumentiere ich sehr funktional, nicht emotional. Natürlich zählen die Menschenrechtsprobleme sowohl unter Uribe als auch unter seinem Nachfolger Juan Manuel Santos zu den dunklen Seiten des Landes.

Ist denn die kolumbianische Kokainproduktion in den letzten Jahren zurückgegangen?

Die Herstellung von Kokain ist ein regionales Problem. Man kann sie nicht nur mit Blick auf Kolumbien betrachten. In manchen Gegenden nimmt sie zu, in anderen ab. Und auf einigen Märkten, auf denen bislang vor allem Kokain gehandelt wurde, dominieren nun synthetische Drogen. Alles ist im Fluss. Wenn wir die gesamte Andenregion betrachten, hat die Produktion von Kokain in den letzten Jahren zugenommen. Aber dafür können wir nicht ein Land verantwortlich machen. Kolumbien und Peru haben sich ein wenig darum gekümmert, dass keine größeren kriminellen Gruppen die Plantagen kontrollieren. Sogar in Bolivien, wo es eine Trennung zwischen traditionellem Konsum von Kokablättern und der Kokainproduktion gibt, wurden Anstrengungen unternommen, um die Organisierte Kriminalität außen vor zu halten. Zugleich aber gibt es gerade in Südamerika eine neue wichtige Entwicklung: Argentinien wird zunehmend zum Produzent synthetischer Drogen. Das Land ist sehr offen für den illegalen Kapitalfluss. Die Wahrscheinlichkeit aufzufliegen ist sehr gering. Das Land ist ein Paradies für das Eigentum der Mafia. Das nutzen die Kartelle und schaffen sich derzeit dort eine operative Basis. Argentinien wird zum produktiven Zentrum in Südamerika.

Doch wir sollten nicht nur über die Angebotsseite reden. Die Nachfrage hält ja weiterhin an. Die US-Präventionspolitik ist katastrophal. Die Regierung von Barack Obama stellt zwar mehr Geld für Prävention zur Verfügung als seine Vorgänger, dennoch bleibt es viel zu wenig. Mexiko ist ein Desaster. Von 100 US-Dollar, die das Land in den Kampf gegen die Drogen investiert, werden nur zehn für soziale Prävention genutzt. In Europa ist dieser Quotient viel höher. Soll sich die Produktion verringern, muss auch die Nachfrageseite wesentlich mehr ins Blickfeld rücken. Man kann nicht so tun, als stünde das Zurückfahren der Herstellung nur in der Verantwortung der Länder, die Kokain, Heroin oder synthetische Drogen produzieren. Da reagiert das komplette weltweite System nicht adäquat.

Zahlreiche Politikerinnen und Politiker setzen auf eine Entkriminalisierung von Drogen, um die Macht der Kartelle in den Griff zu bekommen. Sie erwähnen diese Option mit keinem Wort ...

Drogen zu entkriminalisieren nützt im besten Fall in der Gesundheitspolitik. Etwa in Ländern wie Norwegen, Portugal oder Deutschland, wo der Staat über einen starken institutionellen Rahmen verfügt: Zentren, um Süchtige zu behandeln, Präventionsmaßnahmen in Schulen und so weiter. Zudem müssen staatliche Institutionen den Verkauf der Drogen regulieren können. Auch dazu braucht es einen stabilen administrativen Apparat, der garantiert, dass zum Beispiel Minderjährige nicht an Heroin oder Marihuana gelangen können. Aber Mexiko hat nicht einmal den Verkauf seiner legalen Arzneimittel unter Kontrolle. Zudem würden dort weiterhin die Kartelle die Produktion und den Markt kontrollieren und dafür sorgen, dass der Preis nicht zurückgeht.

Aber wenn eine Legalisierung auf internationaler Ebene stattfinden würde, sänken die Preise in den USA und den Staaten der Europäischen Union. Das würde doch den Markt zerstören ...

Gehen wir mal davon aus, dass im besten Fall die Drogenpreise tatsächlich fallen. Auch dann würden die Kartelle nicht aufhören zu existieren, sie würden ihre Kräfte nur auf andere Bereiche konzentrieren. Zum Beispiel auf Menschenhandel und Schmuggel, wie sie es in Schweden tun. Aber der Kern des Problems – die Korruption im öffentlichen Sektor und in der privaten Industrie – würde deswegen ja nicht aufhören zu existieren. Man würde also nicht die Wurzel herausreißen, sondern lediglich einen der 23 Bereiche angehen, mit denen die mexikanische Organisierte Kriminalität ihr Geld verdient. Warum hat eigentlich noch niemand vorgeschlagen, den Menschenhandel zu entkriminalisieren? Noch einmal: Ich bin für eine Entkriminalisierung als gesundheitspolitische Maßnahme. Aber es soll niemand glauben, dass dadurch das Sinaloa-Kartell zerschlagen werden könnte.

Sie sprachen von 52 Staaten, in denen die mexikanischen Kartelle aktiv sind. Wie muss man sich dieses Geflecht mafiöser Strukturen vorstellen?

Mit Blick auf das Drogengeschäft sind sie in drei Formen präsent. In Staaten, in denen die Rohstoffe – Kokablätter und Mohnpflanzen – angebaut werden, sind die Kartelle real vor Ort anwesend, etwa in Kolumbien oder Mexiko. Anders kann der Anbau nicht realisiert werden. In vielen anderen Staaten unterhalten sie logistische Basen für die Lagerung und den Transport. Wenn zum Beispiel große Ladungen Kokain aus Kolumbien in El Salvador ankommen, müssen diese irgendwo untergestellt werden, bevor sie nach Mexiko gebracht werden. Dafür braucht es Lagerhallen. Für den Transport sind dann Häfen oder eine entsprechende Infrastruktur nötig. Darum kümmern sich Firmen, die im Export tätig sind. Die Frachter gehören ja nicht Herrn *Chapo* Guzmán, sondern legalen Unternehmen. Und nicht zuletzt müssen dort auch Beamte bestochen werden.

Dann gibt es eine Präsenz allein in Form von Vermögen. Da spielen europäische Staaten eine große Rolle. Damit das Sinaloa-Kartell weiterhin tun kann, was es tut, braucht es nicht nur instabile Länder wie Mexiko, sondern auch Staaten wie Deutschland. Die Kartelle investieren nicht in Argentinien in Unternehmen, wo es angesichts instabiler rechtsstaatlicher Verhältnisse jederzeit passieren kann, dass Präsidentin Cristina Kirchner einem Mafioso die Firma enteignet. Deshalb drängen sie nach Deutschland oder Belgien, wo rechtsstaatliche Bedingungen herrschen. Auch wenn es paradox klingt: Kriminelle Organisationen streben nach Rechtsstaaten, denn dort ist ihr Eigentum sicher. Niemand konfisziert es und es kommt auch nicht der nächste Mafioso, der einen erpresst. Wie etwa in Russland.

Wie sieht das in der Praxis aus? Wie wird die Droge zu legalem Kapital auf dem internationalen Markt?

Man nimmt diverse verdeckte Eigentumstransaktionen vor. Ein Beispiel: Ein Kartell schafft sich in Argentinien eine Unternehmensbasis. Es kauft also bspw. eine pharmazeutische Fabrik, um dort synthetische Drogen herzustellen. Diese Vermögenswerte werden auf dem Markt in Brasilien, Peru oder Argentinien verkauft. Das Geld legen die Kriminellen mit Hilfe US-amerikanischer oder europäischer Investitionsfirmen in bulgarische Boni an. Diese verkaufen sie wieder, um mit den freigewordenen Finanzen Immobilien zu erstehen. Auch diese werden wieder veräußert und mit dem Geld wird in Deutschland ein Einkaufszentrum eröffnet. Dann sind die Kartelle am Ziel, denn ihr Eigentum ist einigermaßen in Sicherheit. Deshalb sind sie an Rechtsstaaten interessiert. Natürlich nur dort, wo sich ihr Besitz befindet und nicht dort, wo sie ihre Delikte verüben. Damit die Sinaloa-Föderation existieren kann, muss Deutschland existieren.

Dann müssten Sie doch nur Ihren deutschen Kollegen Bescheid geben ...

Deutschland misst diesem Thema leider keine große Bedeutung zu. Das ist beunruhigend. Es gibt vor allem in den Bundesländern viel zu wenig Personal, das sich um verdächtige Transaktionen kümmert, zum Beispiel um schnelle Ein- und Verkäufe von Eigentum. Wer solche Geschäfte oder auch Korruption enttarnen will, braucht mehr Zuständige auf lokaler Ebene. Die föderalen Stellen sind da überfordert. Das ist eine institutionelle Leerstelle, die wir den Kriminellen überlassen.

Weiß man denn, wo mexikanische Kartelle in Deutschland investieren?

Nein, man weiß es nicht, weil es eben nicht genug Personal gibt, um das herauszufinden. Es braucht nicht viel Phantasie, um sich auszurechnen, dass die Investitionen sehr hoch sind. Vor allem, wenn man in Rechnung stellt, dass in Deutschland auch viel illegales ukrainisches und russisches Kapital existiert. Das Geld wird unter anderem in Einkaufszentren investiert. Während die Globalisierung voranschreitet, sind in Deutschland die Kapazitäten zur Verfolgung Organisierter Kriminalität auf dem Stand der 1970er Jahre. Die EU hat hinsichtlich finanzieller Transaktionen im Bereich Terrorismus große Fortschritte gemacht. Sie analysieren 80 Prozent der Informationen, die sie erhalten. Im Bereich Organisierte Kriminalität sind es nur zehn Prozent. Dieses Problem hat auch die CIA. Der Geheimdienst erhält viele Informationen, kann sie aber nicht auswerten. Folglich verschwindet viel vom Radar.

Hier erfüllt auch Deutschland seine Aufgaben nicht. Anstatt Hubschrauber für die mexikanische Polizei zur Verfügung zu stellen, sollte sich die Berliner Regierung besser um ihre eigenen Aufgaben kümmern und dafür sorgen, dass die Kartelle ihr Kapital nicht investieren können.

Zurück nach Mexiko. Dort agieren neben den einheimischen Kartellen 17 ausländische kriminelle Organisationen. Arbeiten die Gruppen mit den Mexikanern zusammen?

Ja. Asiatische Organisationen sind in den Menschenhandel, den Schmuggel von Migranten und in den Raubkopienmarkt involviert. Container mit Piratenware chinesischer Kartelle kommen in den Pazifikhäfen in Mazatlán und Colima an. Von dort aus werden sie von Leuten der Zetas oder des Sinaloa-Kartells vertrieben. Es besteht also eine strategische Beziehung. Laut unseren Quellen werden die Raubkopien gegen Drogen getauscht. Das führt zu einer Ausweitung des Piratenmarktes und sorgt zugleich dafür, dass keine nachverfolgbare finanzielle Spur entsteht. Die Asiaten nehmen einfach in ihren Containern Kokain mit zurück.

Die Zetas gehen indes in die Dörfer, wo sie die gefälschten Jeans, Turnschuhe oder DVDs an Kleinhändler weitergeben und diese so in die Struktur des Kartells einbinden. Sie bekommen damit noch mehr Macht, weil sie den Markt vom Einkauf bis zum Endverkauf kontrollieren. Das nennt man vertikale Integration.

Die Kartelle kontrollieren den illegalen Markt, die Polizei, das Militär sowie die Politik. In einigen Regionen haben sie die Macht übernommen, wesentliche Teile der Bevölkerung kooperieren lieber mit der Mafia als mit den Behörden. Ist Mexiko ein »Failed State«?

Nein, aber Mexiko ist auf allen Ebenen ein schwacher Staat – in den Gemeinden, in den Ländern und im Bund. Es gibt Regionen, in denen man von einem Failed State reden könnte, da dort keine Regierung das Sagen hat. In Bundesstaaten wie Sonora, Michoacán, Durango, Sinaloa, Chiapas findet man Gegenden, die mit Blick auf das Fehlen staatlicher Institutionen Afghanistan ähneln. Ich würde von einem fragmentierten Staat reden, in dem jedes Stück Land einer anderen kriminellen Gruppe gehört. Das wiederum paralysiert den Staat im Kampf gegen diese Gruppen.

Das Interview führte Wolf-Dieter Vogel

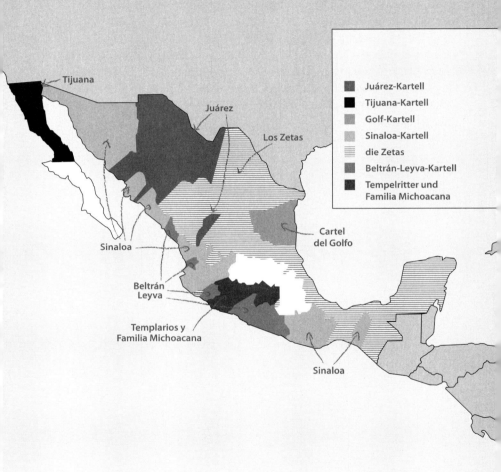

José Reveles

Vom »Business as Usual« zum Territorialkrieg

Geschichte und Hintergründe des mexikanischen »Drogenkriegs«

Osama Bin Laden wurde zu seinen Lebzeiten von den US-amerikanischen Geheimdiensten und dem Magazin *Forbes* als Staatsfeind Nummer eins eingestuft. Der al-Qaida-Führer war der meistgesuchte Mann der Welt. Doch gleich danach folgte ein Mexikaner: Joaquín Guzmán Loera, Spitzname *El Chapo* (der Kleine), galt 2010 »als der berühmteste Drogenhändler des Planeten«, dessen Macht zudem »stetig wächst«. Nachdem Bin Laden bei einer Operation der US-Armee in Pakistan getötet wurde, setzten im Mai 2011 viele Medien verschiedener Ländern – darunter der britische *Guardian* und erneut *Forbes* – den Chef des Sinaloa-Kartells Guzmán Loera auf Platz eins der Liste der zehn weltweit meistgesuchten Verbrecher. Außerdem führte *Forbes El Chapo* drei Jahre in Folge (2009, 2010 und 2011) in der Liste der Multimilliardäre mit einem geschätzten Vermögen von mehr als einer Milliarde US-Dollar.

Was war im mexikanischen Drogengeschäft geschehen, dass Guzmán Loera – insbesondere nachdem es ihm im Januar 2001 durch Bestechung von Beamten gelungen war, aus einem Hochsicherheitsgefängnis zu flüchten und er bis heute nicht geschnappt wurde – zu einer legendären Figur werden konnte? Warum sorgte Präsident Felipe Calderón im Oktober 2011 international für Aufregung, als er mutmaßte, Guzmán Loera würde in den USA leben, wo dessen junge Frau in einem kalifornischen Krankenhaus Zwillinge zur Welt brachte?

Fest steht, dass *El Chapo* der emblematischste Vertreter der mexikanischen Drogenhändler und -produzenten ist. Er gilt nicht nur in den USA als der »Meistgesuchte«, für dessen Ergreifen sowohl in Mexiko als auch in den USA mehrere Millionen US-Dollar Belohnung ausgesetzt sind. Zudem ist sein Sinaloa-Kartell, das er zusammen mit Ismael *El Mayo* Zambada und Juan José Esparragoza Moreno *El Azul* anführt, nach Angaben von Edgardo Buscaglia in nicht weniger als 52 Ländern auf vier Kontinenten in illegale Geschäfte verwickelt.

Das Sinaloa-Kartell ist die älteste dieser Organisationen – tief verwurzelt und einflussreich, in allem, was mit Anbau, Produktion, Ernte, Transport, Vertrieb für den mexikanischen Markt und Export jeglicher Art von Drogen zu tun hat. Das bezieht sich auf Kokain aus Südamerika, auf Marihuana und Schlafmohn-Derivate aus Mexiko, ebenso wie auf Designerdrogen, deren chemische Vorläuferstoffe getarnt über medizinische Laboratorien importiert werden. Die Organisation wird auch Pazifik-Kartell genannt. Als sie vor einigen Jahren versuchte, sich mit anderen Gruppen, die den gleichen verbotenen Geschäften nachgingen, zusammenzuschließen, nannte sie sich *La Federación* (die Föderation). Dieser Versuch scheiterte. Seitdem bekämpft das Sinaloa-Kartell verstärkt rivalisierende Organisationen, um die wichtigsten Territorien der Produktion, den Konsum innerhalb Mexikos sowie die Transportwege zu kontrollieren. Eine Reihe von Experten geht davon aus, dass das Sinaloa-Kartell dabei ist, sich eine Vormachtstellung in Mexiko zu sichern. Zudem würde das Kartell nach deren Einschätzung von der Regierung begünstigt, jedenfalls bekämpfe diese es nicht mit gleicher Härte wie seine Rivalen. Die Regierung weist die Beschuldigungen zurück und versichert, sie gehe gegen »alle kriminellen Organisationen gleichermaßen« vor.

Die Landkarte des Drogenhandels in Mexiko ändert sich ständig. Grund dafür sind die temporären Allianzen und Spaltungen der Gruppen, die Geschäfte mit Drogen betreiben. Die Auseinandersetzungen zwischen dem Tijuana-Kartell der Brüder Arellano Félix und dem Sinaloa-Kartell sind schon legendär. Gegenseitig versuchten sie, ihre jeweiligen Bosse zu liquidieren. Diese Kämpfe kulminierten am 24. Mai 1993, als während einer heftigen Schießerei auf dem Flughafen von Guadalajara der katholische Kardinal Juan Jesús Posadas Ocampo und sechs weitere Personen erschossen wurden. Die Bosse der beiden Organisationen brachten es damals zu allgemeiner Bekanntheit und sogar zu einer gewissen Prominenz.

Wie bereits bemerkt, ist das Sinaloa-Kartell das älteste und mächtigste aller mexikanischen Kartelle. Aus dem im Nordosten Mexikos gelegenen Bundesstaat Sinaloa stammen damals wie heute die wichtigsten Bosse des Drogengeschäftes. Sie liefern sich mit ihren Gegenspielern des Kartells Los Zetas unerbittliche Schlachten. Diese Gruppierung entstand 1999 aus desertierten Eliteeinheiten der mexikanischen Armee, die vom Golf-Kartell unter Vertrag genommen wurden. Es handelte sich zunächst um 40 Elitemilitärs oder Mitglieder der Spezialeinheit GAFE (*Grupos Aerotransportados de Fuerzas Especiales*), die zu einem großen Teil von der US-amerikanischen Armee ausgebildet worden waren. Als bezahlte Auftragskiller arbeiteten sie für Osiel Cárdenas Guillén, den damaligen Chef des Golf-Kartells, der im Januar 2007 von Mexiko an die Vereinigten Staaten ausgeliefert und dort zu 25 Jahren Gefängnis verurteilt wurde. Glaubwürdige Quellen weisen jedoch darauf hin, dass es sich bei den 40 »Gründern« nur um die Vorgesetzten gehandelt haben kann. In Wirklichkeit sei ein ganzes Bataillon mit einer Truppenstärke von etwa 600 Soldaten desertiert, um sich als private Söldnerarmee zu verdingen. Die Zetas reproduzierten die ihnen bekannten Kriegstaktiken und -strategien, in dem sie Hunderte weitere Auftragskiller ausbildeten. Zudem nahmen sie immer neue Deserteure der Armee in ihre Reihen auf. Aber auch ehemalige Mitglieder der guatemaltekischen Armeespezialeinheit Kaibiles, Bandenmitglieder der zentralamerikanischen Mara Salvatrucha sowie kolumbianische Militärs im Ruhestand nahmen an den Trainings teil. Die Zetas wurden immer stärker, lösten sich vom Golf-Kartell und gründeten im Jahr 2008 ihr eigenes Kartell. Keine drei Jahre nach ihrer Gründung wurden sie von Washington neben den russischen, japanischen und italienischen Mafia-Gruppen als eine der gewalttätigsten und gefährlichsten Organisationen weltweit eingestuft.

Demgegenüber ist das Juárez-Kartell bereits seit über 50 Jahren aktiv, trat öffentlich jedoch erst unter der Führung von Rafael Aguilar Guajardo in den 1970er Jahren in Erscheinung. Die lokalen und transnationalen Aktivitäten der Organisation boomten unter der Führung von Amado Carrillo Fuentes, der den Spitznamen *El Señor de los Cielos* (Herr der Lüfte) trug. Zum Transport jeglicher Art von Drogen, insbesondere Kokain, setzte der *Herr der Lüfte* eine Flotte zahlreicher Flugzeuge ein. Die Sitze alter Caravelle- oder Boeing-727-Maschinen wurden ausgebaut, um pro Flug zehn Tonnen Drogen transportieren zu können. Etliche dieser ehemaligen Passagierflugzeuge waren so überladen, dass sie beim Landen auf irgendwelchen geheimen Pisten das Hauptfahrwerk ramponierten. Doch das war ihm ziemlich egal, denn die Maschinen kosteten weniger als eine Million US-Dollar und waren lediglich zum einmaligen Gebrauch vorgesehen. Eine ehemalige Bergbaustätte in Sombrerete im

Bundesstaat Zacatecas, die nordmexikanische Pazifikküste bei Hermosillo im Bundesstaat Sonora sowie die wenig benutzte Piste von Lagos de Moreno im Bundesstaat Jalisco sind nur einige der Orte, von denen aus kolumbianisches Kokain über das Juaréz-Kartell in die Vereinigen Staaten geschmuggelt wurde. Das geschah alles noch in der Amtszeit von Präsident Carlos Salinas de Gortari (1988–1994). Ein Killerkommando versuchte den *Herrn der Lüfte* im Auftrag der Brüder Arellano Félix vom Tijuana-Kartell in einem Restaurant in Mexiko-Stadt zu ermorden, doch das Manöver ging schief. Nach einer kosmetischen Operation – Fettabsaugung und eine Gesichtsveränderung – starb der *Herr der Lüfte* im Jahr 1997. Höchstwahrscheinlich fiel er im Krankenhaus dem Anschlag eines gegnerischen Kartells zum Opfer. Heute ist sein Bruder Vicente der Chef der Organisation.

Das Tijuana-Kartell der Brüder Arellano Félix hat seinen Sitz, wie der Name schon sagt, in der mexikanischen Grenzstadt Tijuana, der Nachbarstadt von San Diego im US-amerikanischen Kalifornien. Das Kartell war bis zur Festnahme von Miguel Ángel Félix Gallardo und dessen Einlieferung ins Gefängnis wenig in Erscheinung getreten. Deren 13-köpfige Geschwisterschar wurde nach und nach dezimiert. So starb beispielsweise Ramón, einer der Brüder, vor neun Jahren, Benjamín, ein anderer, ist in Haft und kämpft gegen seine Auslieferung, Francisco Javier *El Tigrillo* (das Tigerchen) wurde von US-amerikanischen Beamten 2007 in internationalen Gewässern geschnappt. (So lautet zumindest die offizielle Version, die dem durchaus glaubhaften Gerücht einer Übergabe auf mexikanischem Boden entgegensteht). Im Oktober 2008 wurde ein weiterer Bruder festgenommen und fortan übernahmen die Frauen Enedina und Alicia die Führung der Organisation. Deren Aktionsradius ist allerdings eingeschränkt, da das Sinaloa-Kartell auf ihrem Territorium auf dem Vormarsch ist. Um Drogen, illegalisierte Arbeiter und Waffen auf die andere Seite zu schaffen, hat die Sinaloa-Mafia mehrere unterirdische Drogentunnels an der Grenze gebaut.

Vom Golf-Kartell, dessen territoriales Herrschaftsgebiet im Bundesstaat Tamaulipas an der Grenze zu Texas liegt, war schon weiter oben die Rede. Es hat seinen Einflussbereich bis in die Bundesstaaten Nuevo León, Coahuila sowie die an der mexikanischen Ostküste gelegenen Bundesstaaten Veracruz, Tabasco, Campeche, Yucatán und Quintana Roo ausgeweitet. Juan García Ábrego, einer der Gründer des Kartells, wurde im Januar 1996 von Mexiko an die USA ausgeliefert. Die Organisation entstand in den 1980er Jahren und gewann während der Regierungszeit von Präsident Salinas de Gortari deutlich an Einfluss.

La Familia aus dem Bundesstaat Michoacán erschien mit einer spektakulären Aktion auf der Bildfläche: Mitglieder des Kartells warfen im September 2006 im Städtchen Uruapan vier abgeschlagene Köpfe auf die Tanzfläche einer Bar. Daraufhin veröffentlichte La Familia in der Presse eine Anzeige und verkündete, sie seien eine Gruppe, die es nicht zulasse, dass sich die Jugend mit synthetischen Drogen vergifte. Zudem gebe es ein von ihrem Anführer *El Chayo* verfasstes »Evangelium«, ein Traktat verdrehter Ideologien und Ratschläge für dessen Anhänger. 2011 spaltete sich die Organisation. Aus La Familia entstand eine noch gewalttätigere Gruppe, die sich in Anlehnung an die christlichen Kreuzzüge vor einigen Jahrhunderten *Los Caballeros Templarios* (Die Tempelritter) nennt.

Die Gründer und Anführer dieser Organisation benutzen eine krude Mischung aus religiöser Predigt, Verherrlichung der Werte der sogenannten *superación personal*, des persönlichen Fortkommens, und eine entsprechende Lebensberatung, um Anhänger in den Dörfern in Michoacán zu gewinnen. Auf derart betrügerische Weise werden Jugendliche dazu gebracht, in die Herstellung und den Verkauf von Drogen einzusteigen; ihnen selbst wird der Konsum allerdings verboten. La Familia baut Straßen, Schulen, Krankenstationen und unterstützt Bauern finanziell etwa beim Kauf von Dünger. Ihre Lehrer und Prediger können auf eine soziale Basis zurückgreifen, da die Region verarmt ist und in ihrer Abgeschiedenheit kaum von den Regierungen des Bundesstaates und des Landes beachtet wird.

Der Einfluss des Beltrán Leyva-Kartells hat sich erheblich reduziert, seit dessen Chef Arturo Beltrán ermordet wurde und drei seiner Brüder im Gefängnis sitzen. Die Kartellchefs gehörten bis zum Bruch im Jahr 2008 zum Sinaloa-Kartell.

Das Kartell Jalisco Nueva Generación entstand nach der Hinrichtung von Ignacio *Nacho* Coronel in Zapopan, einem Ort im Großraum von Guadalajara im Bundesstaat Jalisco. Ihm schreibt man zu, der Gründer einer paramilitärischen Gruppe zu sein, die sich *Matazetas* (Zetamörder) nennt und für die Ermordung von 35 Personen verantwortlich gemacht wird. Deren Leichen wurden am Nachmittag des 20. September 2011 gegenüber der exklusiven Hotelzone von Boca del Río in der Nähe des Hafens von Veracruz am Golf von Mexiko gefunden.

Mano con Ojos, Los Aztecas, Los Mexicles, La Línea, Los Negros, Los Pelones, Gente Nueva, Cártel Independiente de Acapulco sind Namen einer langen Liste weiterer Gruppen von Auftragsmördern und Zuarbeitern der großen Organisationen, die sich ebenso in Mexiko ausgebreitet haben. Die Regierung schafft es nicht, sie zu kontrollieren.

Die mexikanischen Gruppen des organisierten Verbrechens haben sich in vielen Ländern ausgebreitet. So schreibt man dem Sinaloa-Kartell Luftmanöver in Argentinien zu, wo die Organisation Laboratorien zur Herstellung synthetischer Drogen betreiben soll. Die Drogenbosse aus Sinaloa sind in ganz Zentralamerika aktiv. So wurden in Kolumbien zwischen 2009 und 2011 neben einer Flotte von mehr als 25 Flugzeugen Hunderte von Unternehmen, Landhäuser, Immobilien und Bargeld des Kartells beschlagnahmt. In Afrika fand man per Luftfracht transportiertes Kokain, das auf das Konto einer Gruppe aus Mexiko geht. Piloten der mexikanischen Fluggesellschaft Aeroméxico wurden mehrmals im Flughafen Barajas in Madrid mit Koffern voller Kokain gefasst, zuletzt im August 2011. Als der Drogenboss Edgar Valdés Villarreal, Spitzname *La Barbie*, festgenommen wurde, kam heraus, dass dessen Beltrán-Leyva-Kartell Kontakte zu Gruppen in Panama, Kolumbien und zentralamerikanischen Ländern unterhielt. Die Arellano-Brüder wiederum handelten mit aus Asien stammendem Heroin, das sie nach Kalifornien und in andere US-Bundesstaaten schafften.

Es geht um ein globales Geschäft, und genauso operieren die mexikanischen Mafia-Organisationen auch. Sie modernisieren sich permanent und bauen pyramidenförmig strukturierte Unternehmen mit Abteilungen für geheimdienstliche Aktivitäten auf, die ihre Informationen gezielt analysieren, Telefone überwachen sowie die Kommunikation der verschiedenen Polizeieinheiten und des Militärs observieren. Als vor 15 Jahren Amado Carrillo noch aktiv war, prahlte dessen Stab damit, über ein 300 Personen starkes Spionage- und Geheimdienstzentrum zu verfügen. Die Kartelle haben die Strukturen der Generalstaatsanwaltschaft, des Ministeriums für Öffentliche Sicherheit und des Verteidigungsministeriums durchdrungen und korrumpiert. (Das wurde im Zusammenhang der Festnahmen während der sogenannten »Säuberungsoperationen« in den Jahren 2002 und 2008 nachgewiesen. Diese kulminierten in der Verhaftung und Strafverfolgung eines ehemaligen Staatsanwalts dreier Ex-Direktoren von Interpol Mexiko sowie militärischer Führungskräfte, die mit den Kriminellen zusammengearbeitet hatten.)

Frühgeschichte: Drogen in Mexiko

Wie in vielen anderen Regionen der Welt haben die mexikanischen Indigenen seit der prähispanischen Zeit bei ihren religiösen Riten Drogen konsumiert. Während der 300 Jahre andauernden spanischen Vorherrschaft und auch nachdem Mexiko sich zu Beginn des 19. Jahrhunderts unabhängig gemacht hatte, kamen halluzinogene Substanzen zum Einsatz, mit denen man zu medizinischen oder therapeutischen Zwecken das Nervensystem anregen oder betäuben konnte. Zu Beginn des 20. Jahrhunderts wurden Drogen zum Genuss, in hedonistischer Absicht und zur mutmaßlichen Steigerung der körperlichen und sexuellen Kräfte ge- und missbraucht.

Unabhängig vom moderaten Konsum innerhalb des Landes schloss sich Mexiko schon vor mehr als einem Jahrhundert der von den USA vorangetriebenen prohibitionistischen Strömung zum Verbot von Drogen auf der internationalen Konferenz von Shanghai im Jahr 1909 an. Der Anbau und Konsum der unter den Soldaten beliebten Droge Marihuana begann Ende des 19. Jahrhunderts. Zu Beginn des 20. Jahrhunderts wanderten vermehrt Chinesen in Mexiko ein. Die Repression gegen die asiatischen Migranten an der Pazifikküste im Nordosten Mexikos beförderte deren Flucht in bergige Regionen, wo sie sich mit dem Anbau von Opiaten behalfen. Das wurde, so der Experte Luis Astorga und andere Autoren, während des Zweiten Weltkrieges sowohl von der mexikanischen als auch der US-amerikanischen Regierung akzeptiert und in einer Art ungeschriebenem Pakt vereinbart, in der Absicht, den nordamerikanischen Markt zu versorgen.

Die mexikanische Drogenpolitik, die grundsätzlich schon immer auf Bestrafung ausgerichtet war, orientiert sich seit über 100 Jahren an Vorgaben aus Washington und ist diesen untergeordnet. Das allein erklärt jedoch nicht die Dimensionen der Produktion, des illegalen Handels, des Exports, des steigenden internen Konsums der Mexikaner und die Ausdehnung der Aktivitäten der Kartelle in andere Länder. Die Korruption, das Überlaufen von Staatsbediensteten auf die Seite des Drogengeschäfts, die Infiltration der Institutionen, die Unfähigkeit zur Säuberung des Polizeiapparats und das rechtlich gar nicht vorgesehene Vordringen des Militärs in Bereiche der öffentlichen Sicherheit, sind zentrale Erklärungen eines Phänomens, das das Leben der mexikanischen Gesellschaft allmählich zerstört.

Es gab in der Geschichte des Landes nur einen Versuch, vom repressiven Umgang mit dem Drogenkonsum abzurücken, als Präsident Lázaro Cárdenas (1934–1940) den Konsum legalisierte. Der Politiker, der auch ausländische Erdölunternehmen enteignete und Kasinos verbot, als diese in die Hände von Mafiosi aus Chicago zu fallen drohten, erließ ein Dekret, um von der polizeilichen Verfolgung des Drogenkonsums wegzukommen und die Drogenabhängigkeit als Gesundheitsproblem anzugehen. Eine entsprechende »Staatliche Rauschgiftverordnung« wurde am 17. Februar 1940 im Staatsanzeiger veröffentlicht. Ziel der Regierung war es, die Kontrolle über die Verteilung und den Verkauf von Drogen und verbotenen Substanzen zu erlangen. Drogen »sollten an die Süchtigen zum Selbstkostenpreis abgegeben werden; so würde man vermeiden, dass die Menschen von den Drogenhändlern kaufen«, zitiert Juan Alberto Cedillo den Gesetzestext in seinem Buch *La Cosa Nostra en México* (1938–1950). Die Süchtigen wurden registriert; man baute für sie Krankenstationen und Spezialkliniken. Sie bezahlten pro Injektion 20 Centavos, für die fünf Mal täglich verabreichte Morphiumdosis 10 bis 12 Pesos. Doch das Vergnügen währte nicht lange. Die Vereinigten Staaten setzten die mexikanische Regierung auf vielerlei Weise unter Druck. Am 3. Juli 1940 wurde ein neues Dekret erlassen, um die staatliche Rauschgiftverordnung außer Kraft zu setzen.

Seit damals haben sich die Gewohnheiten der Produzenten und Händler verbotener Substanzen in Mexiko ebenso stark gewandelt wie ihre Beziehung zu den Regierungen. Erstere unterhielten anfangs noch eine von Unterwürfigkeit und Kollaboration geprägte Beziehung zu den Politikern, die das Geschäft kontrollierten. Später wuchs die Bedeutung der Mafia-Gruppen. Sie erlangten eine ähnlich mächtige Stellung wie die politischen Akteure und sicherten sich die Gunst von Behörden, Polizeichefs und Militärs. Heute jedoch ist das Verhalten der Mafiosi kriegerisch geworden. Sie wurden zum Herausforderer eines lange Zeit monolithischen Staates, der sich nach dem Kontrollverlust der ehemaligen Quasi-Einheitspartei PRI – die das Land 70 Jahre lang regiert hatte und im Jahr 2000 die Präsidentschaftswahl verlor – zunehmend in einzelne Stücke zersetzt, die sich die verschiedenen Mafia-Gruppen wie Teile eines nicht mehr zu lösenden Puzzles aneignen.

Der Wandel Mexikos zu einem wichtigen Produzenten von Drogen (Marihuana, Schlafmohn und dessen Derivate Opium, Morphium und Heroin) begann wenige Jahre nach dem Ende der mexikanischen

Revolution und fiel mit der Prohibition von Alkohol in den Vereinigten Staaten in den 1920er und 1930er Jahren zusammen. Während des Zweiten Weltkriegs beschleunigte sich diese Entwicklung, da das aus Mexiko stammende Opium für die Armee des Nachbarlandes als lebensnotwendig angesehen wurde. Fünf Jahrzehnte später konsolidierte sich Mexiko schließlich als bevorzugter Transitraum für das aus Südamerika stammende Kokain und versorgte den weltweit größten Konsummarkt.[1] Heute sind die mexikanischen Narcos transnationale Organisationen. Sie sind in der Lage, internationale Finanztransaktionen durchzuführen oder tonnenweise Ephedrine und Pseudoephedrine einzuschleusen, mit denen sie große Mengen synthetische Drogen produzieren. Ihre Vorgehensweise transferieren sie in andere Staaten, damit die jeweiligen lokalen Mafia-Organisationen die entsprechenden Designerdrogen bekommen.

Neben ihrer hyperaktiven internationalen Geschäftstätigkeit mit allen erdenklichen verbotenen Substanzen in vier Kontinenten und mehr als 50 Ländern haben die mexikanischen Händler zugleich eine wachsende Binnennachfrage geschaffen. Selbst die mexikanische Generalstaatsanwaltschaft PGR erklärte im September 2011, die Ursache der ausufernden kriminellen Gewalt liege an der Ausbreitung des innermexikanischen Kleinhandels mit Drogen. So ist in den letzten fünf Jahren die Zahl der Marihuanakonsumenten in Mexiko um eine Million auf heute vier Millionen angestiegen. Die Zahl der Kokainabhängigen verdoppelte sich auf 2,7 Millionen.

Aufstieg zum Drogenlabor

Schon in den 1960er Jahren wurde die Ausbreitung der Flächen, auf denen in Mexiko Schlafmohn und Cannabis Indica angepflanzt wurde, international mit Sorge betrachtet. Die US-Regierung nahm dieses Anwachsen schon zu Zeiten wahr, in denen mexikanische Händler noch nicht einmal davon träumten, wie heute eine führende Rolle auf

---

1 Nach der Zerschlagung des Medellín-Kartells von Pablo Escobar 1993 gewannen mexikanische Kartelle mehr Einfluss. Kontrollierten sie zunächst nur den Transport kolumbianischen Kokains durch Mexiko, so übernahmen sie in den 1990er Jahren die Führungsrolle in der Region.

dem Weltmarkt zu spielen. Washington vereinbarte damals mit seinem Nachbar im Süden die sogenannte Operation Condor, die von 1975 bis 1977 dauerte: Mittels Besprühungen aus der Luft und Bodenoperationen sollten unzählige Marihuanafelder sowie Hunderttausende Hektar, die mit Schlafmohn bepflanzt waren, zerstört werden. Während der Operation Condor, die in der seitdem *Triángulo Dorado mexicano* (mexikanisches Goldenes Dreieck) genannten Region in den Bundesstaaten Sinaloa, Chihuahua und Durango durchgeführt wurde, waren bis zu 20.000 mexikanische Soldaten im Einsatz, die von Militärs und Beamten aus den USA beraten wurden.[2]

Der Organisator dieser massiven Anti-Drogen-Einsätze wurde Ende der 1980er Jahre gefasst, als er mit einem Flugzeug abstürzte, in dem er eine halbe Tonne Kokain transportierte. Zwar überlebte er den Unfall, seine Beine blieben jedoch aufgrund einer Verletzung der Wirbelsäule fortan gelähmt. Anstatt ins Gefängniskrankenhaus brachte man ihn in ein Zimmer einer luxuriösen Klinik. Als er Anfang der 1990er Jahre frei kam, wurde er mit 80 Schüssen auf seiner Residenz in Matamoros im Bundesstaat Tamaulipas an der Grenze zu den Vereinigten Staaten liquidiert.

Die Operation Condor galt in den folgenden drei Jahrzehnten weltweit als Beispiel für eine effiziente Zerstörung verbotener Plantagen mit Hilfe von Flugzeugen und Helikoptern. Die Abteilung, die für die Zerstörung aus der Luft und das Besprühen der Pflanzen über speziell ausgebildete Piloten und Spezialisten verfügte, war der Generalstaatsanwaltschaft unterstellt. Allerdings beendete der rechtsgerichtete Präsident Vicente Fox zwei Tage vor Ende seiner sechsjährigen Amtszeit Ende 2006 ohne öffentliche Erklärung und ohne ersichtlichen Grund die Operationen und damit die weitere Zerstörung von Schlafmohn- und Marihuanafelder. Die für diesen Zweck der Generalstaatsanwaltschaft zur Verfügung gestellten 108 Flugzeuge wurden dem Verteidigungsministerium übereignet. Die Soldaten waren für das Besprühen

---

[2] Der Name dieser Operation ist identisch mit dem der bekannteren »Operación Cóndor«, die ungefähr im gleichen Zeitraum unter US-amerikanischer Schirmherrschaft durchgeführt wurde. Unter diesem Codenamen gingen die Sicherheitskräfte der Militärdiktaturen des Cono Sur (Argentinien, Chile, Uruguay, Brasilien und Paraguay) in enger Kooperation massiv gegen Linke und Oppositionelle vor – auch extraterritorial. Viele wurden festgenommen und/oder ermordet.

jedoch nicht ausgebildet. Zudem wurde kritisiert, dass die Flugzeuge und Helikopter zu alt und demzufolge untauglich seien. Hunderten von Piloten, Technikern und Mechanikern wurde, ohne dass sie noch weiter etwas zu tun gehabt hätten, über zwei Jahre hinweg ihr Gehalt ausbezahlt. Schließlich wurde die Abteilung aus dem Organigramm der Regierung gelöscht.

Inzwischen hat die Produktion von Amapola und Marihuana wieder den Stand erreicht, den sie in zu ihren Hochzeiten hatten. Schlafmohn und Cannabis werden wieder angebaut, ohne dass die von den Soldaten per Hand ausgeführten Zerstörungen den bepflanzten Flächen wirklich schaden könnten. So vergrößerte sich die Anbaufläche zwischen 2006 und 2011 um die Hälfte. Das Land bleibt also weiterhin ein sicherer und zuverlässiger Lieferant dieser Drogen, vor allem für den externen Markt.

Die bergigen Regionen in den Bundesstaaten Sinaloa, Durango und Chihuahua blieben weiter das Goldene Dreieck des verbotenen Anbaus. Bereits sieben Jahre zuvor versuchte die Armee vergebens die Felder zu zerstören und Akteure der Mafia dingfest zu machen. Doch bei diesem Gebiet handelt es sich um eine uneinnehmbare Zone, die zudem ein Rückzugsgebiet von Joaquín *El Chapo* Guzmán Loera darstellt.

Wie harte Daten der US-Drogenbekämpfungsbehörde DEA besagen, sollen die mexikanischen Drogenhändler jährlich zwischen 32 und 40 Milliarden US-Dollar verdienen. Diesen Schätzungen widerspricht zwar das mexikanische Finanzministerium, doch allein in der US-amerikanischen Wachovia Bank in Mexiko sollen 358 Milliarden US-Dollar des Sinaloa-Kartells deponiert worden sein. Das geht aus einer im April 2011 im Londoner *Guardian* veröffentlichten Studie hervor, die sich auf lokale und von der DEA geführte Untersuchungen bezieht.

Fest steht, dass die kriminellen mexikanischen Organisationen ihre Aktivitäten mittlerweile stark diversifiziert haben und auch in anderen, höchst lukrativen Geschäftsbereichen aktiv sind. Dazu gehören Menschenhandel, Entführungen, ökonomische Ausbeutung und Erpressung von Migranten und deren Familien, Waffenhandel, Autodiebstahl, Überfälle auf Geschäfte, Schmuggel, Raubüberfälle auf Transportfahrzeuge, Schutzgelderpressung von Restaurant-, Bar- und Diskothekenbesitzern und vieles andere mehr.

Die 1980er Jahre markieren einen qualitativen Sprung des mexikanischen Narcogeschäfts. 1984 entdeckte man die sogenannte Búfalo

Ranch in Chihuahua. Dort wurden viele Tonnen Marihuana gefunden, fertig verpackt für die Verschickung auf die andere Seite der Grenze. Zudem waren dort unzählige Tagelöhner anwesend, die die Pflanzen unter sklavenähnlichen Bedingungen ernteten und verpackten. In der Folge des Fundes und der damit verbundenen Vereitelung eines Millionengeschäfts wurden ein DEA-Beamter sowie ein mexikanischer Pilot entführt, gefoltert und ermordet. Es war die Zeit, in der die offiziell für Spionage und Repression zuständige Geheimpolizei DFS aufgelöst wurde und deren Kommandanten zu neuen Bossen im Drogenhandel heranwuchsen.

In diesen Jahren entstand auch das Golf-Kartell. Nach Aussagen von Magdalena Ruiz Pelayo wurde es von der Regierung Carlos Salinas de Gortari und dessen Bruder Raúl gefördert, begünstigt und geschützt. Ruiz Pelayo ist die ehemalige Privatsekretärin des Vaters der Salinas-Brüder und wurde ins US-amerikanische Zeugenschutzprogramm aufgenommen. Die Capos aus dieser Zeit starben bei Gefechten mit staatlichen Sicherheitskräften oder durch die Hände rivalisierender Gruppen. Sehr viele landeten im Gefängnis, wo sie noch immer einsitzen – unter ihnen die Drogenbosse Miguel Ángel Félix Gallardo, Rafael Caro Quintero und Ernesto Fonseca Carrillo. Die Tatsache, dass die Anführer weggesperrt wurden oder umkamen, hat weder das Ausmaß der Drogenherstellung noch den Handel beeinträchtigt. Im Gegenteil: Die Gewalt, die sowohl das verbotene Geschäft als auch der von der Regierung geführte Kampf hervorgerufen haben, nahm immer weiter zu.

In der Vergangenheit waren die Auseinandersetzungen zwischen den Kartellen prägend für den Kampf um Hegemonie und Herrschaft über die Territorien der Produktion sowie die Routen des Drogenumschlags. Einige Kämpfe haben geradezu Geschichte geschrieben, wie etwa die Schießerei, bei der Kardinal Posados Ocampo im Mai 1993 von Kugeln durchsiebt wurde. Oder das Massaker von Iguala im Jahr 1992, bei dem neun Personen exekutiert wurden, die alle Miguel Ángel Félix Gallardo nahestanden – darunter auch seine Anwälte. Der Capo selbst saß damals bereits drei Jahre in Haft. Zu den »historischen« Ereignissen zählt auch der Versuch, die Brüder Arellano Félix bei einem Überfall auf eine Diskothek in Puerto Vallarta zu ermorden. Für den Angriff waren *El Chapo* Guzmán und Héctor *El Güero* Palma verantwortlich. 40 Auftragsmörder waren in einem LKW Torton mit verdunkelten Scheiben vorgefahren. Oder der schon erwähnte Attentatsversuch in einem Restaurant in Mexiko-Stadt, bei dem Amado Carrillo, der *Herr der Lüfte* liquidiert werden sollte.

Entgrenzte Gewalt – die Eskalation seit 2006

Heute richten sich die Angriffe zunehmend gegen die Zivilbevölkerung. Früher trugen die Chefs des Drogenhandels ihre Differenzen noch durch Schießereien untereinander aus. Anstatt auf unschuldige Bürger zu zielen, »verballerten« sie zudem Millionen von Pesos, um Funktionäre aller Hierarchiestufen zu kaufen und damit die illegalen Operationen abzusichern. Heute massakrieren die Kriminellen auch staatliche Kräfte, die sie zu bekämpfen vorgeben, vor allem aber Unbeteiligte aus der Zivilbevölkerung. Im letzten Jahrzehnt, und vor allem in den ersten fünf Jahren der Regierung unter Felipe Calderón (Ende 2006 bis Ende 2011), hat sich die Botschaft der Narcos an die Gesellschaft radikal gewandelt – hin zu einer irrationalen öffentlichen Zurschaustellung der Gewalt, die immer weitere irrsinnige Morde nach sich zieht. Täglich tauchen enthauptete, auf jedwede Weise verstümmelte oder an Fußgängerbrücken aufgehängte Leichen auf. Allein zwischen April und Juni 2011 wurden an zwei Orten im Norden des Landes, San Fernando im Bundesstaat Tamaulipas oder Torreón im Bundesstaat Coahuila in klandestinen Gräbern 480 verscharrte Körper gefunden. Schon im August 2010 hatte man ebenfalls in San Fernando 72 ermordete Migranten aus Zentral- und Südamerika gefunden, allesamt ohne Papiere.

Die Zurschaustellung der Opfer, die eine Panikstimmung in der Gesellschaft erzeugen soll, scheint keine Grenzen mehr zu kennen. An einem sonnigen Nachmittag im September 2011 wurden 35 halbbekleidete Körper – 23 Männer und 12 Frauen – mit Folterspuren und Würgemalen von zwei Lastwagen unter einer Fußgängerbrücke abgeladen. Und das geschah an einer sehr befahrenen Straße, die den Hafen von Veracruz mit einem luxuriösen Tourismusareal verbindet. Javier Duarte, der Gouverneur von Veracruz, schrieb dazu in seinem Twitter-Account: »Der Mord an 35 Personen ist bedauernswert, mehr aber noch, dass dieselben Personen sich dafür entschieden hatten, zu erpressen, zu entführen und zu morden.«

Auch hier waren es, wie so oft, die Opfer, die von einem Vertreter der Regierung kriminalisiert wurden. Für den Gouverneur lautete die Lektion aus dem makabren Vorfall: »Veracruz bietet keinen Platz für Verbrecher.« Dies sagte er so, als ob die Regierung selbst eine Säuberungsaktion durchgeführt hätte. Diese Episode zeigt sehr eindringlich, was in Mexiko geschieht, wo seit Ende 2006 zwischen 35.000 und 50.000 Menschen extrem gewaltsam ermordet[3] worden sind. Die Regierung schreibt alle diese Verbrechen der Organisierten Kriminalität zu. Darunter sind viele unschuldige Opfer, die von der Regierung posthum kriminalisiert werden. So behauptet diese etwa, die Ermordeten hätten mit Drogen gehandelt, wären Auftragsmörder oder *halcones* (Spione) gewesen, die die Mafia unter Vertrag nimmt, um die Bewegungen von Zivilisten, bewaffneten Sicherheitskräften oder feindlichen Gruppen zu überwachen.

Das Massaker in Veracruz ist eine paradigmatische Episode, in der sich die fürchterlichsten Exzesse bündeln. Das wirkt sich auch auf den Sprachgebrauch aus, wie etwa bei dem Wort *levantados*, das wörtlich übersetzt »aufgegriffen« oder »mitgenommen« heißt. Ein Neologismus, der zum Ausdruck bringt, dass jemand seiner Freiheit beraubt, entführt und an einen unbekannten Ort verschleppt wurde; dass er gefoltert, stranguliert und auf die Straße geworfen wurde – von schwarz gekleideten Personen, die sich mit Kapuzen das Gesicht verhüllen und von denen niemand weiß, ob es sich von Unternehmern bezahlte Paramilitärs, Mitglieder eines rivalisierenden Drogenkartells, Marinesoldaten, Militärs oder in Killertruppen eingebundene Polizisten handelt, die »bevollmächtigt« wurden, eine Stadt oder ein Dorf von vermeintlichen Verbrechern zu »säubern«. Für das Massaker von Veracruz ist jene paramilitärische Gruppe verantwortlich, die sich »Mata Zetas« (Zetamörder) nennt. Sie bekannte sich öffentlich mit dem erklärten Ziel dazu, mit den Zetas »Schluss zu machen«.

---

3 Die im Januar 2011 veröffentlichte offizielle Zahl beläuft sich auf 34.612 durch Gewalt verursachte Tote in vier Jahren. Allein im Jahr 2010 waren es 15.273 Tote. Ein halbes Jahr später veröffentlicht die Wochenzeitung *Zeta* aus Tijuana eine Untersuchung, die auch von der Zeitschrift *Proceso* übernommen wurde, in der eine Zahl von 50.490 Toten, die mit dem organisierten Verbrechen und dem Krieg, den die Regierung dagegen führt, in Verbindung gebracht werden. Diese Morde wurden von verschiedenen Stellen als »Hinrichtungen« klassifiziert (mit einer »mutmaßlichen Verbindung zum organisierten Verbrechen«), als Folge von »Zusammenstößen« oder »Aggressionen«. Das bedeutet einen Zuwachs von 575 Prozent innerhalb der viereinhalb Jahre der Regierung Felipe Calderóns gegenüber den sechs Jahren, in denen Vicente Fox regierte (2000–2006).

Überall im Land haben sich Familien organisiert, um nach Verschwundenen zu suchen. Viele ihrer Angehörigen tauchten nicht mehr auf, nachdem sie an offiziellen oder »falschen«, also von den Kartellen installierten Straßensperren, aufgehalten worden waren. Andere wurden aus ihren Häusern, aus Hotels oder auf Landstraßen entführt. Heute kursiert schon die grauenhafte Zahl von 10.000 *levantados* (Verschwundenen) innerhalb der letzten fünf Jahre. Mehr als 800 Familien suchen in den forensischen Abteilungen nach ihren Angehörigen. Dort liegen die bislang 480 aus klandestinen Gräbern exhumierten Leichen. Bis Ende 2011 war es gelungen, gerade einmal 30 von ihnen zu identifizieren. Verbleiben also noch 450 Körper, deren Vor- und Nachnamen man nicht kennt. Körper, die aus dem klandestinen Grab in ein Massengrab geschafft werden, weil es nicht genug Kapazitäten gibt, um so viele Tote in Kühlhäusern oder Leichenhallen aufzubewahren.

Zwei Armeen

Rodolfo Montes schreibt in seinem Buch *Der Kreuzzug von Calderón*, der umstrittene Präsident habe gegenüber einer bizarren christlichen Gruppe – Evangelikale einer »politischen und parareligiösen oder religiös parapolitischen« Organisation mit dem Namen »Haus auf dem Felsen« – gesagt, Gott habe ihn auserwählt und ihm »die Mission und den Auftrag« erteilt, die Geißel der Drogen zu bekämpfen. Ob es nun eine göttliche Inspiration war oder nicht, Felipe Calderón entschied sich dafür, Soldaten und Marineeinheiten aus den Kasernen zu holen, um einen Krieg gegen das Organisierte Verbrechen und den Handel mit Drogen in Gang zu setzen. Begründet wurde das damit, dass die Vorgängerregierungen nicht gehandelt hätten und dies die kriminellen Organisationen gestärkt habe. Mehr als die Hälfte des mexikanischen Territoriums leidet nun unter der Präsenz der Soldaten (mehr als 50.000), Marinesoldaten (mehr als 10.000) und Bundesbeamten (35.000, die meisten davon sind als Polizisten gekleidete Soldaten). Die über zehntausend Mitglieder verschiedener Polizeieinheiten der Bundesstaaten und Gemeinden sind dabei noch nicht einmal mitgezählt.

Diese invasionsartige Präsenz hat zu einer Eskalation von Angriffen auf die Menschenrechte geführt. Angefangen bei Übergriffen während Durchsuchungen von Personen- und Fahrzeugen an Kontrollstellen in der Stadt und auf dem Land, über wahllose Durchsuchungen vermeintlich verdächtiger Häuser und willkürliche Festnahmen, bis hin zu Folterungen, Entführungen, Verschwindenlassen, außergesetzlichen Hinrichtungen sowie dem ganzen Spektrum des Machtmissbrauchs uniformierter Sicherheitskräfte, die beinahe ausnahmslos maskiert agieren. So wissen die Opfer und ihre Angehörigen nie, ob jene, die überfallen, verhören, überwältigen, vergewaltigen, entführen oder verschwindenlassen, Soldaten, Marineeinheiten, militarisierte Beamte irgendeiner bundespolizeilichen Einheit, Paramilitärs, Kriminelle oder eine außer Kontrolle geratene Kombination all dieser Leute sind.

Als Ginger Thompson, die ehemalige Korrespondentin der New York Times in Mexiko, Anfang August 2011 aufdeckte, dass auf mexikanischem Territorium ein Trainingslager existiert, in dem ehemalige Marinesoldaten und Beamte des US-Geheimdienstes Informationen sammeln und Mexiko »dabei unterstützen«, Operationen gegen das organisierte Verbrechen zu planen, war das ein riesiger Skandal. Folgen hatte er allerdings keine. Die Pläne für eine allmähliche Invasion der US-amerikanischen Streitkräfte bestehen fort. Die mexikanische Regierung gesteht ein, dass es heute mehr US-Beamte gibt, die in der ganzen Republik verstreut sind, jedoch ohne Befugnis »auf nationalem Territorium Amtshandlungen auszuüben«.

Im Februar 2008 legte das Bundesinstitut für den Zugang zu öffentlichen Informationen IFAI offen, dass es in Mexiko 227 verdeckte DEA-Ermittler gebe.[4] Heute wird bestätigt, dass es mehr als 500 sind, wenn man die Beamten der Zoll- und Migrationsbehörden, der Abteilung Alkohol, Tabak und Feuerwaffen, der DEA, der CIA, des FBI und anderen mitrechnet. Dazu kommen die Mitarbeiter privater Sicherheitsfirmen. Der Bericht spielt auf als Angestellte getarnte Söldner (ähnlich jenen in Irak oder Afghanistan) an – was mit der Einwilligung der mexikanischen Regierung geschieht. Diese ausländischen Agenten sind hierdurch in der Lage die mexikanische Gesetzgebung zu umgehen, bewaffnet im Land zu agieren und ihre umfassenden technischen Möglichkeiten und Erfahrungen zum Einsatz zu bringen.

Zudem verfügen die Vereinigten Staaten auf mexikanischem Territorium über drei Spionagezentren, von denen aus sie auch entsprechen-

---

4 Daten von Antony Placido, Chef der US-amerikanischen Anti-Drogenbehörde DEA.

de Operationen durchführen. Es handelt sich um ein Gebäude am Boulevard Paseo de la Reforma in Mexiko-Stadt – ironischerweise genau gegenüber der Unabhängigkeitsstatue –, um die Militärbasis in Nuevo León – eine zweite ist im Bundesstaat Baja California geplant – und um die Akademie zur Ausbildung von Polizisten in Puebla. Gegründet von jener Gruppe, die auch die millionenschwere Unterstützung der Initiative Mérida verwaltet. Allein für diese Initiative stellt Washington insgesamt 1,55 Milliarden US-Dollar zur Verfügung, womit in erster Linie sicherheitspolitische Maßnahmen finanziert werden: darunter Aufklärungsflugzeuge, Hubschrauber, Nachtsichtgeräte, Röntgendetektoren sowie Ausbildungskurse zur Verbesserung des Datenaustauschs. Das Projekt erinnert stark an den *Plan Colombia*, mit dem die USA in Zusammenarbeit mit der Regierung in Bogotá angeblich die Drogenproduktion in Kolumbien bekämpfen wollen.

(Kein) Epilog

Als der Moderator des Fernsehsenders Televisa Präsident Calderón fragte, wie er das Faktum von mehr als 50.000 Toten in Mexiko während seiner Regierungszeit bewerte, antwortete der Staatschef, die Toten würden ihn sehr schmerzen. Er bestand jedoch darauf, dass seine Strategie richtig sei und es keinen anderen Weg gäbe, als das Verbrechen mit der gebotenen staatlichen Gewalt zu bekämpfen. Die exorbitant hohe Zahl der Gewaltopfer wurde vom Präsidenten zu keinem Zeitpunkt infrage gestellt.

Aus dem Spanischen von Kristin Gebhardt

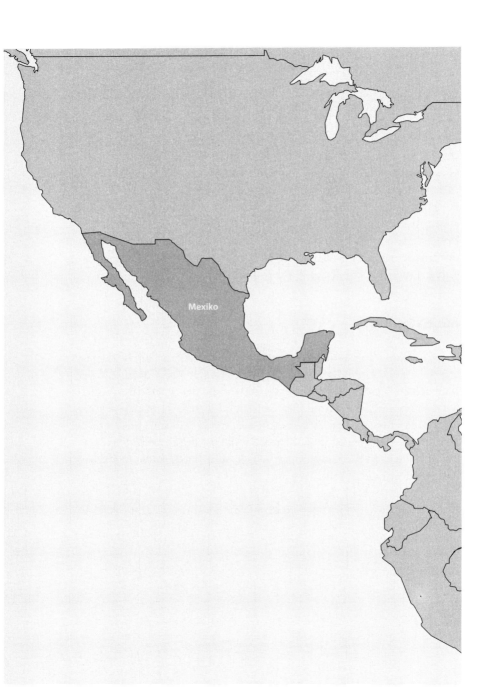

Paco Ignacio Taibo II

Narcogewalt:
Acht Thesen und viele Fragen

Straflosigkeit, Korruption und ein marodes Justizsystem – die Regierung hätte nicht in den Krieg ziehen dürfen

Vor mehr als fünf Jahren erklärte Felipe Calderón, der Mann, der vom Regierungssitz *Los Pinos* aus die Geschicke dieses Landes lenkt, den mexikanischen Drogenkartellen den Krieg. Und wir Mexikaner leisten zu diesem Krieg einen überaus bitteren Beitrag. Nach offiziellen Angaben sind 50.000 Menschen gestorben, unzählige wurden verletzt. Mehrere große Städte (Ciudad Juárez, Chihuahua, Monterrey, Tampico, Morelia, Culiacán, Mazatlán) befinden sich in einem nicht erklärten Ausnahmezustand, in dem der Alltag von Angst beherrscht wird. Viele haben ihre Heimatorte verlassen. Es gibt Bundesstraßen, die aufgrund der prekären Sicherheitslage nicht mehr befahrbar sind. 17 Bundesstaaten versinken in einer tiefen Sicherheitskrise. Zurückgeblieben sind ländliche in Niemandsland verwandelte Gebiete. Über 5.000 Klagen wurden bei den Menschenrechtskommissionen eingereicht – und das sind nur die bekannt gewordenen, nur die Spitze des Eisbergs. Dabei handelt es sich um Klagen wegen Vergewaltigung, Entführung, Erpressung, illegaler Durchsuchung, Diebstahl und allen Formen des Amtsmissbrauchs, die Polizisten, Angehörige des Heeres und in geringerem Ausmaß auch der Marine verüben. Es gibt Stadtviertel und Industriegebiete, die weder von Inspektoren der Finanzbehörden noch des Gesundheitsamtes betreten werden, weil die Kartelle dort faktisch die staatlichen Hoheitsrechte innehaben.

Wie ist es dazu gekommen? Wie kann diese Schockstarre überwunden werden, bevor Mexiko inmitten von Angst und Terror zugrunde geht? In einem Gemetzel mit abgeschnittenen Köpfen und Schießereien, in denen unschuldige Bürger zu Kollateralschäden werden. In Exzessen, in denen Polizisten die Türen von Häusern eintreten und den Käse vom Tisch stehlen. Wo die Mafia das Sagen hat, Fabriken und Werkstätten stillgelegt werden, systematisch gefoltert wird und die Behörden Fortschritte und Erfolge melden, an die nicht einmal die Kinder der städtischen Bourgeoisie glauben. Wo Mütter ermordet werden, weil sie gegen die Ermordung ihrer Töchter protestieren.

Erstens: Felipe Calderón hat den Krieg noch mit US-Präsident George W. Bush vereinbart, nicht mit Barack Obama. Er bot den Krieg auf dem Silbertablett an, und das unter absurden Bedingungen. Der Krieg gegen die Kartelle ist eigentlich kein mexikanischer, er dürfte es zumindest nicht sein. Es ging und es geht um einen US-amerikanischen Krieg. Auf dem Territorium der Vereinigten Staaten werden so viele Drogen konsumiert wie nirgendwo sonst auf dem Planeten. Deshalb hätte Mexiko allerhöchstens einen Krieg unterstützen dürfen, der sich auf US-amerikanischem Boden abspielt, um gegen die Verteilungs- und Finanzstrukturen vorzugehen und die Grenzen zu kontrollieren. Auf ihrem Territorium, nicht auf unserem. Aber so lief es nicht. In den ersten drei Jahren fanden kaum mehr als ein halbes Dutzend größerer Operationen auf der anderen Seite der Grenze statt. Bei uns hingegen entfesselte sich die blutigste Konfrontation, die wir Mexikaner seit dem Religionskrieg in den Zwanziger Jahren des vergangenen Jahrhunderts erlebten.

Momentaufnahme: Nachdem ich alle Zeitungen aus Acapulco gelesen habe, weiß ich nun über die mutmaßlichen vorherigen Beschäftigungen von elf Männern Bescheid, die enthauptet aufgefunden wurden: Es handelte sich um einen Autowäscher, einen Müllwagenfahrer, einen Automechaniker, zwei Arbeitslose, einen Polizisten, drei Maurer sowie um zwei Jugendliche. Das ist also das Fußvolk des Acapulco-Kartells, das die Gruppe von *Chapo* Guzmán im Kampf um die Kontrolle des dortigen Marktes massakriert hat (so steht es auf den Pappschildern, die neben ihnen gefunden wurden).

Zweitens: Die Regierung Calderón brauchte ein Jahr, um die US-Amerikaner zu bitten, den Waffenhandel zu kontrollieren. Ergebnisse liegen bislang nicht vor. Nach offiziellen Zahlen (Vorsicht bei den offiziellen Zahlen. Wer zählt da?) wurden in den letzten fünf Jahren ungefähr 64.000 halbautomatische Schnellfeuerwaffen, Scharfschützengewehre und andere Waffen nach Mexiko geschafft, um die Mafia-Organisationen mit einer Feuerkraft auszurüsten, die derjenigen des Militärs deutlich überlegen ist. Heutzutage kann jeder Handlanger eines Narcos Munition für eine Kalaschnikow in einer »Eisenwarenhandlung« in Houston erwerben. Die Kugeln, die Mexikaner töten, werden unbekümmert in den Vereinigten Staaten verkauft.

Drittens: Bevor ein Staat einen Krieg beginnt, und um das zu wissen, muss man nicht Sun Tzu oder Friedrich Engels gelesen haben, sollte er auf zuverlässige Geheimdienstarbeit zählen können. Wer sind sie? Wo sind sie? Welche Verbindungen haben sie? Wie sieht ihre Finanzstruktur aus? Tausendundeine Frage, die beantwortet hätten werden müssen. Heute wissen wir: Als Calderón den Krieg gegen die Kartelle begann, standen alle oder zumindest ein großer Teil der Behörden des mexikanischen Geheimdienstes im Dienst des Narco. Ranghohe Polizeichefs wurden eingesetzt, um Operationen gegen die gegnerischen Banden zu leiten. Sie stocherten in einem Nest voller Wespen, die von unendlicher Rachsucht geprägt zu sein scheinen. Wie viele Mitarbeiter des Polizeiapparates, wie viele Polizeidirektoren arbeiteten für den Feind? Wie viele Kommandeure der für Verbrechensaufklärung zuständigen Sonderpolizeieinheit AFI, wie viele Unterstaatsanwälte...? Und wie steht es mit den Ministerien, die für die Bekämpfung der Organisierten Kriminalität zuständig sind, oder mit der Spezialstaatsanwaltschaft SIEDO? Der mexikanische Staat weiß es bis heute nicht oder will es nicht wissen. Noch immer ist der staatliche Geheimdienst infiltriert, erschüttert und gespalten. Er ist (das zeigt sich nach Lektüre seiner Erklärungen) absolut inkohärent.

Viertens: Das Justizsystem ist marode, und das ist schon seit etlichen Jahren so. Es zeichnet sich durch unqualifizierte Mitarbeiter bei der Staatsanwaltschaft, korrupte Richter und eine absolute Ineffizienz, wenn nicht sogar erklärte Komplizenschaft mit dem Verbrechen aus. Mit solch einem Gebilde kann man nicht in den Krieg ziehen. Wie viele Kriminelle wurden in den vergangenen fünf Jahren auf freien Fuß gesetzt? Wie viele erhielten unbedeutende Strafen angesichts des Ausmaßes ihrer Verbrechen. Der Journalist Pepe Reveles erzählte bei einer Diskussionsrunde, dass die Personen bald wieder freikommen werden, die dem *pozolero*, dem »Eintopf-Koch«, der

Menschen in Säure auflöste, die Leichen geliefert hatten (wir reden hier von mehr als hundert Toten). Aufgrund einer schlecht geführten Untersuchung konnte die Staatsanwaltschaft sie nur wegen Waffen- und Drogenbesitzes anklagen. Es herrscht ein geschwürartiges Chaos. Das war in der mexikanischen Justiz, diesem Paradies der Un- und Zufälle, schon immer so. Wir leben in einem Land der aufgeschobenen Nachforschungen, der konfusen Aktenberge, in dem weder wissenschaftliche Untersuchungen angestellt werden noch bundesweite Datenbanken digitaler Fingerabdrücke existieren, die die Informationen aller Polizeibehörden des Landes zusammenführen könnten. Wie oft haben wir schon in den Zeitungen gelesen, dass der Festgenommene erst kürzlich im Gefängnis gesessen hätte? Wer hat ihn freigelassen?

Fünftens: Im Gefängnis von Torreón wurden Häftlinge von der Direktorin gefoltert. In einem anderen Gefängnis hatten Banden die Erlaubnis, nachts rauszugehen, um Rivalen umzubringen. In weiteren zehn Knästen kam es zu Massenfluchten. Es gibt Klagen darüber, dass die Mafia-Banden alle Gefängnisse kontrollieren und Privilegien besitzen, auch in den Hochsicherheitseinrichtungen. In den letzten Jahren wurden über ein Dutzend Gefängnisdirektoren entlassen. Hat sich dadurch die interne Situation verändert? Ohne eine vorherige Säuberung des Gefängnissystems kann man nicht in den Krieg ziehen.

Momentaufnahme: Eine erschreckende Anekdote: In Torreón hält ein Mann an einer Ampel. Als die Ampel auf Grün springt, bleibt der Wagen vor ihm stehen. Der Mann will hupen, überlegt es sich jedoch anders. Die Zeiten sind nicht so, dass man einfach hupt. Der Verkehr steht. Die Zeit vergeht und die Ampel schaltet auf Rot. Er entscheidet sich, steigt aus dem Auto und fragt die beiden Passagiere des vor ihm stehenden Wagens freundlich, ob er helfen könne. Der Fahrer zeigt seine Pistole und hält ihm 200 Pesos hin. »Man merkt, dass Sie ein höflicher Mensch sind. Ich habe eben eine Wette gegen diesen Typen verloren (er deutet auf seinen Beifahrer, der mit breitem Lächeln eine Uzi zeigt): Dass Sie hupen werden und ich Sie dann erschieße. Es ist Ihr Glückstag, *amigo*.« Der Wagen fährt los. Der liebenswürdige Mann bleibt zurück, kalter Schweiß bricht ihm aus.

Sechstens: Wenn ein Fall unklar war, folgte Conan Doyles Sherlock Homes immer der Devise »*follow the money*«. Man muss schauen, wohin das Geld fließt, man muss der ökonomischen Fährte folgen. Der Drogenhandel ist wie der Alkoholschmuggel während der Prohibition in den Vereinigten Staaten oder der Diebstahl von Autos in Mexiko ein kriminelles Geschäft. Er folgt den Regeln eines zum Teil sichtbaren Marktes. Er ist von der Produktion, dem Vertrieb und von Investitionen abhängig. Ein Teil des Geldes, Millionen und Abermillionen US-Dollar, werden als grüne Bündel nüchtern in Zeitungspapier verpackt und in Samsonite-Koffern von hier nach da bewegt. Der andere und vielleicht noch bedeutendere Teil verwandelt sich in Investitionen, Häuser, Luxuskarossen, Büros, Hotels, Restaurants. In der Zeit des Drogenbosses Caro Quintero gab es in Ciudad Juárez einen Stadtteil, den man spöttisch *Disneylandia* nannte. Dort standen nur extravagante Anwesen: Aschenputtel-Schlösser, kalifornische Villen, buddhistische Pagoden, geschmackloser Mist aus Tausendundeiner Nacht. Alle Welt in Ciudad Juárez wusste, dass dort die Kartelle herrschten. Geld ist sichtbar. Und der Weg, die Wege, die es aus den USA nimmt, sollen es nicht sein? Die mexikanische Steuerbehörde ist sehr darum bemüht, von jedem *gringo*, der nicht aufpasst, Steuern zu kassieren. Sollte sie nicht fähig sein, die Millionen zu finden, die von der anderen Seite der Grenze nach Mexiko fließen? Die mexikanische Regierung hat ihren Bürgern tausend Hindernisse bei Bankgeschäften auferlegt. Nie aber hat sie eine umfangreiche Untersuchung der Finanztransaktionen vorgenommen, mit denen die Mafia ihr großes Geld verschiebt. Es gab Hunderte von Beschlagnahmungen, Durchsuchungen, Festnahmen. Sind da keine Scheckhefte, Bankkonten, Fährten und Spuren aufgetaucht? Warum wird darüber nie gesprochen? Warum hat die mexikanische Regierung von den Vereinigten Staaten keine Maßnahmen gefordert, die den Geldfluss des Drogenhandels blockieren? Ohne eine gründliche Untersuchung der Finanztransaktionen und ohne einen bilateralen Vertrag mit den US-Amerikanern, um das Geld der Kartelle zu blockieren, hätte man nicht in den Krieg ziehen dürfen.

Momentaufnahme: Ein Filialleiter der Santander-Bank informierte vor vier Jahren seinen Regionalchef über den Eingang von Geld aus dubiosen Quellen. Die Antwort lautete: *Money is money.*

Siebtens: Ein Militärkonvoi ist von La Laguna aus auf dem Weg zu einem Hochsicherheitsgefängnis: Ein einflussreicher Gefangener wird verlegt. Weil die Soldaten die Gegend nicht kennen, werden lokale Polizisten hinzugezogen. Sie sollen die Kolonne an der Spitze und am Ende begleiten. An einer Ampel bleibt das vordere Polizeiauto stehen. Die Insassen betätigen drei Mal die Lichthupe und machen sich dann mit 150 Stundenkilometern aus dem Staub. Das Polizeifahrzeug am Ende des Konvois tut es ihm gleich, und rast in entgegen gesetzter Richtung davon. Aus den Seitenstraßen kommen Bewaffnete, die auf die Soldaten schießen. Weder die Autos noch die Polizisten sind je wieder aufgetaucht. Sie haben sich im Orkus der Nichtinformation von Calderóns Krieg aufgelöst. Zwischen Monterrey und Tampico werden mehrere von einer Inspektion kommende Kleintransporter einer Mietwagenfirma von Polizisten auf einen Feldweg umgeleitet. Am Ende der Strecke erwarten sie mit Maschinengewehren bewaffnete Mitglieder des Zeta-Kartells. Die Fahrer werden gefoltert und ausgeraubt.

Dank der Aussagen von Zeugen in Schutzprogrammen wissen wir heute, dass ranghohe Polizisten jahrelang die Drogentransporte eskortiert und als Leibwächter die Drogenbosse geschützt haben. Aber nicht nur die Polizei, die Polizeien, die Polizisten, viele Polizisten helfen, informieren, schützen und arbeiten mit den Kartellen zusammen. Der Staat hat die Kartelle mit Führungskräften versorgt. Jeder dritte Verhaftete, das kann man täglich in den Zeitungen lesen, ist Polizist, ehemaliger Polizist oder Soldat.

Vor einigen Jahren fragte ich den Direktor einer Zeitung in Tijuana, warum sich in den vergangenen Tagen bei Auseinandersetzungen rivalisierender Banden auch ein Dutzend Polizisten gegenseitig erschossen hätten. Er antwortete mir, es sei billiger, einen Bullen unter Vertrag zu nehmen als einen Auftragskiller auszubilden. Wie kann es sein, dass das mexikanische (und das US-amerikanische) Militär eine militärische Eliteeinheit ausbildet, die dann komplett zu den Zetas überläuft und den Kern der Gruppe bildet? Wenn wir Mexikaner wissen – ja, wir wissen es –, dass Tausende Verbrechen von Polizisten begangen werden, wie kann es dann sein, dass der mexikanische Staat es nicht weiß? Lässt es sich verheimlichen, wenn dein Gehalt von 15.000 auf 250.000 Pesos im Monat steigt? Wie vielen Stunden Wirtschaftsprüfung hält ein Polizeibeamter stand, bis entdeckt wird, dass er sechs Häuser im Bundesstaat Mexiko besitzt? Gibt es jemand in Mexiko, der die Aufzeichnungen eines Polygraphen, allgemein auch als Lügendetektor bekannt, interpretieren kann? Oder traut sich der Staat nicht, ihn zu benutzen, weil er das Risiko scheut, die Mehrheit seiner Beamten könnte als Lügner entlarvt werden? Die Mehrheit? Zehn Prozent? Neunzig Prozent? Gibt es in irgendeiner Polizeistation des Landes einen funktionierenden Polygraphen? Oder hat man sie verkauft, um Erfrischungsgetränke und mit Creme gefüllte Kekse im nächstgelegenen *Oxxo*-Supermarkt zu kaufen?

Der Ursprung all dessen ist die verkommene Moral der Ordnungskräfte. Das ist eine altbekannte mexikanische Geschichte, die ihren traurigen Höhepunkt während der Regierungszeit von Präsident Miguel Alemán erreichte. Dahinter steckt meist die Straflosigkeit. Wir Mexikaner wissen, dass Polizei und Militär nie Ordnungshüter waren, sondern repressive, halb legalisierte kriminelle Kräfte. Das weiß auch die Regierung Calderón. Wie sollte es auch anders sein (wir können nicht von einem Grad der Beschränktheit ausgehen, der unglaubwürdig wäre). Was fällt ihm ein, mit diesen Leuten einen Krieg gegen die Narcos anzufangen? Einen Krieg, der nicht nur nicht zu gewinnen ist, sondern den man auch nicht hätte beginnen dürfen, ohne vorher die Ordnungskräfte zu säubern. Wie aber soll man Säuberungen durchführen, ohne gleichzeitig das repressive Wesen des mexikanischen Staates zu schwächen? Ein ehemaliger General erzählte mir, er habe keinen Zweifel daran, dass es in der Armee hundert anständige Kapitäne und Majore gebe. Die aber säßen nicht dort, wo Entscheidungen getroffen würden. Man hätte mit diesen Leuten keinen Krieg gegen die Kartelle lostreten dürfen. Es gibt überhaupt keine Möglichkeit, die Situation zu ändern, solange die moralische Verkommenheit der Ordnungskräfte fortbesteht.

Momentaufnahme: Jeder Bürger mit einem Mobiltelefon kann sie filmen. Auf der Straße von Tampico nach Matamoros sind Konvois von vier, fünf schwarzen Pickups unterwegs, auf deren Karosserie die Buchstaben CG für Cártel del Golfo, Golf-Kartell, aufgesprüht sind.

Achtens: Die Narcos, das sind heute nicht nur ein Dutzend bewaffnete Gruppen, die eine der wichtigsten Einnahmequellen des Landes kontrollieren. Es sind Unternehmen, die Schutzgeld fordern, wie beispielsweise von allen Geschäftsleuten in Cancún. Sie kontrollieren alle Straßenhändler in Monterrey. Sie übernehmen in weiten Regionen des Bundesstaates Michoacán die Rolle der Justiz – *La Familia* geht dort gegen gewalttätige Ehemänner und säumige Schuldner vor. Die Mafia-Banden kontrollieren die Bundesstraßen und fordern Wegzoll. Sie haben einem Restaurantbesitzer in Ciudad Juárez als Gegenleistung für das Schutzgeld, das er bezahlen sollte, versprochen (und das später auch eingehalten), er werde keinen Besuch von Gesundheitsinspektoren und keine weiteren Forderungen des Finanzamtes zu erwarten haben. Sie kontrollieren das weltgrößte Netzwerk, das mit Menschenhandel und Entführungen seine Geschäfte macht. Sie bieten Tausenden Mitgliedern von Jugendgangs in den Grenzgebieten gut bezahlte Arbeit.

Zu einem sehr großen Teil sind sie unser Land, der neue Staat. Ein Staat, der den anderen Staat, der auf Missbrauch und Korruption basiert, ablöst. Ein Mechaniker, der in Chihuahua auf der Straße seine Dienste anbietet, zahlt den Narcos wöchentlich 200 Pesos für die Nutzung des Bürgersteiges. Früher bezahlte er 300 Pesos Schmiergeld an die Polizei. So oder so. Es ist einerlei. Warum sollte ein Drogenboss im Knast sitzen, wenn nicht er es war, der für den Wahlbetrug verantwortlich ist, der unserer Nation ihre Zukunft raubte? Er war es ja auch nicht, der sich mit seinem bescheidenen Beamtengehalt drei Schlösser in Frankreich gekauft hat. Solange der mexikanische Staat sich gegenüber seinen Bürgern nicht anständig verhält, sollte er keinen Krieg gegen die Narcos anzetteln.

Momentaufnahme: Ein Foto auf der Titelseite der mexikanischen Tageszeitung *La Jornada* zeigt Kinder, die ein Plakat mit folgender Aufschrift halten: »Liebe Heilige Drei Könige, wir wollen Calderóns Krieg nicht.« Aber es reicht nicht aus, ihn nicht zu wollen, man muss ihn stoppen. Und das bedeutet vor allem und unter anderem, die acht hier vorgebrachten Probleme zu lösen.

Aus dem Spanischen von Kristin Gebhardt

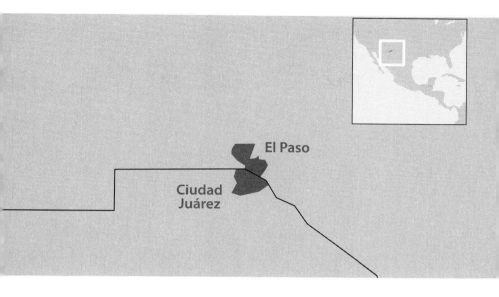

Lourdes Cárdenas

Die Schöne und die Hässliche

Die ungleichen Schwesterstädte Ciudad Juárez und El Paso

Alles schien ruhig im Rathaus von El Paso, Texas, an jenem Nachmittag des 29. Juni 2010. Es war 16.50 Uhr und die meisten Angestellten waren kurz davor, nach Hause zu gehen. Plötzlich durchbrachen Schüsse die Stille; ein halbes Dutzend Irrläufer bohrte sich in die Außenwände des Gebäudes. Das Rathaus steht nur 800 Meter vom Río Grande entfernt, jenem Fluss, der die Grenze zwischen El Paso in den USA und seiner mexikanischen Nachbarin Ciudad Juárez bildet. Nur eine einzige Kugel – sie stammte aus einer AK-47, wie später bekannt wurde – erreichte die Fenster im neunten Stock und durchschlug den Rahmen eines Gemäldes, das im Büro des Verwaltungsassistenten hing, eines gewissen Pat Adauto. Niemand wurde verletzt, aber der Vorfall erinnerte daran, dass die Gewalt, die Ciudad Juárez seit 2008 ausbluten lässt, auch das texanische El Paso treffen könnte. Am gleichen Nachmittag, zur gleichen Zeit, lieferte sich in Ciudad Juárez eine Gruppe bewaffneter Männer einen Schusswechsel mit der Bundespolizei. Ein Polizist wurde getötet. Später fand man mehr als 40 Patronenhülsen vom Typ AK-47 am Ort des Geschehens. Die Polizei von El Paso schlussfolgerte, dass die Kugeln, die das Rathaus trafen, mit diesem Vorfall zu tun hatten.

Zu jener Zeit erreichte die Welle der Gewalt in Ciudad Juárez ihren vorläufigen Höhepunkt. Seit Anfang 2008 hat der Krieg um die Kontrolle der Drogenpfade in die Vereinigten Staaten zwischen dem Sinaloa-Kartell und dem Juárez-Kartell höllische Ausmaße angenommen: Die Mordrate stieg von 307 im Jahr 2007 auf 1.607 (2008), 2.601 (2009) und schließlich 3.156 im Jahr 2010 an. Das Massaker, das die soziale Zersetzung am treffendsten widerspiegelt, ereignete sich am 31. Januar 2010: Auf einer Geburtstagsfeier wurden 15 Jugendliche auf die denkbar brutalste und blutigste Weise durch Mitglieder der Gang *Barrio Azteca* hingerichtet. Auftraggeber war das Juárez-Kartell. Die unbewaffneten Jugendlichen konnten nicht mehr fliehen, als die Gruppe der Attentäter in das Haus eindrang und Hunderte Kugeln auf sie abfeuerte.

Wie sich später herausstellte, waren die Attentäter der Azteca-Gang offensichtlich hinter einem jungen Mann her, der zu den *Artistas Asesinos* gehörte, den »Mordenden Künstlern«, einer Gang, die auf Anweisung des Sinaloa-Kartells operierte. Allerdings waren 14 der 15 ermordeten Jugendlichen keine Gangmitglieder, sondern Mittel- und Oberschüler, die sich vor allem für Sport interessierten.

Kurz nach dem Massaker im Juli 2010 bewies die Explosion einer Autobombe im Zentrum der Stadt, wie weit die rivalisierenden Kartelle zu gehen bereit sind. Die Wochenenden in Ciudad Juárez wurden blutig; an einem einzigen, vom 17. bis 20. Februar 2011, wurden 53 Menschen in der Stadt getötet. Nichts schien das Gemetzel aufhalten zu können. Die Straßen leerten sich, die Bars waren verwaist. Juárez glich einer Geisterstadt. Bis zum Jahr 2010 wurden mehr als 110.000 Häuser der Stadt von ihren Bewohnern verlassen. Wer konnte, floh, entweder in andere Teile Mexikos oder in die Vereinigten Staaten, vor allem nach El Paso.

Der Krieg zwischen dem Juárez- und dem Sinaloa-Kartell – entbrannt infolge alter Rivalitäten und als Kampf um die Vorherrschaft auf der zentralen Plaza – forderte in drei Jahren 8.000 Tote. Ein hochrangiger Beamter des Kabinetts von Präsident Felipe Calderón beschrieb ihn im August 2010 als »hochgradig blutigen Krieg«.

Gewalt hat es in Ciudad Juárez schon immer gegeben. In den 1990er Jahren wurde die Stadt durch über 400 Frauenmorde (Feminicidios) bekannt, von denen die meisten nie aufgeklärt wurden. Das systematische Verschwindenlassen junger Frauen ist ein Phänomen, das bis heute existiert: Über 300 junge Frauen sind bislang verschwunden, die meisten im Alter zwischen 12 und 25 Jahren. Zwar hat es in der Geschichte dieser Grenzstadt tatsächlich schon immer Phasen der Gewalt gegeben, doch seit 2008 ist sie außer Kontrolle geraten. Die nationale und die ausländische Presse bezeichnen Ciudad Juárez als »die gefährlichste Stadt der Welt«, gleich nach Bagdad. Dieser Ruf steht im scharfen Gegensatz zum Image der US-Nachbarstadt El Paso, die als »eine der sichersten Städte« der Vereinigten Staaten gilt – mit einer Rate von durchschnittlich nur knapp 16 Morden jährlich im letzten Jahrzehnt.

Grenzstädte und Grenzüberschreitungen

Ciudad Juárez und El Paso haben zusammen knapp über zwei Millionen Einwohner. Ein dürrer Fluss trennt die beiden Städte; je nachdem, von welcher Seite aus man ihn betrachtet, wird er Rio Bravo oder Rio Grande genannt. Die Beziehung der beiden Städte ist wirtschaftlich und kulturell so eng miteinander verknüpft, dass sie sich selbst »Schwesterstädte« nennen. Die geschwisterliche Beziehung und gegenseitige Abhängigkeit manifestiert sich tagtäglich in den Zahlen des internationalen Handels, in den vielen Menschen und Fahrzeugen, die die Grenze zur Arbeit, zum Studium oder zum Einkaufen überqueren, sowie im alltäglichen Gebrauch des »Spanglish«, jener in der Region weithin akzeptierten Mischsprache aus Englisch und Spanisch.

In der Metropolregion Ciudad Juárez/El Paso leben die meisten Menschen von der verarbeitenden Industrie und dem bilateralen Handel. Schätzungen zufolge betrug die Handelssumme, die an den vier Grenzposten zwischen den beiden Städten umgeschlagen wird, im Jahr 2009 42 Milliarden US-Dollar – 15 Prozent des gesamten Handelsvolumens zwischen den Vereinigten Staaten und Mexiko.

Darüber hinaus schätzt die Notenbank von Dallas, dass die Mexikaner auf ihren Grenzgängen von Ciudad Juárez nach El Paso zusammen durchschnittlich 3,8 Millionen US-Dollar pro Tag im Einzelhandel, in Restaurants und Einkaufszentren ausgeben. 1,4 Milliarden US-Dollar waren es im gesamten Jahr 2010. Die Notenbank fand auch heraus, dass durch vier Arbeitsplätze in der Maquiladora-Industrie von Ciudad Juárez ein Job in El Paso entsteht.

»Wenn Ciudad Juárez stirbt, stirbt auch El Paso«, sagte der Stadtrat von El Paso, Beto O'Rourke, als sich die Gewalt in Ciudad Juárez 2009 verheerend auf das Geschäfts- und Alltagsleben der Bewohner auszuwirken begann – vor dem Hintergrund der oben genannten Zahlen eine durchaus nachvollziehbare Aussage.

O'Rourke, ein 38-jähriger Liberaler, hatte schon zuvor einigen Staub aufgewirbelt, als er dem Stadtrat vorschlug, eine Resolution zu verabschieden, um im Staatskongress die Möglichkeit einer Legalisierung von Marihuana zu diskutieren. Das sei eine Möglichkeit die Schwesterstadt zu unterstützen und Gesetze gegen Geldwäsche, Waffenschmuggel und Menschenhandel zu fördern. Doch der Bürgermeister John Cook legte ein Veto gegen die Resolution ein, wenige Tage nachdem sie in erster Instanz vom gesamten Stadtrat einstimmig angenommen worden war. Cooks Argument: Die Stadt könne Bundesmittel verlieren, wenn die Polemik und die kontroverse Diskussion weitergingen.

Dies war vielleicht das erste sichtbare Zeichen, dass sich die Stadt El Paso in schwierigen Zeiten des Drogenhandels nicht nur von ihrer Schwester Ciudad Juárez distanzierte, sondern nicht einmal bereit war, etwas zu tun, um ihrem Gegenstück auf der anderen Seite der Grenze zu helfen. Und dies trotz der Tatsache, die O'Rourke auf den Punkt gebracht hat: dass nämlich ein Großteil der Gewalt in Mexiko und vor allem in Ciudad Juárez vom Drogenhunger der US-amerikanischen Konsumenten genährt wird.

Die Vereinigten Staaten sind weltweit der größte Verbraucher illegaler Drogen. Ein Bericht des staatlichen Recherchedienstes Congressional Research Service aus dem Jahre 2008[1] hat festgestellt, dass Mexiko für die USA der wichtigste Lieferant von Marihuana und Methamphetamin ist. Obwohl Mexiko nur einen kleinen Teil des weltweiten Heroins herstellt, liefert das Land einen großen Teil des in den USA konsumierten Heroins. Schätzungsweise 90 Prozent des in die USA importierten Kokains nimmt den Weg über Mexiko, 70 Prozent alleine über den Korridor Ciudad Juárez-El Paso.

---

1 Mexico's Drug Cartels. CRS Report for Congress, 2008, www.statealliancepartnership.org.

Entlang der US-mexikanischen Grenze liegen 43 Orte, von denen sich 18 in Texas befinden, über die die Ware eingeschleust wird. Einer von ihnen ist El Paso. Den Korridor Ciudad Juárez – El Paso passieren täglich kiloweise illegale Drogen. Laut einem Bericht der Zoll- und Grenzschutzbehörde der Vereinigten Staaten (CBP) wurden im Jahre 2010 insgesamt 2,7 Millionen Pfund (1,2 Millionen Kilogramm) Drogen an diesen Grenzpunkten beschlagnahmt, darunter Kokain, Heroin, Marihuana und Methamphetamin, vor allem in El Paso. Obwohl diese Zahl erheblich ist, glauben die Behörden, dass sie nur einen kleinen Prozentsatz der Gesamtmenge an Drogen darstellt, die in einem Jahr über die Grenzposten in die Vereinigten Staaten eingeführt werden.

Die US-Bundesbehörden schätzen, dass nur zwischen 10 und 20 Prozent aller Drogen bei der Einfuhr in die Vereinigten Staaten beschlagnahmt werden.[2] Dieser geringe Prozentsatz hängt mit dem gewieften Vorgehen der Kartelle zusammen, die stetig neue Ideen entwickeln, um die Droge unbemerkt einzuschmuggeln. Nach Angaben des US-Justizministeriums dominieren die mexikanischen Kartelle den Drogentransport an der südwestlichen Grenze. In der Regel verstecken sie Kokain, Marihuana, Methamphetamine und Heroin in gewerblichen Transportanhängern und Nutzfahrzeugen; diese passieren dann die Grenzposten sowie verschiedene Routen durch die Wüste und das gebirgige Gelände. Darüber hinaus rekrutieren sie Personen, die regelmäßig mit Arbeits-, Studenten- oder Besuchervisa die Grenze überqueren.

Derselbe Bericht weist darauf hin, dass der Korridor El Paso-Juárez als Eintrittspunkt von Drogen für die Großstadtregionen der USA dient. »Die mexikanischen Kartelle transportieren erhebliche Mengen an Marihuana und Kokain über El Paso, wobei sie die wichtigsten Fernverkehrsstraßen (die sogenannten Interstates) benutzen«, schreiben die Forscher im Ende 2006 erstellten Bericht. »Die Kartelle haben sogar ihre eigenen Lagerhallen in El Paso, um die Drogen aufzubewahren und Fahrer zu rekrutieren, die die Droge an ihr Ziel bringen.« Der Bericht wies auch auf eine Tatsache hin, die für viele Bewohner von El

---

2 Darauf weist ein Bericht des Unterausschusses für Nationale Sicherheit des US-Kongresses hin: A Line in the Sand. Confronting the Threat at the Southwest Border. www.house.gov/sites/members/tx10_mccaul/pdf/Investigaions-Border-Report.pdf.

Paso und Ciudad Juárez schon längst kein Geheimnis mehr ist: Dass sich die mexikanischen Kartelle des Drogen- und des Menschenhandels immer besser mit Gangs in den USA koordinieren. »Die Kartelle nutzen Straßenbanden und Gefängnisse als Vertriebsnetze«, erklären die Autoren. Was der Bericht nicht erwähnt, ist, dass die Kartelle sich mit Gangs nicht nur verbünden, um Drogen zu handeln, sondern auch, um alle zu ermorden, die sie als Rivalen ansehen.

In El Paso und Ciudad Juárez arbeitet das Juárez-Kartell und sein bewaffneter Arm *La Línea* seit Mitte der Neunziger Jahre mit Mitgliedern der Gang *Barrio Azteca* zusammen, einer kriminellen Gruppe, die sich im Gefängnis von El Paso gründete. Einer der jüngsten und offensichtlichsten Fälle dieser Zusammenarbeit war ein dreifacher Mord im März 2010: Dabei starben ein Angestellter des US-Konsulats in Ciudad Juárez, der Ehemann einer Angestellten und ein Mitarbeiter des Sheriffs. Laut Gerichtsakten war die Ermordung von Mitgliedern des *Barrio Azteca* verübt worden, auf Befehl eines Leutnants des Juárez-Kartells. Das Motiv für den Mord wurde nie eindeutig geklärt, doch ein Mitglied des Juárez-Kartells sagte aus, seine Organisation habe Informationen besessen, die Ermordeten hätten Visa für Mitglieder des rivalisierenden Sinaloa-Kartells ausgestellt.

Der Mord an den Mitarbeitern des US-Konsulats zog eine ausführliche Berichterstattung in der US-Presse nach sich, und der Druck, die Verantwortlichen zu finden und ins Gefängnis zu bringen, war auf beiden Seiten der Grenze zu spüren. Die Täter wurden innerhalb eines Jahres vor Gericht gestellt – sehr ungewöhnlich in einem Land wie Mexiko, in dem verschiedenen Schätzungen zufolge zwischen 80 und 95 Prozent der Verbrechen ungesühnt bleiben. Dies war zwar nicht das erste Mal, dass US-Bürger Opfer des Drogenkriegs wurden, doch es war das erste Mal, dass die Gewalt eine politische Note bekam, weil sie eine staatliche Institution traf. Vielleicht war das der Grund dafür, dass das Verbrechen relativ schnell aufgeklärt und die Täter festgenommen wurden. Allerdings reagierten die Behörden nicht mit der gleichen Dringlichkeit auf andere Mordfälle in Ciudad Juárez, die zwar ebenfalls US-Amerikaner betrafen, bei denen jedoch eine Beteiligung von Gangs aus El Paso vermutet werden konnte. Laut Quellen im US-Außenministerium, die von der *El Paso Times* zitiert werden, wurden im Jahr 2010 insgesamt 37 US-Amerikaner in Ciudad Juárez ermordet, ähnlich viele wie im Vorjahr (39). Doch von einem diesbezüglichen diplomatischen

Vorgehen war wenig zu spüren, weil keiner dieser Fälle politische oder internationale Bedeutung besaß.

Bei einer Anhörung vor dem Kongress im Mai 2011 sagte Gomecindo Lopez, Leiter der Einheit für Spezialoperationen des Sheriff-Büros von El Paso, mexikanische Drogendealer und Auftragsmörder lebten auf der US-amerikanischen Seite der Grenze und überquerten sie regelmäßig, um ihren illegalen Aktivitäten nachzugehen. »Wir wissen, dass wir Kartellmitglieder in der Stadt haben. Wir wissen, dass Auftragskiller jenseits der Grenze leben«, sagte Lopez. »In der Regel führen sie ihre ›Geschäfte‹ [in Mexiko] durch und kommen dann wieder zurück auf diese Seite.«

Die Nähe der beiden Städte hat auch eine entscheidende Bedeutung für den Handel mit Waffen aus den USA, die in den Händen der mexikanischen Drogenkartelle landen. Im September 2011 dokumentierte die *Los Angeles Times*, dass eine große Anzahl von Waffen, die während der Operation »Fast and Furious« verschwunden waren, in einer Lagerhalle in El Paso gefunden wurden, von wo aus sie nach Mexiko geschleust werden sollten. »Fast and Furious« (»Schnell und Wild«) war eine verdeckte Operation des Amts für Alkohol, Tabak, Schusswaffen und Sprengstoffe (ATF) der Vereinigten Staaten. Laut Plan sollten dabei mehr als 2.000 Waffen illegal verkauft werden, um jeden einzelnen Käufer zu verfolgen, um so zu den Köpfen der Kartelle vorzudringen. Jedoch verloren sich die Waffen so schnell wie sie gekauft worden waren, und wenig später entdeckte man, dass viele davon bei Gewaltverbrechen in Mexiko verwendet worden waren. Darüber hinaus enthüllten ehemalige Offiziere der US-Drogenbekämpfungsbehörde (DEA), dass andere kriminelle Organisationen wie die Zetas El Paso nutzten, um Waffen nach Mexiko zu schmuggeln. Die mexikanische Regierung verlautbarte, sie habe keine genauen Daten über die tatsächliche Anzahl der illegal nach Mexiko importierten Waffen, doch sie versicherte, 85 Prozent dieser Waffen kämen aus den Vereinigten Staaten .

Gewalt als Spektakel

Nach dem Historiker David Romo, der die Beziehungen zwischen El Paso und Ciudad Juárez seit der Mexikanischen Revolution untersucht hat, haben die beiden Städte mehrfach Phasen erlebt, in denen Komplizentum, Gewalt und deren wirtschaftlicher Nutzen ihrem Verhältnis einige Schicksalsschläge zufügten. In seinem Buch *Ringside Seat to a Revolution*[3] illustriert Romo, was er »Gewalt als Spektakel« nennt. Er dokumentiert Zeiten, in denen die Bewohner von El Paso Eintrittskarten kauften, um von den komfortablen Dächern der Hochhäuser El Pasos die Schlachten zu sehen, die sich nach dem Sturz des Diktators Porfirio Díaz ereigneten.

So bezahlten die Bewohner von El Paso im Mai 1911 zwischen 25 Centavos und einem US-Dollar für einen Platz auf dem Dach einer günstig gelegenen Wäscherei, um aus erster Hand die Schlacht von Ciudad Juárez zu verfolgen. In dieser Schlacht gewannen die Rebellen, und sie gilt als eine der entscheidenden für den Sieg der Revolutionäre. In den Zeitungen von El Paso wurden anschließend Spezialreisen nach Ciudad Juárez angepriesen, bei denen die Originalschauplätze der historischen Schlacht besichtigt werden konnten: »Sightseeing-Wagen mit Tour über die Historischen Schlachtfelder«, stand in einer dieser Anzeigen. Eine andere verkündete: »Betrachte heute alles auf der anderen Seite des Flusses. Es ist töricht, sich wegen Problemen in unserer Schwesterrepublik selbst in Gefahr zu begeben. Sie können alles sehen, bis ins kleinste Detail, wenn Sie einen guten Feldstecher haben.«

Im Jahrzehnt nach der Schlacht von Ciudad Juárez war El Paso für die mexikanische Revolution vor allem als ein Zentrum für Waffenschmuggel und Spionage von Bedeutung. Lokale Unternehmen erwirtschafteten riesige Gewinne aus dem Verkauf von Waffen an beide Seiten. »El Paso war 1912 wie Berlin zu Zeiten des Kalten Krieges: ein Zentrum der Spionage mit Agenten, die für zwei oder sogar drei Seiten arbeiteten«, erzählt Romo. »Die Spione der mexikanischen Regierung saßen überall.«

Aderlass, Auswanderung – und die Wirtschaft boomt

El Paso erlebte in dieser Zeit einen wirtschaftlichen Aufschwung, nicht nur durch die Gewinne aus dem Waffenhandel, sondern auch durch die Migration von Menschen aus der Mittelschicht, die vor der Revo-

---

3   David Romo: Ringside Seat to a Revolution. An Underground Cultural History of El Paso and Juárez 1893–1923. El Paso 2005.

lution flohen, um auf der US-amerikanischen Seite ein neues Leben zu beginnen. »Zwischen 1914 und 1920 stiegen die Bankguthaben von El Paso um 88 Prozent«, berichtet Romo weiter. »Das war auf Einzelhandelsumsätze, Waffenverkäufe und die Abwanderung von Menschen aus Ciudad Juárez nach El Paso zurückzuführen.«

Fast ein Jahrhundert nach diesen Ereignissen erlebt El Paso einen erneuten Wirtschaftsboom, zum Teil »dank« der Abwanderung Tausender Bewohner von Ciudad Juárez, die vor der grassierenden Drogengewalt flüchten. Dies hat ganze Familien entzweit, wenn beispielsweise ein Teil der Familie beschließt auszuwandern, weil er die finanziellen und legalen Möglichkeiten dazu hat, und der andere Teil sich zum Bleiben gezwungen sieht, weil er diese Möglichkeiten nicht hat oder sein Land verteidigen will.

Die öffentlichen und privaten Schulen von El Paso sind voller junger Leute aus Ciudad Juárez, die von ihren Familien dort hingeschickt werden, damit sie der Gewalt nicht zum Opfer fallen. In Ciudad Juárez steht mittlerweile ein Viertel der Häuser leer. Die alten Leute bleiben allein zurück, wenn ihren Kindern das Risiko, in die Stadt zu kommen, zu groß wird und sie ihre Eltern nicht mehr besuchen. Während Ciudad Juárez im Sterben liegt, erblüht El Paso.

Jahrelang überquerten US-amerikanische Touristen die Grenze, um sich nach Belieben zu betrinken, Slums zu besichtigen und sich ohne Rücksicht auf die strengen US-Kontrollen zu amüsieren. Doch nach der Welle von Morden, Entführungen und Erpressungen schlossen Dutzende von ihnen frequentierte Restaurants und Bars in Ciudad Juárez ihre Türen. Nach Schätzungen der Handelskammer von Ciudad Juárez wurden zwischen 2008 und 2010 mehr als 10.000 Unternehmen in der Stadt aufgegeben. Auf Märkten und in Parks verstummte das so charakteristische Stimmengewirr.

Zur gleichen Zeit lernten die Bewohner von Ciudad Juárez mit der Gewalt zu leben. »Ich gehe nachts nicht mehr raus«, erzählt Ángel Valenzuela, ein Grafikdesigner, der die Gewalt nicht wahrhaben wollte, bis sie einen seiner Bekannten traf. »Ich dachte immer, mir oder meiner Familie würde schon nichts geschehen«, sagt er. »Aber als sie meinen Nachbarn ermordeten, verstand ich, dass wir alle in Gefahr sind.« Ein Reporter, der sich gewöhnlich ohne Angst in der Stadt bewegte, tauschte sein neues Auto gegen ein heruntergekommenes Modell, nachdem er beim Aussteigen aus seinem neuen Wagen überfallen wurde. In Grundschulen müssen Lehrer den Kindern beibringen, wie sie sich im Falle eines bewaffneten Angriffs zu verhalten haben. »Wirf dich auf den Boden und stell dich tot«, hört man üblicherweise als Tipp unter denjenigen, die die Stadt nicht verlassen können.

Wie zu Hochzeiten der Revolution ist die Stadt zu einer Attraktion für Journalisten, Filmemacher, Schriftsteller und Analysten geworden, die das Spektakel der Gewalt beobachten und versuchen dem Ganzen einen Sinn zu geben. Mit dem Unterschied, dass es sich nicht um die Schlachten einer Revolution mit sozialen Absichten handelt, sondern um sinnlose Gewalt, die viele Bürger überraschte und sie angesichts des wirtschaftlichen, politischen und sozialen Niedergangs ihrer Stadt wie betäubt zurücklässt.

Im Gegensatz dazu blühte die Schwesterstadt mit der Ankunft der Flüchtlinge aus Ciudad Juárez regelrecht auf, denn viele Migranten verlagerten auch ihre Geschäfte nach El Paso. Unzählige Bars und Restaurants wurden neu eröffnet, indem man das Nachtleben von Ciudad Juárez gegen die Vergnügungsszene von El Paso austauschte.

»Ich kam mit der Idee hier an, eine kleine Taverne zu eröffnen. Mittlerweile konnte ich das Lokal um das Dreifache vergrößern, weil die Vergnügungsindustrie nach El Paso gekommen ist«, sagte Jurgen Garsen der Zeitung Expansión. Der Besitzer der Bar 33 schloss seine vier Geschäfte in Ciudad Juárez 2008, nachdem er mehrmals angegriffen und von Verbrechergangs erpresst worden war. Garsen, US-amerikanischer Staatsbürger, darf als Prototyp des binationalen Bürgers dieser Grenzregion betrachtet werden: Geboren in El Paso ist er in Ciudad Juárez aufgewachsen, wo er auch studiert hat. Sein Spanisch ist ebenso fließend wie sein Englisch, aber er wickelt seine Geschäfte lieber auf Spanisch ab, denn seine Geschäftskultur und -ideologie entsprechen eher der mexikanischen.

Vielen Unternehmern, die auf dieser Seite der Grenze Geschäfte eröffnet haben, geht es wie Garsen. Die meisten besitzen die doppelte Staatsbürgerschaft oder eine Greencard. Das erleichtert ihnen den Umzug nach El Paso, erschwert aber ihre statistische Erfassung.

Bislang konnte niemand die Migration von Bewohnern aus Ciudad Juárez nach El Paso genau beziffern, und Schätzungen von Wissenschaftlern und Politikern auf beiden Seiten liegen so weit auseinander, dass es sogar schwierig ist, einen Mittelwert anzugeben. Laut einer Studie der Autonomen Universität von Ciudad Juárez sind zwischen 2008 und 2011 etwa 250.000 Menschen aus Ciudad Juárez geflohen, die Hälfte davon in die Schwesterstadt. Eine konservativere Studie gibt die Zahl der Flüchtlinge mit 30.000 bis 50.000 an, während der Bürgermeister von El Paso in einem Interview behauptet, es seien »allerhöchstens« 10.000 Menschen vor der Welle der Gewalt aus Ciudad Juárez nach El Paso geflohen.

Sicher aber ist, dass sich das Antlitz beider Städte in weniger als drei Jahren radikal verändert hat. Im Frühjahr 2011 versuchte eine Gruppe von Studenten der Universität von Texas in El Paso (UTEP) im Rahmen eines Projektes des investigativen Journalismus die Zahl derer zu benennen, die aus Ciudad Juárez in El Paso Exil gesucht hatten.[4] Doch das Projekt lieferte keine konkreten Zahlen, was vor allem der besagten Dynamik der Grenzregion geschuldet war. So überquerten früher Tausende von Kindern aus Ciudad Juárez täglich die Grenze, um eine Schule in den USA zu besuchen. Um sie zur Schule zu schicken, liehen sich ihre Eltern Geld oder legten sich sogar eine Adresse in El Paso zu, um auf dem Papier ihren Wohnsitz in der Stadt zu haben. Dieses Phänomen ist an der US-mexikanischen Grenze weit verbreitet, aber kaum statistisch dokumentiert. Viele dieser Kinder sind das, was die US-Amerikaner geringschätzig als »Ankerbabies« (»Anchor Babies«) bezeichnen: Kinder von Einwanderern ohne Papiere, die in den Vereinigten Staaten geboren werden und theoretisch später die Regularisierung des Aufenthaltsstatus ihrer Eltern erleichtern sollen.

Wenn diese Kinder mit ihren Familien aufgrund der Gewalt nach El Paso umzogen, wurde ihr Umzug nicht registriert, weil sie sich laut ihrer Papiere schon vorher in der Stadt aufhielten. In dieser Dynamik der ständigen Grenzüberquerung wird die Staatsangehörigkeit zu einer diffusen, für die Beziehung der beiden Städte aber doch entscheidenden Angelegenheit. Ein US-Amerikaner, der sein ganzes Leben in Ciudad Juárez verbracht hat und sich dieser Stadt zugehörig fühlt, kann mit seinem US-amerikanischen Pass frei nach El Paso reisen, obwohl womöglich weder er sich selbst noch die Bewohner von El Paso ihn als US-Amerikaner wahrnehmen würden. Das Gleiche gilt für den Mexikaner, der in einem mexikanisch geprägten Haushalt und zugleich in einer völlig

---

4 Das Projekt hieß Mexodus und wurde von Zita Arocha und Lourdes Cardenas, Journalistik-Professorinnen an der UTEP koordiniert. Die Ergebnisse des Projektes wurden im Online-Magazin Borderzine.com veröffentlicht.

US-amerikanisierten Welt aufgewachsen ist. Spricht dieser Mensch womöglich besser Englisch als Spanisch, wird er auf der anderen Seite wohl kaum als Mexikaner wahrgenommen und anerkannt werden.

So verwandelt sich die Grenze in das, was der Romanautor Yuri Herrera »Labor der Identitäten« nennt, weil beide Orte in ständigem Kontakt und Austausch stehen und so die Rigidität einer einzigen Identität infrage stellen. Diese Grenze voller diffuser Identitäten erklärt auch die Angst vor dem »Anderen« – in diesem Fall die Furcht der Einwohner El Pasos vor dem, was sie das »Überschwappen der Gewalt« nennen, also die Möglichkeit der Ausbreitung der Drogengewalt über die Grenzlinie hinweg, um so die ungeschriebenen Regeln der friedlichen Koexistenz zu verletzen, die sich bis heute erhalten haben.

Viele dieser Ängste speisen sich aus der US-amerikanischen Hysterie vor der illegalen Einwanderung in die USA. Sie macht aus jedem Bauern, der die Grenze ohne Papiere überquert, einen potenziell in die Drogenkriminalität verwickelten Verbrecher. In grenznahen Staaten wie Arizona hat dies Gesetze wie etwa den *Support Our Law Enforcement and Safe Neighborhoods Act* hervorgebracht. Nach dem kurz »Arizona SB 1070« genannten Einwanderungsgesetz ist es schon ein Verbrechen, wenn ein Ausländer seine Einwanderungsdokumente nicht mit sich führt. Außerdem erlaubt das Gesetz der Polizei, Menschen allein aufgrund des Verdachts der illegalen Einwanderung festzunehmen. Andere Initiativen, die aus Furcht vor einem möglichen Übergreifen der Gewalt entstanden, gingen bis zur Entsendung US-amerikanischer Truppen an die mexikanische Grenze. Einer der Politiker, der sie am stärksten vorantrieb, ist der Gouverneur von Texas, Rick Perry. Andere »moderatere« Initiativen wie die Verstärkung der Grenzanlagen zwischen den Städten werden von breiten Teilen der US-amerikanischen Gesellschaft willkommen geheißen.

Diese Furcht zeigte sich, wenn auch etwas zaghaft, in El Paso zum Jahresbeginn 2011, als lokale Unternehmer eine Imagekampagne für die Stadt starteten, in der sie diese klar von ihrer mexikanischen Schwester abgrenzten. Sinngemäß vermittelte die Kampagne, die Gewalt habe der Grenzregion ein Negativimage verpasst. Dies erschwere es, Investoren, Touristen und Talente anzuziehen. Dabei hatte El Paso jahrelang den Schwerpunkt seines Stadtmarketings auf die Nähe zur mexikanischen Maquiladora-Hochburg Ciudad Juárez gelegt. Die Kampagne war also darauf angelegt, eine Art stillschweigender Trennung zwischen El Paso und seiner Schwesterstadt Ciudad Juárez zu befördern, was letztlich nicht gelang, da diese Idee auf zu viele politische Empfindlichkeiten traf. Eine Erfahrung, die deutlich macht, dass das Schicksal der beiden Städte eng miteinander verbunden ist – im Guten wie im Schlechten.

Ein Blick in die Zukunft

Ab Oktober 2010 ließ die Gewalt in Ciudad Juárez spürbar nach. Laut Daten der mexikanischen Regierung gingen die Tötungsdelikte zwischen Oktober 2010 und April 2011 um fast 60 Prozent zurück: von zuvor durchschnittlich elf Morden pro Tag auf vier. Dieser Rückgang lässt sich nicht auf einen einzigen Grund zurückführen. So erklären ihn Bundes- und Landesbehörden beispielsweise mit der weltweiten Strategie zur Verbrechensbekämpfung, durch die Dutzende Drogenbosse festgenommen und einzelne Zellen der Kartelle zerschlagen wurden. Andere begründen ihn mit dem angeblichen Sieg des Sinaloa-Kartells – und somit mit der Kontrolle über das Gebiet und die Schleuserroute Ciudad Juárez–El Paso. Wieder andere vermuten einen rein taktischen Rückzug der kriminellen Gruppen, der jederzeit beendet sein könnte.

Unabhängig von diesen möglichen Erklärungen brüsten sich Vertreter der Stadt mit dem Rückgang der Kriminalität und starten Kampagnen, um das Image von Ciudad Juárez wiederherzustellen und das Etikett der unsichersten Stadt der Welt wieder los zu werden. Die letzte Marketinginitiative hieß *Juárez Competitiva* (Wettbewerbsfähiges Juárez); es handelte sich um eine zweiwöchige Veranstaltung, in der die Welt von der Produktivität der Stadt und den Wettbewerbsvorteilen der Region erfahren sollte. Unter den Gästen der Veranstaltung war auch der ehemalige New Yorker Bürgermeister Rudolph Giuliani, der über seine Erfahrung im Kampf gegen die Kriminalität im New York der Neunziger Jahre berichtete. Mit Blick auf die Verringerung der Kriminalität sagte Giuliani etwas, das bei vielen Bewohnern auf Resonanz stieß: Auch wenn die Kriminalität real sinke, könne es keinen Fortschritt geben, solange die Öffentlichkeit, der durchschnittliche Bürger, sich nicht sicher fühle.

Mit anderen Worten: Obwohl die Zahl der Morde gesunken ist, haben sich die Dinge für die normalen Bürger nicht wirklich geändert. So sind die Händler noch immer die bevorzugten Opfer von Schutzgelderpressern, die »Gebühren« für Schutz oder die Möglichkeit weiterzuarbeiten erheben. Die Mütter der Mädchen und jungen Frauen haben Angst, ihre Töchter alleine aus dem Haus gehen zu lassen, weil sie fürchten, diese könnten nie wiederkommen. Und die Jugendlichen zwischen 14 und 25 Jahren sind weiterhin die häufigsten Opfer der Organisierten Kriminalität.

Nach dem Verlust vieler Kunden versuchen sich die Unternehmen wirtschaftlich zu erholen. Doch die Bars an der Avenida Juárez, die die Stadt mit El Paso verbindet und die früher voller Touristen war, sind weiterhin halb leer; die Bewohner trauen sich noch immer nicht, nachts auszugehen. Die Restaurants dagegen erholen sich schrittweise von der Misere, und in öffentlichen Parks sind schon wieder Kinder zu sehen.

Trotzdem: Völlig sicher fühlt sich in Juárez niemand. Nichtregierungsorganisationen warnen, dass sich an den Bedingungen, die zum Zusammenbruch der Stadt geführt haben – Armut, Mangel an Beschäftigungsmöglichkeiten für Jugendliche, fehlende soziale Infrastruktur für Familien, Korruption und vieles mehr – im Grunde nichts geändert habe, und die Zukunft daher eine erneute Verschärfung der sozialen Konflikte erwarten ließe.

Die große Frage bleibt nach wie vor: Wie nachhaltig kann Ciudad Juárez die Gewalt und die Organisierte Kriminalität zurückdrängen? Und welche Rolle wird das Organisierte Verbrechen, insbesondere die Kartelle, während der Präsidentschaftswahlen im Jahr 2012 spielen? Phil Jordan, ehemaliger Direktor des Spionagezentrums der Drogenbekämpfungsbehörde (DEA) von El Paso wies im Juli 2011 darauf hin, dass die Zetas, eine der gewalttätigsten Gruppen des Landes, Schnellfeuerwaffen aus den USA über El Paso nach Mexiko einführen –nicht nur um den rivalisierenden Gangs die Stirn zu bieten, sondern auch, um sich bei den Wahlen einzumischen. Ihr Ziel sei es, ihre eigenen Kandidaten an die Macht zu bringen, um ungestörter agieren zu können. Allerdings gibt es in Mexiko neben den Zetas noch Dutzende weitere Kartelle. Sollten die Zetas etwa die Einzigen sein, die diese Absicht verfolgen? Das ist eher unwahrscheinlich, und viele Verbündete der Zetas – einschließlich des Juárez-Kartells – könnten ihre Chance wittern, unmittelbaren Einfluss auf die politische Szene und die Wahlen des Landes zu gewinnen.

Aus dem Spanischen von Christina Felschen

Anne Huffschmid

Terror und Öffentlichkeit

Bilder und Diskurse im neuen mexikanischen Alltag

Es war ein ungewohnter Anblick: Kein einziges Auto auf dem *Reforma*-Boulevard mitten im Zentrum von Mexiko-Stadt, kein Stau, keinerlei Gehupe. Stattdessen rollen Fahrräder über die Straße, vereinzelt auch schneidige Skater oder Rollerblades, Familien spazieren unter der frischen Wintersonne. Der Moloch macht Pause, für ein paar Stunden wird die *Reforma* sonntags neuerdings zur Radpiste und Flaniermeile. Ebenso ungewohnt, wenn auch weniger augenfällig und um einiges beunruhigender, sind die seltsamen Gestalten am Straßenrand. Normalerweise säumen den Boulevard bekannte Persönlichkeiten der mexikanischen Geschichte, Generäle oder Wissenschaftler, die von ihren verwitterten Sockeln aus als Statuen stoisch in die urbane Gegenwart blicken – weithin unbeachtet wie die meisten öffentlichen Denkmäler. Diesmal aber sind ein knappes Dutzend von ihnen gleichsam »verschwunden« – oder besser: zu gespenstischen dunklen Figuren mutiert. Denn jede der Statuen ist von Kopf bis Fuß mit dicker schwarzer Kordel umwickelt. Es bleibt nichts als der Umriss eines Körpers.

Genau darum ging es der Künstlerin, Laura Valencia: die »Leerstelle« eines abwesenden Körpers zu markieren. Denn die *Desaparecidos*, die Verschwundenen, sind neben den Zehntausenden von Toten das furchtbarste Trauma des neuen »schmutzigen Krieges« in Mexiko. Zwischen fünf- und zehntausend Menschen, die Schätzungen variieren, sind in den letzten Jahren verschleppt worden und seither nicht wieder aufgetaucht – ein Vielfaches der während der Repression der 1970er Jahre Verschwundenen. Einige der Angehörigen hatte die Künstlerin überreden können, den Namen ihres *Desaparecidos* einer der Statuen zu »leihen«. An jeder der schwarz verhüllten Figuren flattert eine Banderole, auf der Name und Alter notiert ist, der Ort der Entführung und ein persönlicher Satz (»Ich werde nie aufhören, dich zu suchen«). Vermerkt ist zudem die Anzahl der Meter, die nötig waren, um genau *diese* Figur zu umwickeln. Mal sind es 289, mal auch 432 Meter – jeder Einzelne ist spezifisch, unverwechselbar. Gegen die brutale Abstraktion, dass ein Mensch gewaltsam seinem Alltag entrissen wird und sich in Luft aufzulösen scheint, wird ihm hier zumindest sein Umriss, die Hülle seines Lebens, symbolisch zurückgegeben.

Ein Mann mit zwei jungen Mädchen bleibt vor einem der Sockel stehen. Auf ihren Gesichtern spiegelt sich, wie bei so vielen, Verwunderung. Was das sei, will eines der Mädchen wissen. Der Vater schaut ratlos an der schwarzen Gestalt hoch. Es sei wegen des Krieges, den Zehntausenden von Toten und Verschwundenen, klärt eine Passantin die kleine Familie auf. Das jüngere Mädchen reißt die Augen auf, blickt zum Vater und fragt dann mit leiser Stimme: »Wann war denn das?« Ehe der Vater, der immer ratloser dreinblickt, antworten kann, wirft die Passantin ein: »Jetzt, hier und heute. Der Drogenkrieg.« Ihre Stimme klingt jetzt ungeduldig. Die drei zucken zusammen, verschreckt. Dann ziehen sie ihres Weges.

Ein anderer, der mit dem Fahrrad kommt, steht kopfschüttelnd vor einer der Figuren, die gerade noch umwickelt wird. Zwei junge Männer stehen auf dem Sockel und halten einen »General« links und rechts im Arm. Ein Dritter läuft mit einem Wollballen um die Statue herum und wickelt davon die Kordel ab. Der Fahrradfahrer zückt sein Handy und beginnt zu fotografieren. »Das ist doch denkmalgeschützt«, schnaubt er – seine Empörung gilt der Aktion, nicht ihrem Anlass. Eine junge Frau erklärt ihm höflich, dass die Figur ja keinen Schaden nehme. »Und wir können sie später noch abputzen.« Doch die Wickler bleiben für ihn Störenfriede, schimpfend radelt der Empörte davon. Oh ja, man bekomme ebenso viel Zu- wie Widerspruch von Passanten, meint die junge Aktivistin.

Ein paar Minuten weiter, auf den Stufen der massiven Säule, auf dem der goldene Engel der Unabhängigkeit thront. Viele sind es nicht, die sich hier versammelt haben, Presseleute und Organisatoren, kaum Publikum. Einige halten Schilder mit hochkopierten Fotos von *Don Nepo* und *Don Trino;* darauf zu sehen sind zwei ältere Herren mit wettergegerbten Gesichtern. Einer von ihnen hatte im Norden des Landes seinen von Uniformierten entführten Sohn gesucht, der andere war Bauer und Gemeindevertreter in einem umkämpften Dorf in Michoacán. Beide waren in der im Frühjahr 2011 gegründeten »Bewegung für Frieden mit Gerechtigkeit und Würde« aktiv, nahmen an Karawanen und Gesprächsrunden teil – und beide wurden kurz vor Jahresende ermordet. Nepomuceno Moreno wurde in seiner Heimatstadt Hermosillo von Kugeln durchsiebt, Trinidad de la Cruz in seinem Heimatdorf von maskierten Männern gefoltert und getötet.

Diskursfronten

Die gezielten Anschläge auf Aktivisten markieren eine weitere Eskalationsstufe im mexikanischen Gewaltszenario. Zugleich führen sie die gängige Zuschreibung von »Schuld« aber auch »Unschuld« im Zusammenhang mit dem Drogenkrieg ad absurdum.

Die vielen tausend Toten der letzten Jahre wurden von offizieller Seite zwar selten als explizit »schuldig« bezeichnet. Suggeriert aber haben Behörden und Regierungsvertreter immer wieder, dass viele der Getöteten in irgendeiner Weise in kriminelle Machenschaften verstrickt gewesen seien – ein perfider Generalverdacht, der zugleich als kollektive Entlastung für Justiz und Gesellschaft wirkt. Nicht unproblematisch ist jedoch auch der Begriff der »Unschuldigen«, häufig für ermordete Frauen und Kinder verwendet, die kritische Autoren dem entgegensetzen – so etwa im Titel des neuen Buches *Der Schmerz der Unschuldigen* (*El dolor de los inocentes*) des altehrwürdigen Reporterveteranen Julio Scherer. Denn »Unschuld« impliziert zwangsläufig einen Gegenbegriff von »Schuld«, der das Grauen der Massenmorde potenziell relativiert und mal mehr und mal weniger gravierend erscheinen lässt – je nach Vermutungen über die Verstricktheit des Getöteten. In der Friedensbewegung hingegen ist durchgehend von *Víctimas*, Opfern, die Rede. Nun wird in politisch bewegten Kreisen oft und zu Recht vor »Opferidentitäten« gewarnt. Hier aber werden die »Opfer« mit ihrem Status als »Staatsbürger« verknüpft; damit erschienen die Gewaltopfer und ihre Angehörigen als Rechtssubjekte, denen gegenüber der Staat in seinen vordringlichsten Aufgaben versagt – dem Schutz ihrer körperlichen Unversehrtheit.

Dies gilt besonders für Menschen, die selbstredend weder »schuldig« (im Sinne von kriminell) sind, aber eben auch nicht »unschuldig« (im Sinne von »unbeteiligt«) waren: solche wie *Nepo* oder *Trino*, die die Passivität des Opfers in aktives Tun gewendet haben – und sich dabei perfiderweise umso mehr der Gewaltlogik aussetzten.

Unzureichend sind auch Versuche, der gegenwärtigen Eskalation mittels bekannter politischer Raster beizukommen. Dabei liegt es bei Tausenden von »Verschwundenen« und dem Wiederaufleben der alten Forderung aus den 1970er Jahren, ¡*Vivos los llevaron, vivos los queremos!* (Lebend haben sie sie mitgenommen, lebend wollen wir sie wieder!), nahe, von einem Déjà-vu auszugehen. Damals waren auch in Mexiko, wie fast überall sonst in Lateinamerika, viele Hunderte von Oppositionellen von Militärs in Geheimgefängnisse verschleppt worden; mehr als fünfhundert von ihnen gelten bis heute als »verschwunden«. Und tatsächlich werden auch viele der Entführten den Augenzeugen zufolge von Uniformierten und maskierten Männern »festgenommen«, also gekauften Polizisten, ehemaligen Militärangehörigen oder Paramilitärs – die Grenzen sind fließend und ungewiss. Bei Don Trino etwa berichten Augenzeugen, dass er von einem paramilitärischen Kommando aufgegriffen wurde – nachdem die zum Schutz der Aktivisten abgestellte Bundespolizei sich aus dem Staub gemacht hatte. Selbstverständlich nährt sich das Wuchern der Organisierten Kriminalität und der explodierenden Gewalt aus einem Dickicht von Komplizenschaft und Korruption, Laissez-faire und Ineffizienz, vor allem aber aus der Gewissheit der *Impunidad*, der Aussicht auf Straffreiheit von Verbrechen jedweder Couleur.

Dennoch ist die Vorstellung, das fortlaufende Massakrieren von Menschen ginge auch heute überwiegend auf ein repressives, zentral gesteuertes Regierungskalkül und die Armee oder womöglich die USA zurück, irreführend. Denn der entscheidende Unterschied zu den schmutzigen Kriegen und dem staatlichen Terror der 1970er Jahre ist ja gerade, dass die neue Gewalt in Mexiko heute nicht mehr zentral gesteuert und geheim, sondern immer flächendeckender, demonstrativ und »dezentral« von einer Vielzahl von Gewaltakteuren verübt wird.

Diese exzessive Gewalt ist gerade keine, ein weiteres Missverständnis, »anthropologische Konstante« in der mexikanischen Geschichte, sondern Produkt einer neuartigen und spezifischen Konstellation: dem gänzlich unregulierten Territorialkonflikt zwischen Kartellen und ihren Komplizen in Polizei und Politik. Terror wird hier vor allem als Kommunikation im zunehmend entgrenzten Wettbewerb um Routen und Märkte eingesetzt. Und zwar zuweilen ganz buchstäblich: Als die Zetas kurz vor Eröffnung der Internationalen Buchmesse im November 2011 im Stadtzentrum von Guadalajara einen Lastwagen voll Leichen abluden, war dieser mit einem handbeschriebenen Plakat versehen – eine gespenstische Botschaft in Großbuchstaben und mit bizarrer Orthographie.[1] Gespenstisch war zunächst der Eindruck, es hier offensichtlich mit schwerbewaffneten Psychopathen zu tun zu haben. Zugleich aber enthielt die *Narco*-Message eine Reihe von Botschaften der Zetas an die Konkurrenz: eine Kampfansage an das Sinaloa-Kartell, dass man ihnen nun auch den Bundesstaat Jalisco streitig machen werde oder auch, dass man sich nicht wie das Golf-Kartell von den »Gringos« benutzen lasse.

Bilderschlachten

Vor allem aber betreiben die Narcos exzessive Bildpolitik. Sie kommunizieren mit verstümmelten Leichen, lenken – neuerdings auch im Internet – den Blick auf abgeschlagene Köpfe – sechshundert sollen es allein im Jahre 2011 gewesen sein. Zwar hatten Hunderte mexikanischer Medien, darunter die größten staatlichen und privaten Fernsehsender, aber auch Zeitungen und Radiosender, im Frühjahr 2011 ein Abkommen über eine »angemessene« Berichterstattung über die Gewalt unterzeichnet und beschlossen, der Mafia und ihren blutigen Botschaften keine Plattform mehr zu geben. Unabhängige Stimmen wie die Wochenzeitschrift Proceso oder die Tageszeitung La Jornada haben den Pakt als eine Art Selbstzensur, die unter dem Deckmantel der Ethik die für die Regierung unbequeme Skandalisierung gängeln soll, abgelehnt. Ohnehin, lässt sich gegen den umstrittenen Ethikpakt einwenden, bahnen sich die Terrorbilder über das Internet noch immer ihren Weg an die Öffentlichkeit.

Ein bildpolitischer Versuch, diesen wie auch der lästigen »Negativberichterstattung« etwas entgegenzusetzen, war die *Action-Telenovela El equipo* (Das Team) aus der Teletraumfabrik Televisa, die im Mai 2011 –

---

[1] Veröffentlicht auf der Titelseite der Zeitschrift *Proceso*, Nr. 2011, 27. November 2011. Ein Auszug: »Miren aki les dejamos estos muertitos si los levantamos nosotros para ke miren ke sin la ayuda de ningun cabron estamos metidos hasta la cocina...« (sinngemäß übersetzt etwa: »Schaut mal, wir haben Euch hir diese paar kleinen Toten mitgebracht, ja, die haben wir aufgegabelt, damit ir seht, dass wir es uns ohne Hilfe von irgendeinem Scheißkerl schon bei Euch gemütlich gemacht haben«).

pikanterweise kurz nach dem ersten mehrtägigen Friedensmarsch – anlief. Mit der aufwändig produzierten Polizeiserie wollte Televisa – mit logistischer Unterstützung des Sicherheitsministeriums – ausgerechnet der allseits verhassten Bundespolizei ein Denkmal setzen. »Polizisten aus Fleisch und Blut« und eine Serie »über die Guten« kündigte der Produzent im Vorfeld an. Im Mittelpunkt stand dann eine vierköpfige Truppe edler Uniformträger, darunter eine Frau, allesamt smart und sensibel, todesmutig, aber pflichtbewusst. Und tatsächlich läuft es für die vier Elitepolizisten wie am Schnürchen, ein Böser nach dem Anderen wird hochgenommen. Die Narcos wiederum tragen zumeist Goldkettchen, fiese Frisuren, Sonnenbrille und Zuhälterlook, nennen sich »Mister« oder »der Fette«, saufen in jeder Lebenslage Schnaps oder Champagner und haben, wie sie einander freimütig gestehen, eine »Höllenangst« vor dem Knast. Im wirklichen Leben scheiterte das »Team« allerdings kläglich, nach nur drei Wochen wurde die Serie wieder abgesetzt. Das soll mit Unmut seitens der Armeeführung zu tun gehabt haben; so gut wie alle spektakulären Festnahmen der letzten Jahre gehen hier auf das Konto der Polizei, Streitkräfte und Marine bleiben außen vor. Doch der gewichtigere Grund für das schnelle Aus dürfte trivialer sein: das, wie es heißt, mickrige Rating. Bei aller Telenovela-Versessenheit der Mexikaner gibt es offenbar so etwas wie eine Untergrenze – dann, wenn die Telemärchen jeden Anschluss an Alltag und Lebensgefühl verlieren.

Einer der größten Kinoerfolge der letzten Jahre war hingegen der Film *El infierno* (Die Hölle), der für die Gewalt, die das Land flutet, die womöglich einzig denkbare Form findet, die einer grandiosen Groteske. Regisseur Luis Estrada erzählt hier die Verwandlung eines gutmütigen Mannes in einen Narco, in einem staubigen Dörfchen »irgendwo in Mexiko« – platziert inmitten der pompösen Jubiläumsfeiern von 2010, als die Regierung Unabhängigkeit und Revolution zelebrieren ließ. Nach zwanzig Jahren wird Benjamin Garcia aus den USA zurückdeportiert. Sein Heimatdorf kennt er kaum wieder, der Reyes-Clan hat hier Geschicke und Geschäfte fest im Griff, seine pittoreske Killertruppe treibt Steuern ein und verteidigt das Terrain gegen die Konkurrenz. Mangels Alternativen lässt der ahnungslose Benjamin sich von einem alten Kumpel anheuern – seine Mutation zu *El Benni* nimmt ihren Lauf. Alle hier sind gekauft und verbandelt: die alte Dame vom Krämerladen ebenso wie der Bürgermeister, Pfarrer und Polizei sowieso und am Ende sogar der aufrechte Tankstellenbesitzer. Nichts und niemand entzieht sich den Klauen der Mafia, so die verstörende Botschaft, es gibt keine anders tickende Außen- oder Innenwelt, keine höheren Instanzen, alle sind oder werden vom Virus infiziert. Sogar die Geliebte, die den blassen Benni, der gerade zusehen musste, wie einem Verräter die Zunge herausgeschnitten wurde, mit leidenschaftlichem Geknutsche aufzumuntern sucht, »Man gewöhnt sich an alles, mein Schatz.« Oder die Mutter, die den Sohn tränenreich verabschiedet, aber doch noch eben um »eine dieser schicken Armbanduhren« bittet.

Das unterscheidet die *Hölle* auch von dem anderen großen neueren Mafiafilm Lateinamerikas, *Tropa de elite 2* des Brasilianers José Padilha. Der inszenierte zwar einen atemberaubenden Parcours durch die Stationen der Gewalt zwischen Knast und Favela, korrupierter Politik und krimineller Polizei, in dem fast alle schuldig werden; der Lerneffekt des Zuschauers über das Funktionieren der mafiösen Netze ist beträchtlich. Bei alledem aber gibt es noch immer ein Außen, ein paar Aufrechte, eine tendenziell interessierte Öffentlichkeit. Zudem lebt auch der zweite Teil von *Tropa de Elite* noch von der ästhetischen Lust am Gewaltfeuerwerk und ungebrochener Männlichkeit – beim ersten Teil hatten Kritiker sogar einen Hang zu »faschistischer Ästhetik« konstatiert. Estradas *Hölle* hingegen bricht mit jeder Ästhetisierung, seine bizarren Narcos sind lächerliche Figuren, die keinerlei Faszination erzeugen und dennoch nicht als harmlos, sondern gemeingefährlich gezeichnet sind. Vor allem aber gibt es keine Aufklärer oder aufzuklärenden Außenstehenden mehr – ganz Mexiko ist längst zur Narcozone mutiert. Ausgerechnet für diese radikale Farce konnte Estrada, typisch mexikanische Paradoxie, noch im selben Jahr den nationalen Filmpreis entgegennehmen.

Wortergreifung

Juan Francisco Sicilia war ein weiteres Opfer, eines von Zehntausenden. Zwischen die Fronten geraten, ein schlimmer Zufall, und qualvoll ermordet, zusammen mit sechs Bekannten, in einer Märznacht des Jahres 2011. Was diesmal anders war: Der Vater ist ein beachteter Intellektueller, ein in der Kulturszene beheimateter Dichter – und dieser brach den Bann des stummen Entsetzens. »*Estamos hasta la madre*«, wir haben die Schnauze voll, überschrieb Javier Sicilia seinen berühmt gewordenen offenen Brief an Behörden und Kriminelle. Wie ein Lauffeuer verbreitete sich die Losung im Lande, war bald auf Titelseiten, Transparenten und an Häuserwänden zu lesen. Der Satz brachte ein Gefühl zum Ausdruck, das bis dahin als Privatsache galt: das Grauen angesichts der überbordenden Gewalt im Lande. Kein Thema hat die mexikanische Gesellschaft in den letzten Jahren so beschäftigt, über nichts wurde mehr gesprochen mit Freunden, in Familien und in kleinen Runden. Aber es blieb jahrelang beim privaten Wettern auf die Regierung, beim Versuch, den eigenen Alltag gegen Risiken abzusichern, bei Strategien der Abschottung und Verdrängung. Mit dem Fanal Sicilias wurde die Empörung erstmals auf die Straße gespült, massenhaft und öffentlich.

Seitdem ist vieles in Bewegung geraten. Über ein Dutzend Karawanen zogen bereits durchs Land, aber auch Aktionen zivilen Ungehorsams und Pressekampagnen hat die um Sicilia gegründete Gruppe initiiert und versteht sich dabei vor allem als Anlaufstelle für Angehörige von Gewaltopfern.[2] Woche für Woche trifft sich *el movimiento*, die Bewegung, zum »Plenum« in den Räumen einer christlichen Nichtregierungsorganisation in einem bürgerlichen Innenstadtviertel in Mexiko-Stadt. Die Hauptstadt, lange Zeit als gefährlicher Megamoloch verschrien, gilt heutzutage als sicherster Schauplatz für öffentliche Aktionen; die Kartelle sind hier zumindest nicht aktiv präsent, die linksliberale Stadtregierung hat die Polizei weitgehend unter Kontrolle. Fünfzig, siebzig oder auch mal hundert versammeln sich jeden Montagnachmittag Männer und Frauen jeden Alters: solche mit klassischem Aktivistenprofil – Studierende, Chiapas-Bewegte und sonstige Politprofis –, Fotografen und professionelle Medienmacher, neu politisierte Bürger und die *Víctimas*, die Familienangehörigen aus allen Teilen des Landes.

Sicilia ist diesmal nicht dabei, ein junger Mann moderiert höchst routiniert das Plenum. Unaufhörlich strömen Menschen in den Raum, dennoch herrscht über Stunden höchste Konzentration. Seit den neuesten Angriffen auf die eigenen Compañeros dreht sich vieles um das Thema »Sicherheit«. Manche fordern, jetzt nicht in Panik zu verfallen, andere rufen dazu auf »jetzt erst recht« in die Offensive zu gehen. Wiederum andere drängen auf größere Vorsicht und Prävention, man müsse die Angst ernst nehmen. »Man muss ja nicht immer auf die

---

2 Zur Mobilisierung im ganzen Land siehe den Beitrag von Wolf-Dieter Vogel in diesem Band.

Straße gehen«, mahnt eine junge Frau. Das Dilemma bleibt bestehen, der Einschüchterung zu widerstehen und öffentlich aufzutreten – und gleichzeitig, besonders in den »heißen« Bundesstaaten wie Nuevo León, Michoacán oder Guerrero, die eigenen Leute nicht zu exponieren.

Sicilia und »seine« Bewegung waren zu Beginn in aller Munde. Viele Zeitungen und Reporter berichteten ausführlich und durchaus sympathisierend über die spektakulären Karawanen nach Nord und Süd, über Treffen mit Präsident und Parlament. Doch das Mediengedächtnis ist kurz, der Hype flaute schnell ab, die Friedensbewegung stellt heute kein Novum mehr da. Vor allem aber fehlt es, so beklagen die Gründer, an Mitstreitern bei den Aktionen, bei der Organisation von Brigaden, Pressearbeit und Workshops. Und dann sind da die Erwartungen der Angehörigen, die ja ausdrücklich im Zentrum stehen sollen. Für diese ist »die Bewegung« keine weitere Station politischen Engagements, sondern oft so etwas wie die letzte, existenzielle Hoffnung. »Klar, ich habe es durch die Bewegung bis zum Präsidenten geschafft«, sagt Doña Mari gerade – eine ältere Frau mit kurzem grauen Schopf, die drei Söhne verloren hat. »Ihr habt gesagt, ich solle nicht vorpreschen und ich habe stillgehalten.« Doch wie lange noch, schluchzt sie, »ich brauche Antworten, was soll ich tun?« »*No estás sola*«, ruft ihr ein älterer Mann über den Tisch zu, »Du bist nicht allein«. Das werde ja immer gerufen, entgegnet Mari, doch was heiße das konkret? Ein paar Momente lang liegt hilfloses Schweigen im Raum.

Bei der Versammlung am Fuße des Unabhängigkeitsengels steht eine Frau am Mikrofon, die nicht aussieht, als wäre sie je zuvor auf die Straße gegangen, mit ihren Strähnchen, den hautengen Jeans und schwindelerregend hohen Absätzen. Doch auch sie hat ein kopiertes Foto an die Brust geheftet. Sie sucht ihren Mann, erzählt sie und ihre Stimme bricht, einen Unternehmer aus der Industriestadt Monterrey, der vor einem Jahr »wegen eines Verkehrsdelikts« von Uniformierten verhaftet wurde; seitdem hat sie nichts mehr von ihm gehört. Dabei ist auch die Mutter eines ermordeten Polizisten, eine andere sucht einen entführten Soldaten; neben ihnen stehen die Töchter von kürzlich verschleppten Öko-Aktivisten. Ohne Javier Sicilia, den großgewachsenen Mann mit dem bärigen Image, ständen sie hier nicht zusammen, soviel ist sicher. Sicilia, der sich, so sagt er, inzwischen am liebsten wieder aus dem Scheinwerferlicht zurückziehen würde, ist zweifellos die Vaterfigur der Bewegung. Und nur er kann Dinge sagen, die aus jedem anderen Mund wohl unerträglich klängen. Etwa wenn er an die Entführer appelliert, »an das Minimum an Liebe, das sie spüren müssen«, damit sie die Verschleppten freilassen.

Nicht unerträglich, aber doch eigentümlich klingen solche Sätze aus dem Munde des libertären Katholiken für säkular geschulte Geister. Es ist eine Art Theologisierung der öffentlichen, politischen Rede. Begriffe wie Würde, Güte, Verzeihung, Versöhnung oder Frieden werden zu zentralen Elementen einer kompromisslosen – und gerade nicht versöhnlichen – Anklage des Status quo. Damit einher geht die Weigerung, irgendeinen der Beteiligten aus seinem Menschsein zu entlassen. In dieser radikalen Gleichwertung sieht Sicilia, zum Entsetzen vieler Linker, selbst den Präsidenten Felipe Calderón als menschliches Gegenüber und zwingt diesem seine Umarmung buchstäblich auf.

Diese Strategie der christlich motivierten Umarmung von Freund und Feind geriet schon bald in die Kritik: »*Con besos y abrazos no se paran los madrazos*« (mit Küssen und Umarmungen stoppt man nicht die Gewalt), hieß es bei radikaleren Regierungsgegnern. Kritisiert wurde zugleich Sicilias Weigerung, sich mit anderen politischen Kräften – etwa um den linken Präsidentschaftskandidaten López Obrador – zu verbünden.

Zuweilen liest sich das nicht unähnlich der Kritik, die den Zapatistas einst seitens der politischen Klasse – und zwar von Revolutionären und Realos gleichermaßen – entgegenschlug: Sie betrieben Poesie statt Politik, Folklore und Kitsch statt Analyse und Kritik, also letztlich Symbol- statt Realpolitik. Eine Haltung, die verkennt, dass sich Radikalität und Imagination auch abseits eingefahrener Diskursraster entfalten kann. Die Sicilia-Losung »*Estamos hasta la madre*« hatte zweifellos eine ähnliche Fanalwirkung wie seinerzeit das zapatistische »*Ya basta*«. Beide unterlaufen und erweitern die klassischen Repertoires politischer Rede, indem sie neue Verknüpfungen schaffen. So unterzeichnet Sicilia seine offenen Briefe beispielsweise mit dem ungewohnten Dreisatz »*paz, fuerza y gozo*« (»Frieden, Kraft und Lust«).

Und beide schüren auch vergleichbare mediale Erwartungen. Reporter stürzten sich mit ähnlicher Verve auf »Javier« wie in den 1990er Jahren auf »Marcos« – nicht zufällig beides weiße, eloquente, diskursiv geschulte Männer. Beide aber weisen die Erwartungen mit demselben Argument zurück – sie seien nur die »Stimme«, die die Stimmen und Erfahrungen von Anderen zum Ausdruck bringe. Tatsächlich füllte Javier

Sicilia eine Leerstelle, indem er das bis dahin namen- und sprachlose Entsetzen über die tobende Gewalt in Mexiko buchstäblich zur Sprache brachte. Das allerdings ist keine Frage von Timing und Talent: Gehört worden wäre er wohl kaum, wenn ihm nicht selbst das Schlimmste widerfahren wäre.

Erinnerung und Sichtbarmachung

Eine der wichtigsten Beweggründe für die Mobilisierung ist, neben konkreten Forderungen nach Opferschutz, echten Ermittlungen und einer Wende in der offiziellen Sicherheitspolitik, die so horrenden wie abstrakten Todesstatistiken menschlich zu machen: die Zahlen zu Namen, die Namen zu Gesichtern. Mit öffentlich ausgestellten Gedenktafeln, Namenslisten und Fotografien soll die Erinnerung an die gerade erst Getöteten und Verschwundenen vor dem Vergessen bewahrt werden. Eine Gedächtnisarbeit also, die – anders als Erinnerungspolitiken mit Bezug auf Militärdiktaturen und Bürgerkriege der 1970er und 1980er Jahre – nicht die Vergangenheit, sondern die unmittelbare Gegenwart ins kollektive Gedächtnis holen will.

Vor allem im vergleichsweise »sicheren« Mexiko-Stadt beteiligen sich auch Künstler immer wieder an den Versuchen, das Geschehen im Stadtalltag »in Erinnerung« zu rufen. So hatte etwa im Sommer 2011 ein Spontanbündnis aus Kulturschaffenden dazu aufgerufen, Schuhe als Symbol für die Abwesenden, die Verschleppten und Getöteten, zu sammeln. Schließlich wurden auf den Stufen zum Unabhängigkeitsengel Hunderte von Turn- und Lederschuhen, neuen und alten, Paaren und Einzelnen zu einem öffentlichen Altar arrangiert, jeder mit einer Kerze versehen. »*Alejar el silencio, exorcizar la apatía, solidarizarse*« lautete das Motto (das Schweigen brechen, die Apathie austreiben, sich solidarisieren).

Auf der Plaza Garibaldi, der traditionellen Mariachi-Arena, stimmten eines Nachmittags ein paar Tausend Totenmasken die berühmte Ballade *La Llorona* an, den schaurig traurigen Totengesang einer Mutter für ihre gestorbenen Kinder. Der »Totenchor« bildete den Abschluss eines »kollektiven Rituals«, zu der der legendäre Künstler Alejandro Jodorowsky aufgerufen hatte. Die »psychomagische« Aktion war als massenhafter Exorzismus gegen die Gewalt gedacht. Jodorowsky gilt in der

Kulturszene als durchaus umstrittener Esoteriker. Doch hier war ihm und seinen Anhängern eine eindrucksvolle Inszenierung gelungen. Viele Stunden lang lief der »Marsch der Totenschädel« vom südlichen Uni-Campus ins historische Stadtzentrum und trug dabei eine schmutzige, zerrissene Fahne vor sich her. Auf einem der Transparente stand zu lesen: »Mit jedem verlorenen Leben stirbt ein Stück Mexiko – nähre diesen Krieg nicht mit deiner Indifferenz.«

Oder eben die umwickelten Statuen der Künstlerin Laura Valencia. Die Kunstaktion ist für sie ein Erfolg, berichtet Valencia später. Mit »Hunderten« von Menschen sei man ins Gespräch gekommen. Dabei waren ihre schwarz verhüllten Figuren am Straßenrand gar nicht auf den ersten Blick entzifferbar, sie irritierten eher als aufzuklären oder anzuklagen. Und doch blieben viele Passanten stehen, manche kürzer, andere länger; einige fassten die Banderole an, lasen die Namen; viele gingen dann weiter. Die allermeisten jedoch hatten kurz innegehalten.

Und womöglich geht es in dem Ausnahmezustand, an den sich die mexikanische Gesellschaft zu gewöhnen droht, neben Anklage und Demonstrationen gerade um diese Art Irritation. Um kleine Widerhaken in der Alltagswahrnehmung, Interventionen in die Normalität, die für einen kurzen Moment die permanente Verdrängung unterlaufen. Wie hatte eine Krankenschwester, die sich direkt von der Nachtschicht dem »Marsch der Totenschädel« angeschlossen hatte, einem Reporter gegenüber gesagt: »Wir benehmen uns den ganzen Tag, als wäre nichts Besonderes los. Die Morde werden zu etwas Alltäglichem.«

Im Februar 2012 lancieren Kulturschaffende eine neue Kampagne *»Ponte en los zapatos del otro«* (versetz' dich in den Anderen). In einem Spot sprechen einige der populärsten Schauspieler des Landes, darunter Daniel Giménez Cacho oder Diego Luna, in die Kamera und behaupten, jeweils ein Anderer zu sein: *»yo soy«*, ich bin, sagt das bekannte Gesicht, es folgt ein unbekannter Name und eine brutale Erfahrung, Verzweiflung, Wut, Nichtaufgebenwollen. Ein kollektiver Stimmenteppich wird gewoben, in dem das Leiden der Anderen, der Gewaltopfer, und die eigene Stimme nicht mehr auseinanderzuhalten sind. Die Kamera zoomt heran. »Hört zu, schaut uns an, wir brauchen Euch«, sagen die Berühmten. Was folgt, und damit endet der Spot, sind die wahren Gesichter zu den Namen, Frauen und Männer, Junge und Alte aus allen Teilen des Landes. Sie schauen nur in die Kamera. Stumm, manche skeptisch. Und erwartungsvoll.

Valentin Schönherr

Nachrichten aus dem Verwüstungsgebiet

Der mexikanische Drogenkonflikt in der erzählenden Literatur

Drogen sind für die Literatur seit jeher ein ergiebiger Stoff. Poetisches Schreiben sucht danach, Erfahrungen zu verdichten und erfindend die Begrenzungen des Üblichen hinter sich zu lassen. Genau dies versprechen auch Drogen.

Wenn in der neuesten erzählenden Literatur der Drogenkonflikt in Mexiko auftaucht, tritt die literarische Affinität zur Bewusstseinserweiterung allerdings zurück. Angesichts der völlig außer Kontrolle geratenen Gewalt wirkt der private Drogenkonsum nebensächlich, ja harmlos. Die Verbrechen, die großen Geschäfte, die hohen Opferzahlen und die auf lange Zeit hinaus verloren scheinende zivile Ordnung stehen – verständlicherweise – im Mittelpunkt dieser Literatur.

Der hispanoamerikanische Literaturbetrieb versucht seit einigen Jahren, die sehr reichhaltige erzählende Literatur zu diesem Thema als *narcoliteratura* dingfest zu machen. Dieser Begriff wird meist beschreibend verwendet und vorwiegend mit Krimis oder Thrillern in Verbindung gebracht, die sich mit dem Drogenmilieu beschäftigen. Auftakt war der 2002 erschienene Roman *La reina del sur* des Spaniers Arturo Pérez-Reverte, ein Mega-Bestseller, der einer ganzen Welle von ähnlich gestrickten Romanen gute Verkäuflichkeit verschafft hat. Allein schon aufgrund der massiven medialen Präsenz dieser Titel werden anders angelegte Texte häufig selbst dann nicht zur *narcoliteratura* gerechnet, wenn sie eindeutig im Themenfeld von Drogenproduktion, -gebrauch, -handel und -krieg angesiedelt sind. Der Begriff *narcoliteratura* hat also seine Tücken, insofern er die bemerkenswerte Vielfalt der mexikanischen Gegenwartsliteratur aus dem Blick rückt. Dazu kommt, dass bei Wortbildungen mit *narco-* wie *narcocorrido, narcoabogado, narcofies-*

ta[1] im mexikanischen Kontext meist mitschwingt, dass die jeweiligen Sachverhalte im Dienst der Drogenkartelle stehen. Um solche Missverständnisse auszuschließen, sollte in diesem Zusammenhang auf die Bezeichnung *narcoliteratura* verzichtet werden.

Vom Drogenhandel als Randerscheinung ...

Was zeigen nun die einzelnen Werke vom Drogenkonflikt, und mittels welcher literarischen Formen geschieht dies?

Noch vor wenigen Jahren war es möglich, über den mexikanischen Norden zu schreiben und zugleich den Drogenhandel zu vernachlässigen, so bei Carlos Fuentes und Fernando del Paso, zwei der prominentesten mexikanischen Schriftsteller überhaupt. In *La frontera de cristal* (1995), einem »Roman in neun Erzählungen«, entwirft Fuentes ein Panorama der konfliktreichen Beziehungen zwischen Mexiko und den USA. Wohl spielt gelegentlich ein »kleiner Dealer« mit. Aber erst auf den letzten Seiten geht es einmal kurz um Drogenbosse, illegale Landebahnen und Geldwäscherei.

In del Pasos Oberschichtskrimi »Linda 67. Historia de un crimen« (1995) endet der eheliche Machtkampf zwischen einem mexikanischen Diplomatensohn und einer US-amerikanischen Millionärstochter mit der Niederlage des Mexikaners. Im Kern behandelt dieses anspruchsvolle, genauestens durchkomponierte Buch die alte Frage, ob es Mexiko jemals auf gleiche Augenhöhe mit dem nördlichen Nachbarn schaffen wird. Doch trotz aller erdenklichen Übel des nachbarschaftlichen Verhältnisses, die auf den knapp 500 Seiten ins Feld geführt werden, findet der Drogenschmuggel auch hier keine nähere Beachtung. Bis zum Beginn des neuen Jahrtausends entsprach dies dem Mexiko-Image, das bis in die intellektuellen Eliten hinein gepflegt wurde: Der Schatten, in dem die Drogenwirtschaft betrieben wurde, war beinahe total.

Es gibt Ausnahmen, beispielsweise *Sueños de frontera* (1990), die siebte Folge der Krimiserie von Paco Ignacio Taibo II. Detektiv Héctor Belascoarán Shayne ermittelt im nordmexikanischen Drogenmilieu und stößt, ohne allzu lange suchen zu müssen, auf bestens etablierte Kartellstrukturen, die mit den mexikanischen Behörden eng verfloch-

---

1   *Corrido*: eine balladenähnliche Liedform; *abogado*: Anwalt; *fiesta*: Party.

ten sind. Im Grunde ist alles, was wir heute kennen, bei Taibo II schon da – außer dem Militäreinsatz selbstverständlich, den es damals so noch nicht gab. Auch Miguel Méndez, ein US-amerikanischer Autor, dessen Eltern aus Mexiko in die USA eingewandert waren, thematisiert in der Erzählung *Muerte y nacimiento de Manuel Amarillas* (1991) den Drogenhandel: Es geht um einen kleinen Schmuggler, der unter die Räder kommt.

Lange bevor man von *narcoliteratura* zu sprechen begann, gab es also eine *literatura del norte* oder *literatura de la frontera*, in der die Drogenproblematik vorkam. Man hätte sehen können, was sich abspielt. Aber nur wenige schauten wirklich hin. Taibo II war damals noch nicht so tonangebend, wie er wenig später wurde, Méndez ist es bis heute nicht. Die *literatura del norte* wurde als Randerscheinung wahrgenommen. Auch für Detektiv Belascoarán ist der mexikanische Nordwesten »Ausland«. Eine bezeichnende Passage in *Sueños de frontera*: Erst als Belascoarán über die US-Grenze fährt und sich dort noch fremder fühlt, stellt sich bei ihm, zurück auf der mexikanischen Seite, ein Gefühl von Dazugehörigkeit ein.

... zum Bestsellerthema und Verkaufserfolg

Insofern ist der radikale Wandel, der sich mit Arturo Pérez-Revertes *La reina del sur* (2002) in der literarischen Landschaft Mexikos vollzogen hat, zunächst einmal ein Wandel der Wahrnehmung: Der Drogenschmuggel und seine Begleiterscheinungen wurden zum Bestsellerthema und gelangten – auch außerhalb von Mexiko – ins Zentrum der öffentlichen Aufmerksamkeit.

Im Mittelpunkt von Pérez-Revertes Roman steht Teresa Mendoza, die Chefin eines Drogenkartells. Der Ich-Erzähler, als Journalist ihrer Geschichte auf der Spur, trifft sie in dem entscheidenden Moment, als ihre Verhaftung unmittelbar bevorsteht. Er spricht sie auf ein Foto an, das vor zwölf Jahren aufgenommen wurde und dessen Hintergrund ihm unklar ist. Durch diesen erzählerischen Kniff wird in Rückblenden aufgedeckt, wie Teresa zu dem wurde, was sie ist – bis sie schließlich tatsächlich aufgeben muss.

Charakteristisch für die Drogenhandels-Literatur, wie sie schon bei Taibo II, dann aber mit durchschlagendem Erfolg bei Pérez-Reverte konstruiert wird, ist die Figur des investigativen Erzählzentrums, also etwa ein Journalist oder Detektiv, der nach und nach Licht in die Dunkelwelten der Kartelle und ihrer Helfershelfer bringt. Ein Fall, der gelöst, ein Geheimnis, das gelüftet wird, befriedigt immer auch das Orientierungsbedürfnis eines breiten Lesepublikums, das von den täglichen sensationslüsternen Informationsfetzen intellektuell unterfordert und von den Schreckensmeldungen und Opferzahlen emotional überfordert wird.

Anders als Taibo II sichert Pérez-Reverte seinen Verkaufserfolg durch den Einsatz reißerischer Erzählmittel ab: Drastische Gewaltszenen, starke Gefühle, spektakuläre Wendungen, viel nackte Haut – aber auch romantische Passagen, ergänzt durch bildungsbürgerliche Einsprengsel wie historische oder literarische Reminiszenzen für das »gebildete« Publikum – ergeben die Mixtur, die von nun an vielfach nachgeahmt werden sollte. Neben dem Spanier Pérez-Reverte, der eine hervorragende Vernetzung im spanischen Literaturbetrieb einbrachte, gab sein mexikanischer Kollege Élmer Mendoza den Ton an. Mendoza stammt aus Culiacán, war damals mit *Un asesino solitario* (1999) bereits einer der bekannteren Autoren der *literatura del norte* und kennt die Verhältnisse vor Ort exzellent.

Autoren wie Martín Solares, Luis Humberto Crosthwaite, Gabriel Trujillo Muñoz oder Alejandro Paez haben im Kielwasser von Pérez-Reverte und Mendoza den Durchbruch längst geschafft. Im Einzelnen gibt es allerdings große Unterschiede: Während Mendoza in *Balas de plata* (2008) Dialoge, innere Gedanken und äußere Handlung absatzlos aneinanderfügt, die Ermittlungen im Mordfall also durch Verrätselung erschwert werden, sodass am Ende eher diffuse Eindrücke als Erkenntnisse stehen, schreibt Trujillo Muñoz in *La memoria de los muertos* (2006) ganz im Stil von Taibo II eher zurückhaltend und knapp.

Letztlich wird diese literarische Variante dem Phänomen Drogenkrieg aus strukturellen Gründen nicht gerecht. Zum einen erzwingen die stereotypen Mittel der Spannungsliteratur, dass der Stoff dem Genre angepasst werden muss; das geht auf Kosten der Glaubwürdigkeit. Zum anderen leben sie davon, dass am Ende ein Fall gelöst ist. Angesichts der alltäglichen Erfahrung, dass trotz einzelner realer Fahndungserfolge der Kampf gegen die Kartelle immer aussichtsloser wird, wirken diese Lösungen illusorisch und unbefriedigend.

Ein Sonderfall ist der US-Amerikaner Don Winslow. Im 700-Seiten-Thriller *The Power of the Dog* (2005) verlässt er sich zwar auf die Sogwirkung einer extremen Gewaltsprache. Zugleich ist der Roman so fest mit den realen politischen Vorgängen verknüpft und allem Anschein nach genauestens recherchiert, dass er fast schon als Gesamtdarstellung von dreißig Jahre Drogenbekämpfungsgeschichte gelten kann. Ein Sonderfall ist er aber auch deswegen, weil er die Ambivalenz zwischen dem gefassten Verbrecher und dem ungelösten Problem klar benennt. So heißt es am Schluss: »Etwa fünfzehn Minuten lang stockte der Drogenfluss, als Adán gefasst war. Dann war der Nachwuchs zur Stelle, und die Drogen flossen reichlicher als je zuvor.«

Wie eingangs angedeutet, drohen literarische Texte – ganz unabhängig von ihrer Qualität – weniger Aufmerksamkeit zu erhalten, wenn sie sich nicht an die genannten Rezepte halten. Ein Blick auf einige ausgewählte Texte lohnt sich jedoch.

La otra cara de Rock Hudson (1997) von Guillermo Fadanelli spielt im Zentrum von Mexiko-Stadt und handelt davon, wie ein fünfzehnjähriger Junge in die Fänge des Drogendealers Johnny Ramírez gerät und selbst einer wird. Gleich die Eingangsszene, in der sich der Junge als Ich-Erzähler an seine erste Begegnung mit Ramírez erinnert, ist entscheidend: Der Junge beobachtet von einer Bank aus, wie Ramírez aus einem Hotel kommt und ihm in die Augen schaut, als würden sie sich schon lange kennen. Ein anderer Mann folgt Ramírez und wird diesen im nächsten Moment abführen. Ramírez kann dem Jungen – »als spräche er mit seinem Bruder« – noch zurufen, er solle seiner Mutter sagen, es gehe ihm gut, und ihm werde nichts passieren. Dann ist er weg. Der Junge aber ist schon zum Komplizen geworden.

Im Wechsel mit den Erinnerungen des Jungen, die über die Wiederbegegnung mit Ramírez bis zu dessen schließlichem Verschwinden reichen, geben die alternierenden Kapitel die Perspektive von Ramírez selbst wieder, allerdings aus der Warte eines allwissenden Erzählers. Diese parallele Erzählweise – hier der ausgereifte Verbrecher, auf den alles hinausläuft, dort sein Zögling, mit dessen suchendem Ich wir uns stärker identifizieren – lässt ahnen, wie der *narco*-Nachwuchs herangezüchtet wird. In Fadanellis Drogenwelt ist an die Stelle der desolaten öffentlichen Ordnung eine innere Struktur getreten: Dort hat man sein Auskommen, dort gibt es trotz skrupellosen Tötens klare Moralnormen. Die Bindung, die der Junge zu Ramírez eingegangen ist, sei »eine unverbrüchliche Verpflichtung« gewesen, »deren Bestand nur die Zeit aufheben konnte« (S. 125). Oder: »Er tötete nie, wenn er nicht überzeugt war, irgendetwas Gutes zu tun. (...) Er tötete nur, wenn er sich sicher war, dass Gott ihm verzeihen würde, deshalb empfand er nie Reue, denn ohne zu wissen, wie, hatte er das Gefühl, die Erlaubnis zu haben« (S. 59).

Über Frauenmorde und Drogenpartys

In Juan Villoros Roman *El testigo* (2004) kehrt Julio, ein Literaturwissenschaftler, der lange in Italien gelebt hat, nach Mexiko zurück, um sich auf die Spuren eines Lyrikers zu begeben. In Mexiko-Stadt angekommen, begegnet er jedoch seinem alten Freund Víkingo, der ihn einlädt, an einer Fernsehproduktion über den Cristeros-Aufstand mitzuarbeiten. Bald stellt sich heraus, dass Víkingo im Drogengeschäft ist, und als auch Julio mit hineingezogen wird, scheitert das Projekt.

Villoros Themenwahl ist ein Ereignis an sich. Für die Neuorientierung Mexikos nach dem Machtwechsel von 2000 ist die Beschäftigung mit dem katholisch-konservativen Aufstand der Cristeros (1926–29), auch als Cristiada bekannt, der von den Revolutionstruppen mit äußerster Brutalität niedergeschlagen und dann wo immer möglich beschwiegen wurde, durchaus brisant.

Die Präsidentschaft fiel 2000 an Vicente Fox von der rechtskatholischen Partei der Nationalen Aktion. Es war von Beginn an zu befürchten, dass die überfällige Neubewertung bisher verdrängter historischer Themen wie der Cristiada im Sinne der neuen Regierungspartei und nicht einer liberalen Zivilgesellschaft ausfallen würde – und so kam es dann auch. Juan Villoro nun macht seinen Protagonisten Julio zum titelgebenden »Zeugen«, wie die geplante Popularisierung der Cristiada-Verfilmung im Drogensumpf scheitert. Die Zivilgesellschaft, die sich nach Offenheit und Aufklärung sehnt, klemmt fest im Zangengriff von organisiertem Verbrechen und Politik.

Im Zentrum von *2666*, dem 2004 posthum erschienenen Roman des Chilenen Roberto Bolaño, stehen die Frauenmorde von Ciudad Juárez. Bolaño hat an anderer Stelle einmal gesagt, das Böse bestehe darin, mehrmals dasselbe Verbrechen zu begehen.[2] Für den seit Anfang der 1990er Jahre in Nordmexiko andauernden gehäuften Schrecken des

---

2 Roberto Bolaño, Das Dritte Reich. München 2011, S. 108.

Feminizids – die fortgesetzte Massakrierung junger mittelloser Frauen – nimmt er im vierten Teil von 2666 diesen Gedanken auf: Mit den Mitteln von Wiederholung und Variation notiert er über jede Getötete und ihr Schicksal alles, was er in Erfahrung bringen kann. Das ist nicht immer viel, aber außerordentlich wirkungsvoll. Die Leichen weisen häufig Spuren brutalster sexueller Gewalt auf, die Verbrecher haben die Frauen wie Gegenstände benutzt und dann entsorgt. Ihnen soweit wie möglich ihre Individualität wiederzugeben, ist bereits ein Akt zumindest des energischen Widerspruchs. Zugleich wühlt einen gerade die Leseerfahrung, dass bis zum Ende des Kapitels immer und immer noch ein Mord hinzukommt, zutiefst auf: Es wird eben gerade nichts wirklich geklärt oder gar strafrechtlich verfolgt.

Bolaño hat den Zusammenhang zwischen den Morden und den Drogenkartellen zu erfassen versucht. In die seriellen Berichte über die Leichenfunde sind weitere Handlungen eingeflochten, unter anderem auch die Figur des (realen) Journalisten Sergio González Rodríguez, dessen Reportage *Huesos en el desierto* (2002) zu den maßgeblichen Werken über den Feminizid gehört. González tritt im Roman in Kontakt mit einer früheren PRI-Abgeordneten, die ihm ihr Leben erzählt. Am Schluss ihres Berichts eröffnet sie ihm, wie auf abgelegenen Ranches regelmäßig Drogenpartys abgehalten werden – zunächst mit professionellen Prostituierten, später, weil es billiger ist, mit Frauen beispielsweise aus den Maquiladoras. Den Feminizid deutet Bolaño also – ohne das für die einzelnen Fälle nachweisen zu müssen – als Effekt der entfesselten Gewalt, deren ökonomisches Treibmittel der Drogenhandel ist.

Auf einer solchen Drogenparty spielt auch die Erzählung *Ese modo que colma* (2010) von Daniel Sada. Dass Sada auf Deutsch noch ein völlig Unbekannter ist, liegt an seinem Stil: Nordmexikanische Regionalismen, nur noch selten gebrauchte Worte und eine sonst nur in mündlicher Rede verwendete Syntax wären in Übersetzung kaum wiederzugeben. Um eine *narcofiesta* lebendig werden zu lassen, taugt dieser Stil allerdings hervorragend: *Nadie debía portar pistola, por aquello de ... ya saben ... ¡ningún disparo loco! [...] Ahora que en cuanto a mujeres ... uh ... sobraban, y todas de buen ver«* (S. 166).[3]

---

3 Etwa: »Niemand soll eine Pistole tragen, weil ... ihr wisst schon ... kein unüberlegter Schuss! [...] Und was Frauen anbelangt ... uh ... die gab es reichlich, und alle sahen gut aus.« (Übersetzung V.S.)

Das Flugzeug mit zwei Tonnen kolumbianischem Kokain ist eben auf der illegalen Piste gelandet und mit einer Tonne in die USA weitergeflogen, die Party nimmt ihren Lauf – als in einer Kühltruhe die Köpfe dreier Männer entdeckt werden. Sie werden identifiziert, ihre Frauen herbeigeholt, die Party bricht ab, helle Aufregung. Sada seziert mit seinen sprachlichen Präzisionsinstrumenten nun, wie mit dem Vorfall umgegangen wird: Die Leute wundern sich weniger über die Morde als über den makabren Fundort. Die Witwen überlegen, wie sie die Köpfe beerdigen können und finden eine halbwegs befriedigende Lösung. Als später aber auch die Körper auftauchen, werden diese schnöde verbrannt. Diese vom Drogenhandel geprägte Gesellschaft verfügt bei Sada immer noch über Strategien, den Anschein von Normalität zu wahren. Gerade dadurch wird sie als seelisches Verwüstungsgebiet noch deutlicher erkennbar.

Die Totalität der Drogenwelt

Yuri Herrera macht aus dem Drogenboss einen Monarchen. Im Roman *Trabajos del reino* (2008) erhält ein Straßensänger überraschend die Chance, im »Palast« vorzusingen, und bewährt sich. Mit seinen *narcocorridos* wird er nun das »Lob des Königs« verbreiten – bis er sich einmal vertut und ein Geheimnis ausplaudert, das keiner wissen darf: Der König hat keinen Sohn, der ihn beerben kann. Das verschafft ihm gegenüber den Konkurrenzkartellen einen entscheidenden Nachteil. Dem Sänger gelingt gerade eben noch die Flucht.

Wie Fadanelli zeigt auch Herrera das Innenleben der Drogenwelt aus der Sicht einer Figur, die am Beginn noch nicht dazugehört und diese Welt fragend und unsicher erkundet. Bei Juan Pablo Villalobos hingegen ist die Innenperspektive total. *Fiesta en la madriguera* (2010) ist der Monolog eines *narcojuniors*, also des Sohnes von einem Drogenboss. Dieser nur schwer zu ertragende Monolog zeigt ein völlig deformiertes Kind, das alles normal findet, womit es auf dem abgeschirmten Anwesen aufwächst, und zwar unterschiedslos: seine Hutsammlung, die dreizehn bis vierzehn Leute, denen er schon begegnet ist, das Interesse an Ludwig XVI. und Marie Antoinette, der Wunsch nach einem exotischen Tier und die gnadenlose Gewalt, die sein Vater ausübt. Einmal kommt »ein Herr« in den Palast, der »eine Schwuchtel« ist, denn er hat um sein Leben gebettelt. Er wurde dann »in eine Leiche verwandelt«. Der Junge rechnet den Mann aber nicht zu den Leuten, die er kennt, denn »Tote zählen nicht, weil Tote keine Leute sind, Tote sind Leichen« (S. 13). Für die Beseitigung der Leichen sind dann ein Tiger und ein Löwe da – »starke, wohlproportionierte Tiere, die man sich gerne anschaut. Das muss an der guten Ernährung liegen« (S. 23).

Bei Villalobos hat sich die Welt des organisierten Verbrechens vollends durchgesetzt. Der sichere Standpunkt, der bei Taibo II, Pérez-Reverte und anderen noch bei einer investigativen Instanz außerhalb der Drogenwelt lag, hat die Seite gewechselt: Normal ist jetzt das Kartell. Durch die Monologform wird alles Widersprechende so zurechtkommentiert, dass es in das Weltbild des Jungen passt.

Die erzählende Literatur zum mexikanischen Drogenkonflikt weist zwar keine verallgemeinerbaren Tendenzen auf. Aber es deutet sich immerhin eine gewisse Bewegung von außen nach innen an, also von der beiläufigen Erwähnung des Drogenhandels als einem Phänomen unter vielen hin zur Erzählung über die fest etablierte, alle übrigen Lebensbereiche dominierende, quasi monarchische Stellung der Kartelle. Das entspricht, wie zu sehen war, weitgehend dem Wahrnehmungswandel in der mexikanischen Öffentlichkeit. Vor allem aber ist diese Literatur von lebendiger Vielfalt. Neben den zahlreichen Krimis und Thrillern, die genreeigenen Erzählstrategien folgen müssen, um die Leseerwartungen zu befriedigen, verdient eine große Zahl weiterer Texte gründliche Lektüre. Diese Texte bedienen sich der Freiheit der Form genauso wie der Freiheit der Imagination. In festgefahrenen, aussichtslos scheinenden Konflikten wie dem mexikanischen Drogenkrieg kann solche Literatur, wenn sie schon keine Lösungen anzubieten vermag, doch mindestens den Blick auf die Sache verändern helfen.

Literatur

Roberto Bolaño (Santiago de Chile 1953 – Barcelona 2003): 2666. Anagrama, Barcelona 2004; dt. 2666. Übersetzung: Christian Hansen. Hanser, München 2009

Guillermo Fadanelli (Mexiko-Stadt 1963): La otra cara de Rock Hudson. Plaza & Janés, Mexiko-Stadt 1997; dt. Das andere Gesicht Rock Hudsons. Übersetzung: Sabine Giersberg. Matthes & Seitz, Berlin 2006

Carlos Fuentes (Panama-Stadt 1928): La frontera de cristal. Aguilar, Mexiko-Stadt 1995; dt. Die gläserne Grenze. Roman in neun Erzählungen. Übersetzung: Ulrich Kunzmann. Hoffmann und Campe, Hamburg 1998

Yuri Herrera (Actopán 1970): Los trabajos del reino. Periférica, Cáceres 2008; dt. Abgesang des Königs. Übersetzung: Susanne Lange. S. Fischer, Frankfurt am Main 2011

Miguel Méndez (Bisbee, Arizona 1930): »Muerte y nacimiento de Manuel Amarillas«. In: Que no mueran los sueños [Erzählungen]. Ediciones Era, Mexiko-Stadt 1991

Élmer Mendoza (Culiacán 1949): Balas de plata. Tusquets, Barcelona 2008; dt. Silber. Übersetzung: Matthias Strobel. Suhrkamp, Berlin 2010

Fernando del Paso (Mexiko-Stadt 1935): Linda 67. Historia de un crimen. Plaza y Janés, Mexiko-Stadt 1995; dt. Linda 67. Roman eines Mörders. Übersetzung: Susanna Mende. Droemer Knaur, München 2000

Arturo Pérez-Reverte (Cartagena 1951): La Reina del Sur. Alfaguara, Madrid 2002. dt. Königin des Südens. Übersetzung: Angelica Ammar. List, Berlin 2004

Daniel Sada (Mexicali 1953): »Ese modo que colma«. In: Ese modo que colma [Erzählungen]. Anagrama, Barcelona 2010

Paco Ignacio Taibo II (Gijón 1949): Sueños de frontera. Promexa/Editorial Patria, Mexiko-Stadt 1990; dt. »Grenzträume«. In: Der melancholische Detektiv. Drei Fälle für Hector Belascoarán Shayne. Übersetzung: Thomas Brovot. Rowohlt, Reinbek 1992

Gabriel Trujillo Muñoz (Mexicali 1958): La memoria de los muertos. Ediciones Vandalay, Culiacán 2006; dt. Erinnerung an die Toten. Übersetzung: Sabine Giersberg. Unionsverlag, Zürich 2007

Juan Pablo Villalobos (Guadalajara 1973): Fiesta en la madriguera. Anagrama, Barcelona 2010; dt. Fiesta in der Räuberhöhle. Übersetzung: Carsten Regling. Berenberg, Berlin 2011

Juan Villoro (Mexiko-Stadt 1956): El testigo. Anagrama, Barcelona 2004

Don Winslow (New York 1953): The Power of the Dog. Knopf, New York 2005; dt. Tage der Toten. Übersetzung: Chris Hirte. Suhrkamp, Berlin 2010

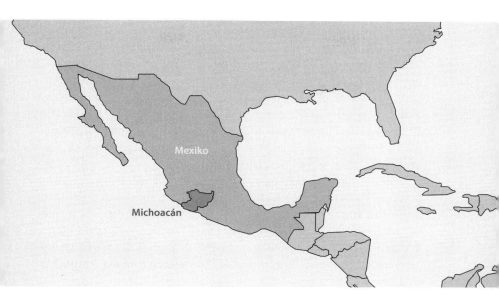

Rossana Reguillo

»Es reicht nicht mehr, nur zu sterben«

Die Geschichte eines Jungen aus Michoacán

Der Zufall führte mich zu Beto. Bereits seit einigen Monaten war ich auf der Suche nach den sogenannten Kindersoldaten von Michoacán, die ein paar Mal in der Presse erwähnt worden waren und deren Existenz mir eine Jugendliche aus Michoacán bestätigt hatte, die 2006 Zeugin der Vorfälle in der Bar *Luz y Sombra*[1] geworden war. Mit ihr hatte ich

---

1 In der Nacht zum 7. September 2006 überfiel eine Gruppe bewaffneter Männer die Bar *Luz y Sombra* in Uruapan im Bundesstaat Michoacán, bedrohte die Gäste und hinterließ die Köpfe von vier männlichen Leichen auf dem Boden der Tanzfläche, zusammen mit der Notiz: »*La Familia* tötet nicht für Geld, sie tötet keine Frauen oder unschuldige Menschen. Es stirbt nur, wer sterben muss; jeder sollte wissen, dies ist göttliche Justiz.« Beobachter werteten die Morde als Racheakt, da wenige Tage zuvor in Uruapán eine Frau ermordet und enthauptet worden war (A.d.Ü.).

mehrmals Gelegenheit zu sprechen. Sie erzählte mir, *La Familia* unterhalte in der Region *Tierra Caliente* eine kleine militärische Einheit von Kindern und Jugendlichen, die sie für verschiedene Zwecke einsetze: um Schutzgelder einzutreiben, Nachrichten zu überbringen, die Ankunft der Armee oder der (wie sie sagte) »verfluchten *Afis*«[2] zu melden, sobald diese sich den Orten näherten, in denen *La Familia* aktiv ist. Die Skrupellosesten unter ihnen würden auch dafür bezahlt, »Mistkerle, die zu weit gehen, aus dem Weg zu räumen«, die Geschicktesten, um die Ware von einem Ort zum anderen zu bringen.

»Verwegene Jungs sind das«, sagte sie mir, »sie nehmen keine Drogen, sie trinken nicht, sie sind wie kleine Soldaten, aber mach dich ihnen bloß nicht zum Feind, sonst legen sie dich um.« Seit jenem Gespräch mit Maria versuchte ich auf verschiedenen Wegen, ein Mitglied dieser militärischen Einheit ausfindig zu machen. Vergeblich. Jede Frage, jeder Versuch prallte an einer Mauer des Schweigens und der Ausflüchte ab. Dann tauchte Beto auf.

Wie ich ihn kennenlernte, kann hier nicht näher erläutert werden. Jedenfalls trafen wir uns drei Mal und jedes Treffen erstreckte sich über drei Stunden. Waren diese Zusammenkünfte zu Beginn noch durch seine Anspannung und sein Misstrauen geprägt, so sprudelten die Worte am Ende nur so aus ihm heraus. Er hatte Lust zu reden, seine Geschichte zu erzählen und das, was er in seinem kurzen sechzehnjährigen Leben erlebt hatte, durch die Augen eines anderen Menschen zu sehen.

Beto wurde am 15. Februar 1994 im Landkreis Turicato in der Region *Tierra Caliente* in Michoacán geboren.

»Ein echter Wassermann«, sagte ich zu ihm. »Wie mein ältester Sohn.« (Heute bin ich nicht sicher, ob ich das sagte, um die Anspannung zu lösen, oder ob es sein zerbrechlicher Körper und seine verschreckten Augen waren, die mich rührten.)

»Ach, pfff. Da, wo ich herkomme, glauben wir nicht an so was«, behauptete er mit gespielter Empörung. Und fragte dann neugierig nach: »Wie sind denn Wassermänner so, sind die gut drauf?«

»Oh ja, Künstler sind sie. Kreativ, sehr sensibel. Sie mögen andere

---

2 »Afi« von AFI (*Agencia Federal de Investigación*), 2001 gegründete Sondereinheit der mexikanischen Bundespolizei zur Verbrechensaufklärung und -bekämpfung; 2009 wurde sie in *Policía Federal Ministerial* (PFM) umbenannt (A.d.Ü.).

Menschen und die Menschen mögen die Wassermänner, weil sie friedlich und hilfsbereit sind und viele Träume haben. Sie vertragen sich gut mit den Waagen – ich bin Waage«, fügte ich hinzu, in dem Versuch, eine Brücke zu diesem Jungen mit dem kurz rasierten Haar und dem verlorenen Blick zu schlagen.

»Aha«, sagte er und verfiel in ein schier endlos anmutendes Schweigen. Ich hab's vermasselt, dachte ich, jetzt werde ich noch mal ganz von vorne anfangen müssen.

Doch dann zog er unvermittelt eine alte, abgeschabte Medaille der Jungfrau von Guadalupe aus der Hosentasche. Er streckte sie mir entgegen. »Die ist von meiner Mutter«, sagte er. »Sie hat an solche Sachen geglaubt. Daran, dass die Leute mit einer Aufgabe und einem Schicksal auf die Welt kommen. Und sie hat sich vor meinem Alten versteckt, wenn sie in der Zeitschrift gelesen hatte, dass irgendetwas auf sie zukommt. Also was so in diesen Horoskopen steht – so heißen die doch, oder?«

Er war das vierte Kind einer siebenköpfigen Familie, der zweite Sohn in der Erbfolge. Ich merkte, dass ihm das nicht gefiel, dass er damit haderte, nur ein »unvollständiges« Erbe antreten zu können. Zweitgeborener zu sein nahm ihm das Recht, den gleichen Namen zu tragen wie sein Vater und in dessen Fußstapfen zu treten. Das Recht, in einer Weise sein Erbe zu sein, die ich nicht genau entschlüsseln konnte. »Mein Mistkerl von Bruder hatte es mit meinem Papa immer gut«, sagte Beto, inzwischen entspannter und seinen Erinnerungen nachhängend. Sein Blick trübte sich ein wenig, als er mir erzählte, dass sein »*apá*« – so nannte er ihn, wenn er voller Bewunderung von ihm sprach – aus Los Espinos stammte, wo er seine Mutter kennengelernt hatte, die in Turicato geboren war. Er redete von ihnen, als erinnerte er sich an eine ferne Vorzeit.

»Warum sprichst du in der Vergangenheit über sie?«, fragte ich ihn. »Sind sie tot?« »Nein, nein, sie leben. Sie sind nach Morelia gezogen, weil man im Dorf nicht mehr wohnen kann. Sie sind mit meinen drei verbliebenen Geschwistern weggegangen. Von uns ist niemand im Dorf geblieben.«

Dann erzählte er mir, dass sein älterer Bruder – der, der »es mit dem Papa immer gut hatte« und denselben Namen wie der Vater trug – eines Tages entführt worden war. »Man weiß nicht, ob es die Armee war oder diese Scheißkerle von den Zetas.« Auf jeden Fall tauchte er nicht wieder auf und sein Vater, so sagte er, wurde seitdem »irgendwie kleiner und irgendwie älter«. Eine seiner Schwestern »ging mit ihrem Mann über die Grenze und man hörte nichts mehr von ihr. Die andere zog schließlich mit einem verdammten Narco zusammen – mit einem von denen, die aus der Hauptstadt ankamen – und auch von der haben wir nichts mehr gehört, und na ja, dann …«. Sein Blick verdüsterte sich und es schnitt ihm die Stimme ab.

»Warum kann man in deinem Dorf nicht mehr leben?«, unterbrach ich den Lauf seiner Gedanken, um ihm eine Pause zu gewähren, ein paar Minuten, um sich wieder zu sammeln.

»Hm, als ob du das nicht wüsstest.« Er blickte mich herausfordernd an. »Nein«, sagte ich, »Erzähl's mir.«

»Es ist ein verdammtes Chaos. Die Lage ist ziemlich heiß geworden dort. Ein paar Typen wollten es wissen und wir haben es ihnen heimgezahlt, es gab jeden Tag Tote. Viele Aktionen, aber nichts war klar. Die Chefs waren sehr nervös und bereit, alle möglichen Mistkerle büßen zu lassen.«

»Das versteh ich nicht, erklärs mir.« Beto sah mich an mit einem Blick, der sagte: »Du bist wohl wirklich so blöd, bescheuerte Alte.« Ich ertrug ihn schweigend, ohne meine Position der »einfältigen Schülerin« aufzugeben. Er fühlte sich überlegen, ausgestattet mit einem Wissen, das ich nicht hatte, Kenner einer Welt, die mir völlig fremd war.

»Na ja, es kamen eben die verdammten Zetas und auf der anderen Seite die Leute von *El Chapo*, diesem Bastard. Wir hatten keine guten Waffen und dazu auch nur wenige, da musste man sehr geschickt vorgehen und …« Beto verfiel in ein langes Schweigen. »Also … na ja, das war die Zeit, in der ich eingestiegen bin. Und dann haben wir eben weitergemacht. Von meinen Eltern und meinen drei Geschwistern weiß ich nichts. Und sie auch nichts von mir, glaube ich. Besser so. Einmal musste ich den Chef bei einem üblen Auftrag begleiten. Wir sollten einen verdammten Ladenbesitzer umlegen, der zu viel redete. Der war ganz dicke mit den Scheißkerlen und hat unsere Leute verpfiffen. Und das ging zu weit. ›Los, Beto, schnapp dir die Machete und die Patronen und rein in den Wagen mit dir‹, sagte mein Chef.«

»Wie war dein Chef?«, fragte ich.

»Der ist ein Spitzentyp.« Er sprach in der Gegenwart von ihm, kein Zweifel. »Schon ziemlich abgeklärt. Ich glaube, der ist so 25 Jahre alt und kann dir die Bibel aus dem Gedächtnis aufsagen. Von dem hab ich mehr gelernt als vom Herrn Pfarrer. Der oberste Boss vertraute meinem Chef viele Aufträge an, und einmal hab ich zufällig ein tolles Gespräch zwischen ihnen mitgehört«, er kniff die Augen leicht zusammen, »darüber, dass alles den Bach runtergeht, weil die Leute nicht mehr an Gott glauben. Dass es echte Männer bräuchte, der Boss die Sierra und die Küste einnehmen würde, um sie alle fertigzumachen. Die würden die Bibel schon noch kennenlernen. Ich war ganz aufgeregt und wollte ihnen die Bibelverse aufsagen, die ich auswendig kannte, aber ich hab's nicht zusammengekriegt. Ich war ein Schwachkopf damals. Aber ich wollte vorankommen und meinem Land das geben, was es verdient – diesen ganzen ungläubigen Hurensöhnen ein Ende bereiten ... und so eben.«

»Und was ist an dem Tag, als du in den Pickup gestiegen bist, passiert? Willst du mir das erzählen?« Beto blickte mich traurig und von sehr weit weg an. »Na ja, wenn du einmal drinsteckst, dann gibst du alles. Ich hab meine ersten drei umgelegt«, er redete wie aus der Pistole geschossen, in einem Tempo, auf das ich nicht gefasst war. »Ich hab die Schwuchtel aus dem Laden erledigt, seinen Bruder und einen Kollegen, der manchmal mit denen und manchmal mit uns unterwegs war. Ehrlich gesagt, hab ich nichts dabei gefühlt, ich hab ihnen mit der Kalaschnikow eine Kugel reingejagt, als wüsste ich schon, wie das geht, und mein Chef hat nur gelacht. ›Warst ganz schön mutig, mein Beto.‹ Er hat sich bekreuzigt und gesagt: ›Der Herr ist mein Hirte.‹ Und ganz ehrlich, ich war froh, dass mein Chef zufrieden war. Das Schlimme kam danach.«

Beto schwieg und zog das Jungfrauen-Medaillon aus der Hosentasche. »Mein Chef, der Mistkerl, hat zu mir gesagt: ›Lass uns dem Boss ein Geschenk mitbringen.‹ Er hat ein verfluchtes Messer aus der Tasche gezogen, beinlang war das, und zack, zack, zack, die drei Köpfe abgesäbelt, so wie mein Patenonkel auf seinem Hof immer den Hühnern die Köpfe abgeschnitten hat. Mir wurden die Knie weich und das Lachen ist mir vergangen. Aber alle aus dem Pickup waren guter Dinge und na ja, da hab ich auch gesagt: ›Der Herr ist mein Hirte‹, während er einen der Köpfe in einer schwarzen Tüte verstaute ... damit wir sie nicht sehen, glaube ich heute. Denn wir sind keine schlechten Menschen, wirklich nicht. Und hier wird nur der hingerichtet, der es verdient.«

Mein Schweigen muss ihm unangenehm gewesen sein, denn Beto suchte meinen Blick; um Verständnis ringend, nicht um Verzeihung bittend. Und so zählte er einen nach dem andern auf, zwei Körper, drei Köpfe, ein Bein, eine Zunge, bis sie zusammen achtzehn Leben »schlechter Menschen« ergaben, verzeichnet in seiner geheimen Personalakte. Mir schwand der Atem. Sechzehn Jahre, achtzehn Tote, einige Verstümmelungen, eine zerstörte Zukunft. Narco, Religion und Macht, eine nur sehr schwer zu durchdringende Trilogie.

Wir rauchten zusammen eine letzte Mentholzigarette (Beto war der Ansicht, dass die »was für Schwule« seien, aber da es keine anderen gab, begnügte er sich damit). Wir sahen uns eine ganze Weile durch die Rauchschwaden hindurch an.

»Wie stellst du dir deinen Tod vor, Beto«, fragte ich ihn.

Beto zog seine alte Medaille heraus, blickte sie leicht lächelnd an, sog den Rauch der Zigarette ein und sagte: »Wenn ich abkratze, dann am besten durch eine Dum-Dum,[3] die mir das Hirn zerschmettert, damit ich mich an nichts erinnere – oder«, überlegte er, »sie sollen mich zerstückeln, um meiner Mama den Schmerz der Totenwache zu ersparen. In diesem Job reicht es nicht mehr, nur zu sterben.«

Aus dem Spanischen von Nana Heidhues

---

3 Dum-Dum-Geschosse sind spezielle Projektile (Deformationsgeschosse), die sich im Körper des Getroffenen zerlegen und dadurch besonders schwere innere Verletzungen hervorrufen; ihre militärische Verwendung ist deshalb im internationalen Völkerrecht verboten (A. d. Ü.).

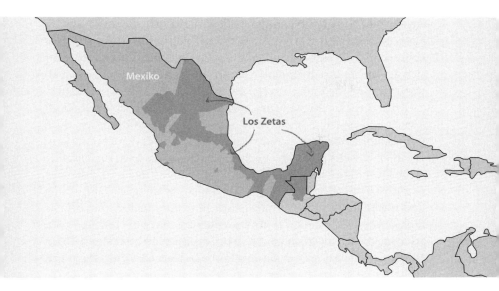

Jesús Cantú & Mariana Franco

Elitesoldaten auf mörderischen Abwegen

Von der Schutztruppe zum Kartell: Wie aus den Zetas eine der bedeutendsten kriminellen Organisationen Mexikos wurde

> »Ihr Krieg gegen die Zetas ist paradox und schadet der mexikanischen Armee. Er ist ein ebenso obsessiv wie selektiv geführter Krieg und im Grunde eine Konfrontation der Armee mit sich selbst.«
> Ricardo Ravelo,[1] 2011

Mit den Zetas hat sich Bedeutung der Gewalt in Mexiko grundlegend verändert. Die kriminelle Organisation ist als bewaffneter Arm des Golf-Kartells entstanden, einem der ältesten und mächtigsten Kartelle in der Geschichte Mexikos. Ursprünglich stammen die Zetas aus der

---

1 Mexikanischer Journalist und Autor.

Armee und in ihren Anfängen schlossen sich der Organisation vor allem Deserteure der Streitkräfte und der Polizeieinheiten an. Später konnten sie auch lokale kriminelle Gruppen und Bandenmitglieder für sich gewinnen. Ihre Mitglieder werden von mexikanischen, guatemaltekischen und seit kurzem auch kolumbianischen Militärs ausgebildet.

Anzeichen für Streitigkeiten und Drohungen zwischen dem Golf-Kartell und seiner »Armee« hatte es zwar schon zuvor gegeben, doch erst im Jahr 2010 lösten sich die Zetas von ihrer »Mutterorganisation«. Sie breiteten sich schnell im Land aus[2] und diversifizierten zugleich ihre verbotenen Geschäfte. Neben dem Handel mit illegalen Substanzen wurden Geldwäsche, Diebstahl, Erpressung, Schmuggel, Entführung und Menschenhandel zu wesentlichen Einnahmequellen. Zusätzliche Einkünfte erhalten die Zetas mittlerweile auch durch die Erhebung von Schutzgeld oder sogenannten Schutzleistungen.[3] Ein besonderes Merkmal der Organisation ist es, dass sie lokale Banden oder Einzelpersonen zwingt, Straftaten zu begehen.

Die Zetas sind in verschiedenen Regionen des Landes stark präsent. Dies ist auf verschiedene Faktoren zurückzuführen: auf die systematische Gewalt, die sie sowohl zu konkreten als auch zu symbolischen Zwecken ausüben, sowie den Einsatz von Schnellfeuerwaffen, auf die Anwendung nachrichtendienstlicher militärischer Methoden und auf ihre große Fähigkeit, lokale Polizeistrukturen zu korrumpieren und bis ins Innerste zu infiltrieren. So haben es die Zetas geschafft, sich auch international, wie beispielsweise in Guatemala und Honduras, zu positionieren.

Die grenzüberschreitenden Aktivitäten dieser Organisation wirken sich über Mexiko hinaus auch auf die nationale Sicherheit der Länder Zentralamerikas aus. Die Zetas haben Netzwerke transnationaler Kriminalität geknüpft und sich dabei die institutionelle Schwäche der Staaten in der Region (Mexiko, Guatemala und Honduras) und die fehlende

---

2   Im Jahr 2008 meldeten Beamte der US-Drogenbehörde DEA, dass die Zetas kurz davor seien, ein neues Drogenkartell zu gründen, das von Heriberto Lazcano und Miguel Treviño geführt werde. Es sei noch grausamer und ambitionierter als das Golf- und das Sinaloa-Kartell. Siehe: »Los Zetas«, otro cártel. Wochenzeitschrift *Proceso*, 18. 5.2008

3   Es handelt sich hier um Zwangszahlungen, die Mitglieder der Zetas oder Personen, die für sie arbeiten – das können sogar lokale Staatsbedienstete sein –, für legale und illegale Geschäfte in ihrem Einflussgebiet erheben.

Koordination zwischen den nationalen Behörden zu Nutze gemacht. Nicht zuletzt rührt ihr Erfolg auch daher, dass keine regionale Sicherheitspolitik existiert, die dieser kriminellen Gruppe effektiv Einhalt gebieten könnte.[4]

Der Wissenschaftler Carlos Flores[5] bezeichnet das Organisierte Verbrechen bzw. die Organisierte Kriminalität als soziales Netzwerk, das relevante illegale Handlungen ausführt, auf Beständigkeit ausgerichtet ist und sich zudem der Gewalt und Korruption bedient, um seine Interessen durchzusetzen. »Die Mitglieder dieser Organisationen verfolgen im Wesentlichen ökonomische Ziele. Im Unterschied zu anderen Gruppen mit gewalttätigen Ausdrucksformen haben sie gewöhnlich keine politische Ideologie, was jedoch nicht bedeutet, dass sie keine politische Wirkung hätten.« Flores stuft die Zetas aufgrund ihrer Präsenz und operativen Kapazitäten auf ausländischem Territorium, vor allem in Guatemala, als kriminelle Organisation transnationalen Charakters ein.

Eine Schutztruppe für das Golf-Kartell

Juan Nepomuceno Guerra war der Gründer jener Organisation, die heute unter dem Namen Golf-Kartell bekannt ist. Seine Karriere begann in den 1970er Jahren, als er über das sogenannte Matamoros-Kartell verschiedene Waren, darunter auch Whiskey, in die Vereinigten Staaten schmuggelte. Mit der Zunahme des Drogenkonsums in Nordamerika stieg die Organisation in den Handel mit Marihuana ein.

Nach Guerras Tod übernahm sein Neffe Juan García Abrego die Führung des Golf-Kartells. Abrego war im Agrarbusiness tätig, verfügte deshalb über Kenntnisse von Anbaumethoden und hatte zudem als Unternehmer exzellente Verbindungen zu politischen Akteuren und Sicherheitsbehörden. Im Januar 1996 wurde Abrego in Mexiko verhaftet und an die Vereinigten Staaten ausgeliefert. Dort verurteilte man ihn zu einer elffachen lebenslänglichen Haftstrafe, die er seitdem in einem Ge-

---

4   Siehe Organized Crime in Central America: The Northern Triangle. Woodrow Wilson International Center for Scholars. Latin American Program. September 2011. http://bit.ly/tyOfG7
5   Die Autorin und der Autor führten das Interview mit Carlos Flores am 3. November 2011. Dr. Flores forscht am Forschungszentrum für Höhere Studien der Sozialanthropologie CIESAS in Mexiko-Stadt.

fängnis in Colorado absitzt. Nach seiner Verhaftung tauchten neue Akteure auf, die sich Machtkämpfe innerhalb der Organisation lieferten.

Anfang 1997 setzte sich Osiel Cárdenas als oberster Machthaber des Golf-Kartells durch. Er integrierte eine neue Generation in die Strukturen der Organisation, bezog andere Partner ein und weitete seine Herrschaft aus. Durch die Korruption begünstigt, fand der Handel mit den illegalen Substanzen und Waren unter optimalen Sicherheitsbedingungen statt. Cárdenas konnte sich auf die bedingungslose Unterstützung verschiedener Polizeieinheiten verlassen, darunter auch auf die AFI, eine Sondereinheit der mexikanischen Bundespolizei. Als Cárdenas später verhaftet wurde, räumte der Staatsanwalt Rafael Macedo de la Concha ein, dass die AFI nicht an der Festnahme beteiligt gewesen sei, weil »Informationen über eine mögliche Infiltrierung der Narcos in ihre Reihen« vorlägen.

Unter Cárdenas existierte in der Struktur des Kartells zwar schon eine bewaffnete Einheit, diese beschränkte sich jedoch darauf, die persönliche Sicherheit ihres Chefs zu garantieren und hier und da »Rechnungen zu begleichen«. Nach Angaben der Generalstaatsanwaltschaft (PGR) änderte sich dies grundlegend, als Cárdenas beschloss, ein Sicherheitskorps aufzubauen, um sich gegen den Staat zu verteidigen und andere kriminelle Organisationen anzugreifen. Der Capo beauftragte Oberleutnant Arturo Guzmán Dezena, die Verantwortung für den Aufbau einer Truppe zum Schutz des Golfkartells zu übernehmen. Guzmán Dezena verließ die Streitkräfte im September 1997.

Auf dem Weg zum eigenen Unternehmen

Die Existenz der Zetas wurde erst sehr spät offiziell anerkannt. »Warum negierten die mexikanischen Behörden, das Militär und die Generalstaatsanwaltschaft die Existenz der Zetas, obwohl sie bereits häufig mit kriminellen Aktionen in Erscheinung getreten waren?«, fragt der Militärexperte Erubiel Tirado. »Es ist paradox, dass diese Behörden sie jetzt stärker als jedes andere Kartell bekämpfen, zugleich aber vertuschen, was Ende der 1990er Jahre geschah, als diese Militärs desertierten und sich dem Organisierten Verbrechen anschlossen.«[6]

---

6 »El poder y la estructura de ›Los Zetas‹, intocados«. Zeitschrift *Proceso*, 16. Juli 2011. http://bit.ly/oUb7NN

Elitesoldaten auf mörderischen Abwegen

Das erste öffentlich bekannt gewordene Zeta-Mitglied war jener von Cárdenas angeheuerte Arturo Guzmán Decena. Als Oberleutnant der Spezialeinheit GAFE (*Grupo Aerotransportado de Fuerzas Especiales de la Defensa*) war er zum Kommandanten der Regionalen Einsatztruppe der Staatsanwaltschaft in Matamoros ernannt worden, ehe ihn der Chef des Golf-Kartells kontaktierte. Nach Angaben des Politologen und Buchautors Garzón Vergara überzeugte Decena, als er den Dienst quittierte, fünf weitere Mitglieder der militärischen Eliteeinheit, zukünftig mit ihm zusammenzuarbeiten. Zwei Monate später zählte die Gruppe bereits 14 Soldaten. Berichten der Generalstaatsanwaltschaft zufolge schlossen sich weitere 24 Militärs an. Guzmán Decena, auch bekannt als »Z-1«, war also der Wegbereiter und erste Chef der Zetas.

Die militärische Eliteeinheit, in der die erste Gruppe der Zetas um Guzmán Decenas zuvor gedient hatte, war speziell für Aufstandsbekämpfung und Drogenfahndung geschaffen worden. Instruiert wurden diese Soldaten von französischen und israelischen Ausbildern, die über Spezialkenntnisse in militärischen Taktiken verfügten. Die »Original-Zetas« brachten also beachtliche Kenntnisse über »schnelles Eingreifen, Luftangriffe, Zielgenauigkeit, Hinterhalte, Erhebung geheimdienstlicher Daten, Techniken der Gegenspionage, Gefangenenbefreiung, ausgeklügelte Kommunikationsformen und die Kunst der Einschüchterung mit«.[7] Sie bauten Trainingslager auf und instruierten neue Rekruten im Töten und Foltern, in der Durchführung von Geheimdienstmanövern und Propagandaaktionen. Auch die Beteiligung ehemaliger guatemaltekischer Elitesoldaten, sogenannter Kaibiles, die auf die Aufstandsbekämpfung spezialisiert waren, sicherte den Zetas ein hohes Niveau an militärischer Expertise.

Im Jahr 2003 wurde Osiel Cárdenas verhaftet, 2007 lieferten ihn die mexikanischen Behörden an die Vereinigten Staaten aus. Drei Jahre später konsolidierten die Zetas ihre Autonomie im Drogengeschäft und begannen unabhängig zu operieren. Dies kam nicht unerwartet. Eduardo Guerrero, Experte für Sicherheitspolitik und Drogenhandel, verweist darauf, dass Cardenas' Abwesenheit zu Spannungen zwischen dem Golf-Kartell und den Zetas geführt habe. Letztere agierten halb selbstständig, und ohne sich mit dem Golf-Kartell abzustimmen, schmiede-

---

7 David Freddoso, »Mexican Deserters Cast Shadow on Border City«, Human Events, 9. Februar 2004. http://bit.ly/umrr4n

ten sie im zweiten Halbjahr 2008 eine vorübergehende Allianz mit dem Juárez-Kartell sowie der Organisation der Beltrán-Leyva-Brüder, um das Sinaloa-Kartell zu bekämpfen. Dies führte neben anderen Faktoren wie dem skandalösen *modus operandi* der Zetas, der die Organisation stärker ins Licht der Öffentlichkeit rückte und für eine beständige Präsenz von Polizei und Militär sorgte, zu einer Trennung und kulminierte sogar in einer Konfrontation zwischen den beiden Organisationen.

Mit Heriberto Lazcano Lazcano und Jaime González Durán an der Spitze (Guzmán Decenas war schon 2002 von staatlichen Sicherheitskräften ermordet worden) bauten die Zetas ihr eigenes Liefer- und Verteilungsnetz auf. Sie schalteten interne Konkurrenten aus und festigten ihre Autorität. Von nun an waren sie nicht mehr nur Werkzeug des Golf-Kartells, sondern kontrollierten einen großen Teil der Operationen dieser Organisation selbst.

Wie bereits erwähnt, begannen die Zetas ab 2010, ihre kriminellen Aktivitäten zu diversifizieren. Von nun an gehörten auch Geldwäsche, Entführungen, Menschenhandel, Erpressung und andere illegale Geschäfte zu ihrem Repertoire. Gleichzeitig erweiterten sie ihren geographischen Radius; derzeit sind sie in verschiedenen Regionen von Guatemala, Honduras und den Vereinigten Staaten aktiv. In Mexiko operieren die Zetas nach Angaben der Sonderstaatsanwaltschaft für Organisierte Kriminalität in weiten Teilen des Landes. An ihrer Spitze steht weiterhin Heriberto Lazcano, der auch unter seinem Spitznamen *El Lazca* oder als »Z3« bekannt ist. Das US-amerikanische Außenministerium hat eine Prämie von bis zu fünf Millionen US-Dollar für Hinweise ausgesetzt, die zu seiner Verhaftung führen.

Manche Beobachter behaupten, dass sich der von Präsident Felipe Calderón angeführte Krieg gegen den Drogenhandel »zur Zeit darauf konzentriert, die Zetas zu bekämpfen«.[8] Auch Carlos Flores sieht Anzeichen dafür, dass sich die Einsätze auf diese Organisation fokussieren. »Im besten Fall könnte man eine Priorisierung des Staates vermuten. Im schlechteren Fall handelt es sich nicht nur um eine strategische Priorisierung, sondern auch um den institutionellen Schutz (anderer Kartelle, d. Red.).« Die Einsätze zielten vor allem auf die Zetas, die im Gegensatz zu den mit ihnen rivalisierenden Gruppen über weniger schutzbietende

---

8 »La guerra contra las drogas, centrada en los zetas, dice EU«, Zeitung *Excelsior* vom 8. Juli 2011. http://bit.ly/tAX9rG

Verbindungen verfügten. Die Zetas sind dennoch weiterhin sehr stark und besitzen an vielen Orten Mexikos eine Monopolstellung. Einer Analyse der privaten US-amerikanischen Beratungsfirma Stratfor vom Oktober 2011 zufolge hat die operative Kapazität der Organisation nicht abgenommen und auch ihre territoriale Ausdehnung ist trotz der vielen Kämpfe und der Schläge, die sie von der mexikanischen Regierung einstecken musste, nicht zurückgegangen.[9]

Tödliche Angriffe und mörderische Strukturen

Die Gewalt der Zetas unterscheidet sie von der anderer Organisationen. Wegen der Art und Weise ihrer Angriffe sowie der Dimension der Gewaltausübung bei ihren Aktionen werden sie von DEA-Beamten als die »technisch fortgeschrittenste, raffinierteste und gewalttätigste« Organisation, die mit Drogen handelt, bezeichnet.[10]

Es ist kaum mit Sicherheit anzugeben, wie viele der mehr als 60.000 Toten,[11] die der von Calderón geführte Krieg gegen den Drogenhandel in den ersten fünf Jahren hervorgerufen hat, unmittelbar auf das Konto der Zetas gehen. Denn, so unterstreicht der Leiter der Menschenrechtsorganisation Human Rights Watch, Dr. José Miguel Vivanco, »solange es keine ernsthaften, fundierten und glaubwürdigen Ermittlungen gibt, was in der Tat in Mexiko sehr schwierig ist, bleibt es unmöglich, zu bestimmen, wer genau die Opfer und wer die Verantwortlichen sind«.

Am 2. Januar 2012 meldete die mexikanische Bundesregierung, dass etwa 52 Prozent der Entführungen, die mit den Drogenkartellen in Verbindung stünden, von den Zetas ausgeführt worden seien. Und die mexikanische sowie die internationale Presse berichteten regelmäßig über gewalttätige Vorfälle, die die Behörden den Zetas zuschreiben. Zu den besonders hervorstechenden Taten zählt etwa ein Massaker an 72 Migranten, deren Leichen im August 2010 auf einer Ranch in San Fernando im Bundesstaat Tamaulipas gefunden wurden. Ebenfalls in dieser

---

9 Siehe: »Los Zetas permanecen inmutables ante ataques: Stratfor«, 25.November 2011, http://bit.ly/yYLDP7
10 National Drug Intelligence Center (2008). National Drug Threat Assessment. http://1.usa.gov/rJczOA
11 »Quinto año de gobierno: 60 mil 420 ejecuciones«, Wochenzeitung *Zeta*, 12. Dezember 2011, http://bit.ly/thuHux

Gemeinde fand man im April 2011 in mehreren sogenannten Narco-Gräbern insgesamt 236 Leichen. Auch der bewaffnete Angriff auf die Spielhölle »Casino Royale« in Monterrey im August 2011 geht wohl auf das Konto der Zetas. Mehr als 50 Menschen wurden bei diesem Anschlag getötet.

Um solche Aktionen durchzuführen, braucht es eine feste organisatorische Struktur, einen gewissen Grad an Koordination, eine spezielle Bewaffnung und nachrichtendienstliche Tätigkeiten. Die Zetas bauen auf eine Struktur, die entsprechend ihrer Aufgaben und Hierarchien spezialisiert ist. Sie haben Zellen gebildet, die sich auf die verschiedenen Einflussgebiete (meistens die jeweiligen Bundesstaaten) verteilen. In jeder dieser Zonen setzen die Zetas der ersten Stunde, die noch vor der Justiz auf der Flucht sind, regionale Chefs ein. Über die auf familiäre Bande oder intensive Vertrauensverhältnisse basierenden Loyalitätsbeziehungen hinaus verbindet die Zetas eine Disziplin, die von starkem militärischem Korpsgeist geprägt ist. Um innerhalb der Organisation befördert zu werden, ist außerdem eine »militärische Abstammung« notwendig. Nur Mitglieder, die in der Armee gedient haben, können bis in die höchsten Ebenen der Hierarchie aufsteigen.

Der überwiegende Teil der Zetas sind ehemalige Militärs. Deshalb ist es besonders besorgniserregend, dass zwischen 2001 und 2006 insgesamt 123.218 Mitglieder des Militärs desertiert sind und auch in den vergangenen fünf Jahren 44.200 Soldaten und Marineangehörige die Reihen der Streitkräfte verlassen haben. Schon 2008 erklärte der Verteidigungsminister Guillermo Galván Galván, dass ein Drittel der Personen, die mit dem Drogenhandel und kriminellen Banden zu tun hätten, eine militärische Vorgeschichte habe.

Generell lassen sich die Strukturen der Zetas in zwei große Gruppen aufteilen. Zum einen in das operative Personal, also Regionalchefs, Chefs der Einflussgebiete, Auftragsmörder und »Falken«, also Personen, die die Lage vor Ort beobachten und Informationen weitergeben (in dieser hierarchischen Reihenfolge).

Zum anderen gibt es das administrative Personal, einfache Helfer und »Schatzmeister«, die das Vermögen kontrollieren und allen Mitgliedern ihren Lohn auszahlen. Jedes Mitglied erhält vorab eine Art militärische Ausbildung, die auf Landgütern in den Bundesstaaten Tamaulipas, Nuevo León und Coahuila durchgeführt wird. Diese Ausbildung dauert drei Monate und bereitet die Teilnehmer unter anderem darauf vor, Operationen durchzuführen und »Häuser aufzumischen«. Die Zetas verfolgen weder politische noch ideologische Ziele, sie sind lediglich auf finanziellen Gewinn und auf die Sicherung der Existenz ihrer Organisation ausgerichtet. Eine Untersuchung des Zentrums für Strategische Studien (SSI) des Pentagons,[12] die sich mit der Finanzierung der Zetas beschäftigt, kommt zu dem Schluss, dass diese den Staat nicht zerstören wollten, jedoch einen schwachen Staat, ein Mexiko, das von den USA geschützt wird, vorziehen.

»Im Gegensatz zu anderen privaten militärischen Organisationen, aufständischen Gruppen oder Neopopulisten scheint die Organisation der Zetas nicht daran interessiert zu sein, das traditionelle politisch-ökonomisch-soziale mexikanische System zu zerstören und durch ein eigenes zu ersetzen. Sie setzen auf eine weniger radikale Option: sie wollen den Staat ›in Gefangenschaft‹ nehmen.« Um dies zu erreichen, müssten sich die Chefs frei bewegen, kommunizieren und ihr Geld in alle Welt transferieren können, erläutert das SSI. Hierfür wiederum bräuchten sie funktionierende gesellschaftliche Systeme. Das Institut vergleicht die Zetas mit anderen globalen Handelsorganisationen, die auf jede Herausforderung, jede Chance sowie jeden Notfall schnell, flexibel und effektiv reagieren können. Wie Coca-Cola oder Big Mac hätten sie sich mittlerweile einen Markennamen geschaffen.

Narcomensajes – Gewalt als Kommunikationsmittel

Wenn sich eine Organisation nicht an die Gesetze hält und zudem auf ein hohes Maß an Straflosigkeit und Korruption in den Behörden zählen kann, eröffnet sich ihr ein immenser Handlungsspielraum. Den Zetas ermöglicht das, ihren unheilvollen Machenschaften ohne größere Schwierigkeiten unter Anwendung extremer Gewalt nachzugehen. Die überwiegende Mehrheit ihrer Mordopfer wurde gefoltert, vielen wurden die Köpfe abgeschnitten oder ihre Körper zerstückelt.

Diese Verbrechen selbst können eine Botschaft sein. Sie können etwa signalisieren, dass ein rivalisierendes Kartell eingeschüchtert oder ein Mitglied aus den eigenen Reihen bestraft werden soll. Es kann sich auch

---

12 »Los Zetas, una transnacional eficiente: militares de EU«, *Milenio*, 18. Oktober 2001, http://bit.ly/wLqaTI

darum handeln, eine offene Rechnung zu begleichen oder Angst in der Zivilgesellschaft zu schüren.

Darüber hinaus setzen die Zetas wie auch andere Kartelle weitere Methoden ein, um sich zu vermitteln: Sie schreiben ihre Botschaften auf Stofftücher, sogenannte *Narcomantas*, und Plakate, die sie an Brücken und anderen öffentlichen Orten anbringen, oder sie organisieren Straßensperren. Immer wieder blockieren *Narcos* Verkehrswege, um die Regierung, aber auch die Bevölkerung unter Druck zu setzen. Mit solchen Aktionen reagieren sie auf Verhaftungen oder wollen eine Festnahme verhindern.

Ein besonderer Fall dieser Art fand am 9. Juni 2010 statt, als Mitglieder des Organisierten Verbrechens mit Fahrzeugen mindestens 28 Blockaden durchführten – fast alle zeitgleich. Die wichtigsten Straßen im Stadtgebiet von Monterrey waren versperrt, die Aktionen provozierten ein großes Chaos. In diesem Fall waren die Blockaden eine Reaktion auf die Festnahme von Héctor Raúl Luna, *El Tori*, dem mutmaßlichen Chef der Zetas im Bundesstaat Nuevo León.

Zu den wohl bedeutendsten Botschaften der jüngsten Zeit zählen zwei *Narcomensajes*, deren Inhalt darüber hinaus ging, bestimmte kriminelle Gruppen oder Behörden unter Druck zu setzen oder zu bedrohen. Sie beinhalteten scharfe politische Beschuldigungen. Bei der ersten dieser Botschaften handelt es sich um die Ermordung von 26 Menschen, deren Leichen am 24. November 2011 in Guadalajara im Bundesstaat Jalisco gefunden wurden, kurz vor der Eröffnung der Internationalen Buchmesse, der wichtigsten kulturellen Veranstaltung der Stadt. Einige der Leichen waren mit Mitteilungen auf Pappschildern versehen, in denen die Gouverneure der Bundesstaaten Jalisco und Sinaloa bedroht wurden. »Weder die Armee und die Marine noch die Sicherheits- und Antidrogenbehörden der US-Regierung werden uns besiegen, Mexiko lebt unter dem Regime der Zetas und so wird es auch weiterhin sein«, hieß es zudem. Gezeichnet: »Miguel Angel Morales Z 40« – ein ehemaliger Militär und die Nummer 2 der Zetas.

Einen Monat später tauchten *Narcomantas* auf, die ebenfalls mit dem Namen Angel Morales unterschrieben waren, sich jedoch von den vorhergehenden Botschaften distanzierten: »Wir regieren nicht das Land und sind auch kein Regime. Wir sind weder Terroristen noch Guerrilleros.« Diese widersprüchlichen Mitteilungen lassen verschiedene Interpretationen zu. Möglicherweise können Zeta-Mitglieder niedrigeren

Ranges auch ohne die Zustimmung ihrer Chefs Botschaften verbreiten, vielleicht hatten aber auch Feinde der Organisation die *Narcomantas* auf Zeta-Territorium aufgehängt. Sollte die zweite Nachricht tatsächlich von den Zetas stammen, spräche dies dafür, dass die Organisation mit Blick auf Exekutionen und andere gewalttätige Aktionen sehr wohl Kosten und Nutzen abwägt und nicht in eine offene Konfrontation mit der mexikanischen oder der US-amerikanischen Regierung gehen will.

Die »transnationalen Arbeitskräfte« der Zetas

Besonderes Interesse haben die Zetas an Geschäften, die ihnen mit möglichst geringem Aufwand Einnahmen verschaffen. Sie kümmern sich also um Operationen, für die sie nicht mehr Infrastruktur brauchen, als für die Anwendung von Gewalt nötig ist. Zu diesen Geschäftszweigen zählen Entführungen und Erpressungen sowie Überfälle auf Migranten aus Zentralamerika. Das Thema ist nicht zuletzt wegen seiner Auswirkungen auf internationaler Ebene von großer Relevanz.

Zentralamerikanische Migrantinnen und Migranten sind auf ihrem Weg durch Mexiko in die Vereinigen Staaten extrem gefährdet. So informierte die mexikanische Nationale Menschenrechtkommission (CNDH), dass zwischen April und September 2010 mindestens 11.333 Wanderarbeiter an der mexikanischen Südgrenze entführt wurden.[13] In ihrem »Sonderbericht über die Entführung von Migranten in Mexiko«[14] vom Februar 2011 wird durch eine Reihe von Zeugenaussagen und Informationen aus verschiedenen Voruntersuchungen deutlich, dass Mitglieder der Organisierten Kriminalität, insbesondere Angehörige der Zetas, in Komplizenschaft mit lokalen Banden und staatlichen Behörden diese Entführungen systematisch betreiben.

Der Bericht kommt zu folgenden Erkenntnissen[15]:

---

13 »Secuestrados más de 11,000 migrantes«, Tageszeitung *El Economista*, 22. Februar 2011. //bit.ly/tgDm33
14 »Informe Especial sobre Secuestro de Migrantes en México« CNDH. 22. Februar 2011. http://bit.ly/vnUTDb
15 Siehe Seite 28 und 29 des Berichts.

1. Gruppen des Organisierten Verbrechens, die Migranten entführen, haben selbst Menschen in ihren Reihen, die aus Zentralamerika Richtung USA migrieren.
2. Einige der Herbergen, die sich um Migranten kümmern, wurden von den Entführern angegriffen.
3. Nach Angaben der Auswanderer sind Beamte der mexikanischen Einwanderungsbehörde an einigen der Entführungen beteiligt gewesen.
4. Migranten berichten wiederholt davon, dass sie eine Zusammenarbeit zwischen Angehörigen der in den Zügen mitreisenden privaten Sicherheitsdienste und Mitgliedern der Organisierten Kriminalität beobachtet hätten.
5. Verschiedene Zeugen benennen die Zetas als Verantwortliche für die Entführungen, diese agierten in Absprache mit Angestellten der Behörden, vor allem mit lokalen und bundesstaatlichen Polizeieinheiten.

Die meisten Flüchtlinge aus Zentralamerika reisen auf dem Weg in die USA durch Mexiko mit dem »Todeszug«. Sie sind für die Zetas inzwischen zu einer sehr wichtigen Einnahmequelle geworden, Tausende von ihnen werden entführt, angeworben oder überfallen. Als im August 2010 in Tamaulipas 72 Menschen ermordet aufgefunden wurden, bestätigte der damalige Leiter des Nationalen Sicherheitsrates der mexikanischen Regierung Alejandro Poiré, dass es Klagen gegeben habe, nach denen Migranten vom Golf-Kartell und den Zetas zwangsrekrutiert worden seien.

Alejandro Solalinde, der Leiter der Herberge »Brüder auf dem Weg« in Ixtepex im Bundesstaat Oaxaca prangert das Problem öffentlich an. Der Pfarrer verweist darauf, dass die Zetas Migrantinnen und Migranten entführen, um sie für ihre Zwecke gefügig zu machen und sie als »Reservearmee« zu nutzen. Er ist ein Zeuge der vielfachen Verbrechen, denen die zentralamerikanischen Migrierenden ohne Papiere auf ihrem Weg in die Vereinigen Staaten ausgesetzt sind. Für die kriminelle Gruppe, so Solalinde, seien diese Menschen eine Art »Einweg-Ware«.

Grenzenlose Geschäfte

Guatemala ist für einige der Organisationen, die mit Drogen handeln, de facto zum Rückzugsgebiet geworden. Die Behörden des Landes verweisen besonders auf Hunderte von Zetas, die sie in den Grenzregionen des Landes aufgespürt hätten. Im März 2009 wurde ein Ausbildungslager entdeckt, in dem sich Hunderte von Granaten und Gewehren sowie Munition und Motorräder befanden.[16]

Studien und Berichte des US-amerikanischen Woodrow Wilson Forschungszentrums und des Beratungsunternehmens Stratfor sowie Dokumente der DEA stimmen darin überein, dass sich die Zetas zur dominierenden kriminellen Organisation in Guatemala entwickelt haben. Die vom Woodrow Wilson Forschungszentrum und dem Institut für Grenzüberschreitende Themen der Universität von San Diego in Kalifornien erstellte Studie »Organisationen, die in Mittelamerika mit Drogen handeln: Transporteure, mexikanische Kartelle und Maras« spricht davon, dass die Zetas in 75 Prozent des guatemaltekischen Territoriums sehr stark präsent seien.[17] Dies alarmierte den damaligen guatemaltekischen Präsidenten Álvaro Colom Caballeros. Für das Departement Alta Verapaz setzte er im Dezember 2010 die verfassungsgemäßen Garantien außer Kraft und erklärte für 30 Tage den Ausnahmezustand, der anschließend um den gleichen Zeitraum verlängert wurde. Gerade in dieser Region sind die Zetas besonders stark. Es herrscht ein großes Maß an Straflosigkeit. Die Studie »Guatemala am Scheideweg: die Demokratisierung der Gewalt«[18] des Woodrow Wilson Zentrums zeigt auf, dass die kriminelle Gruppe Polizeieinheiten infiltriert und vom Machtvakuum und Autoritätsverlust in einigen Regionen des Landes profitiert habe. Um ihre Macht zu konsolidieren, hätten die mexikanischen Drogenhändler die Strategie entwickelt, Bürgermeister und Staatsbedienstete in Städten an den Grenzen zu den Nachbarländern Mexiko und Honduras in Netzwerke der Korruption einzubinden. Steven Dudley, Forscher der Initiative *InSight*[19], untersuchte im Jahr 2011

---

16 Siehe Killebrew, Bob y Berna, Jennifer (2010): Crime Wars. Gangs, Cartels and U.S. National Security. http://bit.ly/dCxlYx.
17 Ebenda.
18 Siehe: http://bit.ly/u7o4sx
19 *Insight – Organized Crime in the Americas* ist eine gemeinsame Initiative der American University in Washington und der Stiftung Ideas para la paz aus Ko-

die Präsenz der Zetas in Guatemala. Aus seinem Bericht[20] erscheinen uns folgende Punkte von besonderer Bedeutung:

- Mit der Ankunft der Zetas in Guatemala hat sich das Machtverhältnis in der Region verändert. Das Land hat große innere Sicherheitsprobleme, El Salvador und Honduras sind in höchster Alarmbereitschaft.
- Guatemala ist für den Drogentransport der wichtigste Landstützpunkt in Zentralamerika. Dort befinden sich die Lager, zudem ist das Land ein struktureller Ausgangspunkt für die Kartelle.
- Die Zetas begannen mit ihren Operationen in Guatemala im Jahr 2007, als sie noch unter dem Befehl des Golf-Kartells standen. Sie arbeiten mit lokalen Gruppen zusammen, um aus Kolumbien stammendes Kokain zu erwerben.
- Die Struktur der Zetas in Guatemala besteht aus zwei Gruppen: dem operativen Flügel, der für den Sicherheitsapparat verantwortlich ist, und dem administrativen Flügel, der sich um die finanziellen Ressourcen kümmert. Für die operative Ebene wurden in Mexiko ausgebildete ehemalige guatemaltekische Militärs rekrutiert, die für Sicherheit, Aufklärung und Mord verantwortlich sind.
- Zeugenaussagen und offizielle Untersuchungen belegen, dass ein großer Teil der Drogen über Honduras nach Guatemala gelangt. Das Nachbarland bietet gute Bedingungen für die Landung von Drogen transportierenden Flugzeugen und Schnellbooten.
- Der Anstieg des Handels mit Drogen in der Region hat auch zu einem Zuwachs des Konsums geführt. Die Zetas und lokale Händler bezahlen ihre Verkäufer vor Ort häufig mit »Stoff«, was zu einer Zunahme von Gewalt geführt hat.

Da sich die Zetas als Ableger einer größeren Organisation herausgebildet haben, stammten und stammen ihre finanziellen Mittel nach Ansicht Dudleys[21] aus einem ökonomischen Portfolio, das sich von dem

---

lumbien, die die Entwicklung des Organisierten Verbrechens in Amerika beobachtet und analysiert. http://bit.ly/xtcx7p
20 Siehe Bericht: »Los Zetas en Guatemala. Insight Crime«. September 2011. http://bit.ly/y8arXD
21 Zitate aus einem Interview, das die Autorin und der Autor am 6. November mit Steven Dudley geführt haben.

anderer Kartelle unterscheidet. Sie seien nicht von Drogenbossen anderer Länder abhängig und unterhielten mit diesen auch keine Beziehungen. Während etwa das Golf-Kartell über Verbindungen nach Kolumbien verfüge, kauften die Zetas »große Mengen Kokain in Ländern wie Guatemala oder Honduras. Die Gegend ist ein Checkpoint zwischen Grenzen, an denen sich der Preis substanziell ändert. So schaffen sie es, beträchtliche Einkünfte zu generieren. Weil sie keine Verbindungen zu den Herstellern der Ware haben, erwerben sie die verbotene Substanz an diesem Ort.«

Der Forscher verweist darauf, dass die Organisation versuche, eine Art verbrecherisches Monopol aufrechtzuerhalten. »Innerhalb ihres Operationsgebietes setzen sie es sich zum Ziel, die illegalen Aktivitäten der anderen kriminellen Organisationen zu kontrollieren. Das betrifft nicht nur Geschäfte mit Drogen, sondern auch Produktpiraterie, Erpressung und Entführung. Es ist wichtig, herauszustellen, dass die Zetas nicht in Infrastruktur investieren, um diese Art von Geschäften zu führen. Vielmehr macht es ihnen die mit Zwang durchgesetzte Herrschaft über das Gebiet möglich.«

Zahlreiche Hinweise lassen darauf schließen, dass sich die Zetas auch nachhaltig über Zentralamerika hinaus ausbreiten, sowohl in Richtung Norden, insbesondere in die Vereinigten Staaten, als auch auf den südamerikanischen Kontinent. Nach Angaben des Sicherheitsexperten Eduardo Buscaglia[22] hat sich Argentinien in den vergangenen Jahren zu einem Zentrum für die Herstellung synthetischer Drogen entwickelt. Dort sei zwar vor allem das Sinaloa-Kartell aktiv, aber auch die Zetas seien dort präsent. Am 28. September 2011 wurden während des Antidrogeneinsatzes »Operation Lissabon« in Argentinien drei Männer festgenommen. Die Polizei identifizierte einen von ihnen als mutmaßliches Mitglied der Zetas. Bei dem Einsatz wurden 50 Kilogramm Kokain sichergestellt, die ins portugiesische Lissabon geschickt werden sollten. Der Fund bestätigte die Existenz eines Netzwerkes zum Drogenexport zwischen Mexiko, Südamerika und Europa.

Dass die Organisation auch im Norden des Kontinents Fuß gefasst hat, bestätigt eine vom US-amerikanischen Justizministerium herausgegebene »Nationale Evaluation über die Bedrohung durch Drogen

---

22 Siehe: »Argentina, nuevo dominio de ›El Chapo‹«. Zeitschrift *Proceso*, 25. Mai 2011. http://bit.ly/vCD4V8

2011«.[23] Diese weist darauf hin, dass die Zetas und weitere sechs Kartelle gemeinsam ein weiträumiges Verteilungsnetz in den USA unterhalten. Die Studie legt dar, dass die Zetas und das Golf-Kartell 17 Bezirke im Bundesstaat Texas kontrollieren. Auch in Florida sowie dem Gebiet der Großen Seen im Südosten und Südwesten des Landes sind sie demnach präsent.

Die Schwäche des Staates ist die Stärke der Zetas

Die Zetas sind weder Produkt einer Ideologie noch entspringen sie dem Streben einer Person oder einer Gruppe, wie das bei den »traditionellen« Mafia-Organisationen der Fall war. Vielleicht ist die Entwicklung der Zetas den Umständen geschuldet, vielleicht aber auch einer Strategie. Der Gründer der Gruppe hat sich jedenfalls möglicherweise niemals vorgestellt, zu welchen Gräueltaten diese Organisation fähig werden sollte.

Ihre Entstehungsgeschichte erklärt ihre Struktur und ihr Verhalten. Bevor sie zum bewaffneten Arm eines mächtigen Kartells wurden, waren die ersten Zetas Mitglieder einer Eliteeinheit der mexikanischen Armee und lernten dort spezielle militärische Taktiken. Mit ihrem Wechsel zum Golf-Kartell wurden sie einfach zu einer anderen »auserwählten Gruppe«, deren Aufgabe es war, kriminelle Angriffe und Verteidigungsmaßnahmen durchzuführen. Sie stellten eine Struktur, die explizit geschaffen wurde, um zu morden. Doch ihre Ambitionen gingen über den bloßen Gehorsam hinaus. Als Schutztruppe mussten sie nicht nur die Anordnungen ihrer Vorgesetzten ausführen, sondern konnten auch zusehen, mit welcher Leichtigkeit das Golf-Kartell und andere kriminelle Organisationen dank der Korruption und der Komplizenschaft einheimischer und ausländischer Behörden große Mengen Geld anhäuften. Sie lösten sich also von ihrer Mutterorganisation und suchten eigene Wege.

Der systematische und strategische Einsatz von Gewalt, der die ursprünglichen Zetas auszeichnete, ging jedoch verloren, als die Organisation wuchs und sich auf weite Teile des mexikanischen Territoriums ausdehnte.

---

23 National Drug Threat Assessment. (2011). http://1.usa.gov/pYc8fI

Die Stärke der Zetas hinsichtlich der Entfaltung ihrer Kräfte sowie ihre operativen Kapazitäten sind der Schwäche des mexikanischen Staates geschuldet. Angesichts dessen immenser institutioneller Instabilität können sie ihre Macht und ihre territoriale Herrschaft ausdehnen. Weiterhin infiltrieren sie die mexikanischen Institutionen und beschädigen diese zunehmend. Wie auch andere Gruppen des Organisierten Verbrechens haben sie das ineffektive und korrupte Vorgehen der Sicherheitsbehörden deutlich gemacht. Ohne Unterstützung der Bürger des Landes stehen diese Institutionen starken und gewalttätigen kriminellen Gruppen gegenüber, die auf eine enge Komplizenschaft mit Regierungen und Teilen der Gesellschaft bauen können. Die enge »Kollaboration« der Zetas mit sozialen, politischen und ökonomischen Strukturen wie zum Beispiel einigen Gemeinden, kleinen und mittleren Unternehmern, Beamten und Politikern drückt sich in verschiedenen Nuancen und auf unterschiedlichste Art und Weise aus.

Mexiko ist ein Land großer Ungleichheiten. Niedrige Löhne, Arbeitslosigkeit, eine prekäre Ausbildungssituation und andere Faktoren sorgen dafür, dass für Menschen ohne feste Einkommensquelle oder ganz ohne Verdienst der Weg leicht in das Organisierte Verbrechen führen kann. Angesichts des Fehlens legaler Alternativen erscheint dieser Schritt für viele als eine Lösung. Zugleich müssen Händler und Eigentümer kleiner Geschäfte tagtäglich voller Zorn ertragen, wie sie die mühsam erworbenen Früchte ihrer Arbeit an jene abgeben müssen, die für ihren angeblichen Schutz – de facto jedoch für die Garantie, nicht angegriffen zu werden – sorgen und so große Mengen Geldes anhäufen. Zudem gibt es auch diejenigen, die buchstäblich zur Kriminalität gezwungen werden. Die Zetas wenden gegenüber Beamten, vor allem gegenüber lokalen Polizisten, das Konzept »Geld oder Blei« an. Wer vor diese Wahl gestellt wird, hat nur zwei Möglichkeiten: Entweder er lässt sich auf die Korruption ein und wird entsprechend belohnt, oder er weigert sich und wird ermordet. Die meisten Beamten beziehen ein niedriges Gehalt, bei der Ausübung ihrer Arbeit können sie zudem kaum mit Schutz rechnen. Das Resultat: Anstatt dem Staat treu zu bleiben, werden sie, um ihr eigenes Überleben zu sichern, unvermeidlich zu Verrätern.

Die Macht der Zetas speist sich aber auch aus externen Quellen, fernab der »Ordnung« oder des »strukturellen Grads«, den sie intern aufrechterhalten. Solange der hohe Drogenkonsum in den USA anhält, wird die Organisation weiterhin über große Ressourcen verfügen. Und sie wird hohe Löse- und Schutzgelder kassieren, solange in Mexiko und Zentralamerika die Straflosigkeit vorherrscht und kein effektives Justizsystem existiert, das Entführungen, Erpressungen, Menschenhandel und alle anderen von den Zetas verübten lukrativen Verbrechen sanktioniert oder unterbindet.

Mexiko hat aber auch in seiner Verantwortung gegenüber den zentralamerikanischen Migranten versagt, die unser Land auf dem Weg in die USA durchqueren. Zugleich führt die Präsenz und Vorherrschaft der Zetas in Guatemala dazu, dass die Staatsgrenzen zwischen den beiden Ländern keine Rolle mehr spielen. Die Gegend hat sich praktisch zu einer Region entwickelt, in der der Handel mit Waffen, Menschen und verbotenen Substanzen ungestört stattfinden kann.

Der mexikanische Staat hat bereits einen Bruch erlitten, als seine Institution zur nationalen Verteidigung, das Militär, Individuen ausbildete, die daraufhin eine der furchtbarsten und mächtigsten kriminellen Gruppen des Landes und der Region gegründet haben. Obwohl sich diese Organisation nicht zum Ziel gesetzt hatte, das Gesetz zu ändern, hat sie es doch geschafft, das Gesetz außer Kraft zu setzen. Und noch ein weiteres Paradox schadet der Regierung: Der gnadenlose, ausschließlich aufs Militärische ausgerichtete Krieg gegen die Zetas hat als Kollateralschaden die Schwächung staatlicher Institutionen mit sich gebracht. Diese Schwäche ist wiederum eine der wichtigsten Quellen, aus denen diese kriminelle Organisation ihre Kraft bezieht. Die Strategie zur Bekämpfung der Zetas muss also dringend neu ausgerichtet werden.

Aus dem Spanischen von Kristin Gebhardt

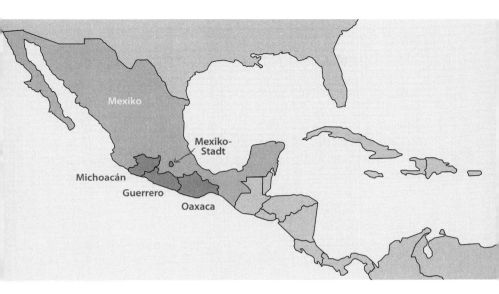

Wolf-Dieter Vogel

Aus der Schockstarre erwacht

Christen, Linke, Indigene und Opfer-Angehörige organisieren sich gegen die Kartelle und den »Drogenkrieg«

Nennen wir ihn besser Francisco Martínez. Jeder Hinweis, der auf seine wahre Identität schließen lässt, könnte ihn das Leben kosten. »Lass uns lieber ein paar Meter gehen«, sagt also Francisco Martínez und blickt verunsichert um die Ecke des Hauses, wo gerade ein Pärchen im Schatten eines Baumes Platz genommen hat. Der Guatemalteke sucht einen ungestörten Ort, um unser Gespräch fortzuführen, einen Platz, an dem ganz sicher niemand mithören kann. Denn die Zetas und ihre Handlanger sind überall.

Auch hier, auf dem Gelände der Herberge für durchreisende Migranten in Ixtepec, einer Kleinstadt im mexikanischen Süden. »Viele arbeiten für die Mafia und geben Informationen weiter. So erfahren die Zetas, wer Geld dabei hat oder wessen Familie in den USA lebt«, erklärt er.

Wahrscheinlich hatten sie ihn deshalb im Frühjahr 2011 entführt. Das vermutet jedenfalls Martínez. Er hatte es schon fast geschafft. Nur wenige Kilometer fehlten ihm bis zur US-Grenze, als plötzlich ein paar Männer in Nuevo Laredo auf den Zug sprangen und ihn sowie zehn Mitreisende zwangen mitzukommen. »Absteigen, oder ihr werdet hier sterben«, schrien sie und zielten mit ihren Waffen auf die Migranten. Zwei Wochen lang hielten die Kriminellen ihn daraufhin in einer jener klandestinen Unterkünfte fest, die vom Kartell der Zetas entlang der Bahnstrecke von Guatemala bis zum Rio Bravo unterhalten werden.

Martínez hatte Glück. »Ich konnte ihnen die Telefonnummer meiner Mutter in den USA geben.« Die Familie zahlte 5.000 US-Dollar Lösegeld, dann ließen ihn die Entführer frei. Seinen Mitgefangenen erging es schlechter. Einige hätten sie gefesselt und dann so lange auf deren Rücken eingeschlagen, bis sie unter der Folter zusammenbrachen, erinnert sich der 25-jährige Guatemalteke. »Oder sie schnitten ihnen die Finger ab.« Andere seien verschwunden. Ob sie ermordet wurden? »Ich habe keine Ahnung«, sagt er. »Aber wenn die Typen auf Drogen sind und nicht die Wahrheit aus dir herausholen können oder du keine Familie hast, kann es sein, dass sie dich in Stücke schneiden und diese in den Fluss werfen.« Manche Gefangene werden auch gezwungen, für die Kriminellen zu arbeiten. Ungewollt werden sie plötzlich Teil eines Netzes, in das lokale Polizisten, kleine Drogendealer und Taxifahrer ebenso eingebunden sind wie Bürgermeister oder hohe Politiker aus den an der Bahnstrecke liegenden Bundesstaaten Chiapas, Oaxaca, Veracruz, Tabasco, Tamaulipas und Nuevo León.

Nach seiner Freilassung wurde Martínez auch noch von US-Grenzpolizisten festgenommen und direkt in seine Heimat abgeschoben. Nun ist er wieder auf der Reise, so wie die rund 50 weiteren Menschen, die an diesem Morgen auf ihrer Fahrt in den Norden Zwischenstopp in der Herberge »Brüder auf dem Weg« machen. Sie nehmen an einer Messe teil oder waschen die paar T-Shirts, die sie in ihren kleinen Rucksäcken mit sich tragen. Viele von ihnen haben schon schlimme Erlebnisse hinter sich. Die einen wurden von Jugendbanden überfallen, andere mussten zusehen, wie die Räder der Waggons ihre Freunde erfassten. Frauen leben in ständiger Angst, vergewaltigt zu werden. Doch seit die Zetas die Reisenden entführen, ist die Fahrt noch weit gefährlicher geworden.

Fast 20.000 verschleppte Migrantinnen und Migranten zählte Mexikos Nationale Menschenrechtskommission im Jahr 2010. Die Behörde weist darauf hin, dass die Dunkelziffer erheblich ist und die wirkliche Zahl deshalb vermutlich wesentlich höher liegt.

Ein Pfarrer gegen die Zetas

Es sind Erfahrungen wie die von Francisco Martínez und all den anderen »Brüdern und Schwestern auf dem Weg«, die den Pfarrer Alejandro Solalinde dazu gebracht haben, der Mafia den Kampf anzusagen. 2007 gründete der katholische Priester die Herberge in Ixtepec, nachdem er immer wieder mit eigenen Augen gesehen hatte, wie Polizisten, Politiker und Kriminelle Hand in Hand gegen die Migrantinnen und Migranten vorgingen. Wie Mitglieder der »Maras« genannten zentralamerikanischen Jugendbanden die Wanderarbeiter mit Hilfe von Migrationsbeamten ausraubten oder deren Geld erpressten, gedeckt von einem Gemeindepräsidenten, der vom damaligen Gouverneur des Bundesstaates Oaxaca Ulises Ruíz Ortiz protegiert wurde. Oder wie Polizisten Schmiergeld kassierten, bevor sie die Reisenden auf die Waggons steigen ließen. »Für diese Leute sind die Migranten Kunden – unfreiwillige Kunden, mit denen sich sehr viel Geld verdienen lässt«, sagt Solalinde. »Nirgends kann man bessere Geschäfte mit der Ausbeutung der Migranten machen. Die Stadt liegt auf der von den Wanderarbeitern am meisten benutzten Route.«

Seine Herberge vergleicht der 66-Jährige gerne mit einem Garten, unter dem ein Erdölfeld liegt, das ein Konglomerat aus Politikern und Kriminellen ausbeuten will. So erklärt er sich die vielen Angriffe gegen ihn und die Migrantenunterkunft. Einmal saß der Pfarrer bereits im Gefängnis, weil er sich schützend vor seine Gäste gestellt hatte. Im Juni 2008 stand eine etwa 60-köpfige Schlägertruppe des Gemeindepräsidenten mit Steinen und Holzprügeln vor dem Gelände und wollte Feuer legen. Mit Hilfe aller verfügbaren Heiligen konnte der Geistliche die Angreifer im letzten Moment von ihrem Vorhaben abbringen. Am 30. Dezember 2011 hielten ihn 20 bewaffnete und uniformierte Männer in einem nahe gelegenen Dorf für fünf Stunden fest, weil er sich für eine indigene Familie eingesetzt hatte, die mit den Mächtigen der Gemeinde im Streit lag. Für Solalinde ist die Situation besonders bedrohlich geworden, seit sich das Organisierte Verbrechen in der Region breitgemacht hat. »Wir konnten genau beobachten, wie sich die Kriminalität entwickelte«, berichtet er. Zunächst seien die Maras aus El Salvador sowie eine Gruppe aus Honduras gekommen. Plötzlich seien dann auch Mitglieder der Zetas aufgetaucht und hätten die Jugendbanden quasi unter Vertrag genommen, geschützt von Politik, Justiz und Polizei. Seither wird der Pfarrer nicht müde, das Kartell offen anzugreifen. Er wirft den Kriminellen öffentlich vor, für die Entführungen verantwortlich zu sein. Einmal erstattete er sogar Anzeige. Über seine Kontakte zu einigen Maras erfuhr Solalinde daraufhin, dass die Zetas ein Kopfgeld auf ihn ausgesetzt hätten. Zunächst sah er sich selbst schon als toten Mann, doch mit der Zeit hat sich die Angst gelegt. Er setzt auf die Ratio der Hintermänner: »Die Zetas und ihre Killer denken nicht nach, die Politiker schon. Sie wissen, was passiert, wenn sie mich ermorden: Sie bekommen auf nationaler und internationaler Ebene große Probleme. Der politische Preis wäre sehr hoch.«

Vor allem aber ist Solalinde von seinem christlichen Auftrag überzeugt. »Ich habe eine Mission. Jesus hat mich geschickt, um die Migranten zu schützen.« Um den Einsatz des Pfarrers zu verstehen, reicht es allerdings nicht, auf das religiöse Gebot der Nächstenliebe zu verweisen. Für den Katholiken stellen die Reisenden die Antithese zur heutigen Kirche dar. »Die Migrantinnen und Migranten sind das, was die Kirche sein sollte: arm, sichtbar und immer in Bewegung, wie ihr Lehrer.« So werden sie für ihn zum Ideal des menschlichen Seins. Das gelte umso mehr, betont Solalinde, wenn es sich um arme, indigene Frauen handele. »Auch Jesus war ein hundertprozentiger Migrant. Einer, der ständig unterwegs war.«

Es sind diese der Befreiungstheologie entlehnten Ansätze, die zahlreiche katholische Priester und andere kirchliche Aktivistinnen und Aktivisten zu Feinden der Mafia werden ließen. Ob die »Herberge des guten Hirten« in Tapachula nahe der guatemaltekischen Grenze, Solalindes Unterkunft oder das »Haus der Migranten« im nordmexikanischen Saltillo, an zahlreichen Orten unterhalten sie Projekte, um die Reisenden zu unterstützen. Die Einrichtungen sind Teil eines Netzes von etwa 50 Kirchen, Herbergen und anderen Aufnahmestellen, die auf der Migrationsroute liegen. Sie bilden, so formuliert es Amnesty International, »das Rückgrat der Hilfe, die die Wanderarbeiter erhalten«. Seit Menschenschmuggel und Entführungen nach dem Drogenhandel zum zweitwichtigsten Geschäft der Kartelle geworden sind, sind die Katholiken zunehmend ins Visier der Kriminellen geraten. Und die Geistlichen haben begonnen, sich zu organisieren – gegen die Mafia und gegen den von Präsident Felipe Calderón entfachten Krieg gegen die Kartelle, der nach Meinung vieler Aktivisten die Situation der Migranten noch verschlimmert hat.

»Wir haben die Schnauze voll«

Auch der Dichter Javier Sicilia ist mit der Befreiungstheologie groß geworden. Doch in erster Linie lernte der Mittfünfziger vom gewaltfreien Widerstand Gandhis und Martin Luther Kings sowie aus den ursprünglichen spirituellen Wurzeln des Evangeliums. Der Dichter ist 2011 zu einer Leitfigur im Kampf gegen die Mafia und den Krieg geworden. Sein Aufruf mobilisierte Zigtausende. Trotz aller politischen Differenzen trafen sich in der »Bewegung für Frieden in Gerechtigkeit und Würde« Linke, Feministinnen, Menschenrechtsverteidiger, Indigene und Christen ebenso wie Angehörige der Opfer von Kriminellen, Soldaten und Polizisten.

»Wir haben die Unterschiede und die ideologisch motivierten Vorurteile, die uns entzweien, überwunden und versuchen, die Tiefe des menschlichen Seins zu berühren«, erklärt Sicilia. Es war genau dieser religiös inspirierte Ansatz, der jenseits politischer Differenzen und verschiedener sozialer Herkünfte so viele Menschen ansprach. Seine optimistische Einschätzung mögen nicht alle teilen, die in Mexiko nach Wegen aus dem alltäglichen Blutvergießen suchen. Außer Frage steht jedoch, dass ein Impuls wie der des Dichters nötig war, um die Schockstarre zu überwinden, in der Mexikos Oppositionelle über Jahre hinweg verharrten. Wie das sprichwörtliche Kaninchen standen sie vor der Schlange, während die Gewalt fast alle gesellschaftlichen Schichten des Landes durchdrang. Jeden Tag starben Menschen, doch die meisten zivilgesellschaftlichen Organisationen schienen angesichts der neuen Dimension der Brutalität überfordert. Sie beschränkten sich darauf, die Politik der Regierung zu kritisieren.

Auch am Anfang von Sicilias Einsatz stand der Tod. Am 27. März 2011 entdeckten Polizisten sieben Leichen nahe seiner Heimatstadt Cuernavaca, etwa 80 Kilometer südlich von Mexiko-Stadt. Einer der

Toten war Juan Francisco Sicilia, der 24-jährige Sohn des Dichters. Auf den Körpern fand man Spuren von Folter, zudem hatten die Mörder ihren Opfern Klebeband auf den Mund geklebt – die typischen Insignien der Mafia. Spätere Recherchen ergaben, dass die jungen Männer in einen kleinen Streit mit den Besitzern einer Kneipe geraten waren, die einem Kartell gehörte. Der Autor, den mexikanische Linke bis dato vor allem wegen seiner Kolumnen in dem Wochenmagazin *Proceso* kannten, reagierte verbittert: »Die Welt ist des Wortes nicht würdig, ich kann keine Poesie mehr schreiben, in mir existiert keine Poesie mehr.« Doch auf der verzweifelten Suche nach Wegen, um dem Tod seines Sohnes einen Sinn zu geben, fand er seine Sprache wieder. Er verfasste einen offenen Brief an die »Herren Kriminellen« und die »Herren Politiker«, den er mit jenen Worten beendete, die zum Fanal für die Bewegung werden sollten: »*Estamos hasta la madre*« – »Wir haben die Schnauze voll«.

Viele Menschen in Mexiko griffen die Parole auf. Es folgten Demonstrationen im ganzen Land. Studierende organisierten sich, Angehörige der Opfer setzten sich zusammen, auch die indigenen Zapatisten im Bundesstaat Chiapas mobilisierten. Selbst in Regionen, in denen Angst und Straflosigkeit das alltägliche Leben dominieren, gingen Menschen auf die Straße. Zu den Höhepunkten der Mobilisierungen zählt der Schweigemarsch von Cuernavaca nach Mexiko-Stadt am 8. Mai 2011. Auf rund 100.000 Menschen war der Zug angeschwollen, als er nach drei Tagen den Zócalo, den zentralen Platz der Hauptstadt, erreichte. Monate später zogen Hunderte Aktivistinnen und Aktivisten in zwei »Karawanen des Trosts« quer durch die Republik. Mit zwölf Bussen sowie zahlreichen Autos fuhren sie im Juni in den Norden des Landes, über besonders vom Krieg betroffene Städte wie Monterrey, Saltillo und Durango bis nach Ciudad Juárez, jener Metropole an der US-Grenze, die mittlerweile zu den gefährlichsten der Welt zählt. Drei Monate später, im September, machten sie sich auf den Weg in den Süden: durch die verarmten Bundesstaaten Guerrero und Oaxaca, vorbei an Solalindes Herberge, bis nach Chiapas, wo sie sich mit Sprechern der zapatistischen Indigenen-Guerilla trafen.

Selbst mit Präsident Calderón setzten sich Vertreterinnen und Vertreter der Bewegung zusammen, in der Hoffnung, über diese Gespräche die Regierung zu einer Umkehr ihrer Politik zu bewegen. Sie forderten eine »Roadmap« für den Rückzug des Militärs, eine Stärkung der zivilen Institutionen im Kampf gegen die Kartelle sowie eine Garantie, dass die Uniformierten die Menschenrechte der Bevölkerung respektieren. Zudem müssten sich alle Parteien und Politiker deutlich von der Organisierten Kriminalität distanzieren. Der Zusammenbruch, den Mexiko erleide, sei »eine Konsequenz aus Jahrzehnten des Laisser faire, der kriminellen Komplizenschaft zwischen wichtigen Sektoren der politischen und wirtschaftlichen Eliten des Landes sowie der systematischen Zerstörung des sozialen Netzes und moralischer Werte im Namen des Kapitals und des Geldes«, sagte Sicilia in dem Gespräch mit dem Staatschef. Wie bei anderen Aktivitäten stand auch bei diesen Treffen ein Ziel im Vordergrund: Die Opfer sollten sichtbar gemacht werden, ihre Angehörigen Gehör finden. Die Delegation der Bewegung klagte ein Gesetz zum Schutz von Gewaltopfern, die Einrichtung einer Sonderstaatsanwaltschaft für Verschwundene sowie einer Wahrheitskommission ein, um die Straflosigkeit zu beenden. »Sehr viele der Opfer sind unschuldig, es waren Bürger wie wir. Sie wurden verschleppt, entführt oder ermordet von Kriminellen, Polizisten, Soldaten und Beamten, die bis heute nicht bestraft wurden«, stellte der Dichter klar.

Den Angehörigen eine Stimme geben

Wie viele Menschen von Sicherheitskräften oder Mitgliedern der Mafia in den letzten Jahren angegriffen wurden, weiß niemand. Staatliche Statistiken sind sehr lückenhaft. Das liegt nicht zuletzt daran, dass nur wenige Angehörige die Verbrechen anzeigen. »Die Leute sind sehr misstrauisch gegenüber den Behörden. Außerdem gehen sie davon aus, dass sie auf diesem Weg sowieso keine Gerechtigkeit erfahren«, erklärt María Villanueva. Die junge Frau beteiligt sich an einer Kommission, die sich um die Dokumentation der Angriffe kümmert. Während der Karawanen seien sehr viele Menschen auf sie zugegangen, weil sie über ihr Schicksal sprechen wollten. 700 Fälle hätten sie bereits aufgezeichnet. Es gehe darum, die Wahrheit ans Licht zu bringen, die Erinnerung wachzuhalten, die Öffentlichkeit zu informieren und dafür zu sorgen, dass so etwas nie wieder geschieht«, ergänzt Villanuevas Mitstreiter Pepe Rivera. »Und wir wollen, dass die Taten juristisch verfolgt werden.« Die Daten haben sie bereits der Interamerikanischen Menschenrechtskommission überreicht. Auch dem »Ständigen Tribunal der Völker«, in dem internationale Juristen die Menschenrechtsverletzungen der mexikanischen Regierung verhandeln, sollen die Informationen zur Verfügung stehen. Zudem bieten die Aktivisten Workshops an. »Wir wollen die Angehörigen zu Menschenrechtsverteidigern ausbilden«, sagt Rivera.

Auch Julia Alonso aus Acapulco hat sich der Bewegung angeschlossen. Ihr Sohn ist einer der mindestens 10.000 Menschen, die seit Beginn des Krieges verschwunden sind. Im Januar 2008 fuhr Julio Alberto Alonso in den Urlaub nach Monterrey im Bundesstaat Nuevo León. Er wollte dort Freunde besuchen, doch dann wurde er mit drei Bekannten verschleppt. Immer wieder ist die 54-jährige Mutter seither mit ihrem anderen Sohn in die über 1.300 Kilometer entfernte Stadt gefahren. Sie hat Anzeige erstattet und gehofft, dass die Polizei aufklärt, was geschehen war. Vergeblich. »Dann haben wir selbst angefangen, zu ermitteln.« Telefonnummern, Wohnorte, Namen – eine ganze Reihe von Informationen hätten sie recherchiert. »Das haben wir alles dem Generalstaatsanwalt von Nuevo León gegeben. Er hatte praktisch die gesammelten Ermittlungen auf dem Tisch und hätte nur anfangen müssen zu arbeiten. Aber auch er hat nichts getan«, kritisiert sie.

Bis heute kann Julia Alonso nicht wirklich glauben, was ihr seit dem Tod ihres Sohnes alles passiert ist. Da war zum Beispiel jenes ungewöhnliche Treffen in Monterrey. Von höchster Stelle im Innenministerium von Nuevo León sei sie an einen Mann verwiesen worden, der ihr helfen könne. In einem japanischen Restaurant habe sie den Herrn getroffen. Hinter der Entführung steckten wohl die Zetas, meinte der Unbekannte, und bot an, sich gegen ein entsprechendes Entgelt um den Fall zu kümmern. In ihrer Verzweiflung zahlte Julia Alonso, auf einen Anruf wartete sie jedoch vergeblich. Erst Monate später sah sie den Mann wieder – als die Fernsehnachrichten die Verhaftung eines wichtigen gesuchten Verbrechers meldeten. »Es war Héctor Huerta vom Baltrán-Leyva-Kartell, einer mit den Zetas verfeindeten Organisation.«

Solche unglaublichen wie unheimlichen Episoden sind im mexikanischen Krieg alltäglich geworden. Wie für viele hat sich auch für Julia Alonso das Leben auf den Kopf gestellt, nachdem sie direkt mit der Gewalt der Kartelle konfrontiert wurde. So ist sie mit ihrem Lebenspartner Jaime Montane von Acapulco in die Hauptstadt gezogen. Nicht nur, weil sie sich nun Tag und Nacht in der Bewegung engagieren und nach dem verlorenen Sohn suchen. Als mittelständische Unternehmer mussten sie aus dem Pazifik-Badeort flüchten, weil die Kartelle dort immer höhere Summen an Schutzgeld kassierten. Selbst von Lehrerinnen und

Lehrern forderten sie Tributzahlungen, und zahlreiche Schulen mussten über Monate schließen, weil die Lehrkräfte unter diesen Bedingungen nicht mehr arbeiten konnten. »Wir gehören zu den Hunderttausenden Vertriebenen, die dieser Konflikt mittlerweile hervorgerufen hat«, sagt Jaime Montane.

Das Verschwinden ihres Sohnes, die unheimliche Begegnung mit dem Kartellboss, der unfreiwillige Umzug – das alles hatte Alonso im Dialog mit dem Präsidenten auf den Tisch gepackt. Zumindest ein wenig Aufklärung hatte sie sich erhofft. Was haben sie mit Julio Alberto gemacht? Lebt er noch? Wird er an einem geheimen Ort festgehalten? Doch auch Calderón enttäuschte sie, er konnte keine Ergebnisse vorweisen. »Bis heute ist kein einziger Verschwundener aufgetaucht. Das weiß auch der Präsident«, kritisiert Julia Alonso. »Von allem, was er versprochen hat, hat er absolut nichts eingehalten.«

Eskalation auf Wunsch?

Insbesondere die Linken in der Friedensbewegung hat das nicht verwundert. Sie hatten sich nie viel vom Dialog mit der Regierung erhofft. Schließlich seien Calderón sowie zahlreiche Mitglieder seines Kabinetts direkt für die Gewalt verantwortlich, kritisieren sie. Warum sich also mit den Tätern an einen Tisch setzen? Entsprechend radikaler formulieren sie ihre Forderungen: Sofortiger Abzug des Militärs, Entkriminalisierung der Drogen, Gerichtsverfahren gegen die Regierung. Die Gegensätze knallten aufeinander, als Mitglieder der Bewegung im Sommer 2011 mit ihrer Karawane nach Ciudad Juárez zogen. Seit bald zwei Jahrzehnten leben die Menschen dort mit Mord, Terror und Straflosigkeit. Seit Anfang der 1990er Jahre fielen dem *Feminicidio* viele Hunderte von Frauen zum Opfer. 2008 marschierten 5.000 Soldaten in der Stadt auf, angeblich um gegen die Mafia vorzugehen. Feministinnen, Menschenrechtsverteidiger und Aktivisten aus sozialen Zentren wussten dort also schon sehr gut, was es heißt, sich unter diesen Bedingungen zu organisieren. Gespräche mit der Regierung hatten sie bereits ergebnislos hinter sich, und von den angereisten Aktivistinnen und Aktivisten der Karawane, von denen viele aus der Hauptstadt kamen, wollte man sich ohnehin nichts vorschreiben lassen. Mit den gemäßigteren Forderungen der Gruppe um Sicilia konnten sie sich ebenso wenig abfinden wie ihre linken Mitstreiter. Der Streit schwächte die Bewegung nachhaltig, noch Monate später herrschte etwa über die Frage des sofortigen Abzugs der Soldaten Uneinigkeit.

Natürlich liegen solchen Auseinandersetzungen auch die unterschiedlichen Analysen zugrunde, mit denen Oppositionelle in Mexiko versuchen, die Eskalation der Gewalt zu erklären. Niemand würde daran zweifeln, dass die Mobilisierung der Uniformierten, das korrupte System von Politik, Justiz, Wirtschaft und Organisiertem Verbrechen, die Zerstörung ländlicher Ökonomie und sozialer Netzwerke sowie die Perspektivlosigkeit von Millionen Jugendlichen im Wesentlichen für die katastrophale Situation verantwortlich sind. Einig ist man sich auch darüber, dass Calderón nach der Übernahme seines Amtes mit der militärischen Mobilmachung Stärke demonstrieren wollte, nachdem er wahrscheinlich nur durch Wahlbetrug an die Macht gekommen war und als schwacher Präsident gegolten hatte. Was aber wollte der Staatschef langfristig mit diesem Krieg erreichen? Wollte er tatsächlich die Mafia zerschlagen, und ist ihm dieses Anliegen schlicht aus den Händen geglitten? Oder erfüllt er einfach nur, was aus Washington befohlen wurde? Oder geht er im Auftrag eines Kartells gegen die anderen vor? Ist die Eskalation womöglich sogar gewollt, um Oppositionelle auszuschalten und die Bevölkerung zu verunsichern?

»Ich weigere mich, zu denken, dass die Eskalation so geplant war«, reagiert Miguel Concha vom Menschenrechtszentrums Fray Francisco de Vitoria auf diese Fragen. »Ich bin mir aber sicher, dass Calderóns Vorgehen sehr schlecht vorbereitet war.« Der Staatschef habe völlig falsch eingeschätzt, auf was er sich einlasse, meint der Pfarrer, der zur Gruppe um Sicilia zählt. »Der Präsident wusste weder, wie kampfstark seine Truppen sind, noch, auf wen er vertrauen kann.« Auch die USA hätten sich komplett verrechnet. Der Nachbar im Norden trage eine große Mitverantwortung, daran lässt Concha keinen Zweifel. »Wir führen einen Krieg mit all den negativen Konsequenzen für unsere Bevölkerung, um den politischen Parolen der USA gerecht zu werden«, kritisiert er.

Auch Miguel Alvarez vom Menschenrechtszentrum Serapaz, das in der Bewegung aktiv ist, zeigt schnell nach Washington. »Unsere Regierung hat sich den Sicherheitsinteressen des Imperiums untergeordnet«, erklärt der Serapaz-Leiter. Auch deshalb habe Calderón auf die militärische Karte gesetzt. Auffällig viele Aktivisten der Bewegung verweisen sofort auf die US-Regierung, wenn es um die Frage der Verantwortung geht. Dass Calderóns Mobilmachung unter starkem Einfluss der US-Regierung beschlossen wurde, steht außer Frage. Der massive Drogenkonsum jenseits der Grenze, die militärische Unterstützung, die geheimdienstlichen Aktivitäten, der freie Waffenhandel – der Nachbar im Norden trägt zweifellos eine Mitschuld am mexikanischen Desaster. Doch das Bemühen, alle Verantwortung nach Washington zu verbannen, entspringt wohl in erster Linie einem in Mexiko stark verbreiteten Nationalismus, der den »Feind des Volkes« gerne außerhalb der eigenen Nation verortet und es damit einfacher macht, das Unerträgliche zu ertragen.

Im Gegensatz zu manchem seiner Mitstreiter zählt Alvarez allerdings eine ganze Reihe weiterer Gründe auf, die er für die Eskalation verantwortlich macht: die wieder an Bedeutung gewinnende Armee, die Interessen der Wirtschaft, die häufig mit dem Verbrechen kooperiere und nicht zuletzt das Ziel, durch die Militarisierung die Bevölkerung zu kontrollieren. »Wenn die Regierung eine gespaltene, polarisierte, eingeschüchterte Gesellschaft wollte, die sich nicht bewegt und nichts einklagt, dann ist die Strategie Calderóns aufgegangen«, resümiert Miguel Alvarez.

Während der Menschenrechtsverteidiger noch vorsichtig im Konjunktiv redet, verzichtet der linke Aktivist Antonio Cerezo auf solche Differenzierung. Zweifel, die man angesichts der komplexen politischen und gesellschaftlichen Verhältnisse einräumen könnte, hat er nicht. »Die Strategie ist erfolgreich, die Regierung wusste exakt, was geschehen wird und hat genau das provoziert.« Von einem Scheitern Calderóns will er folglich nicht sprechen. Cerezo kümmert sich gemeinsam mit seinen Brüdern Héctor und Alejandro um Menschen, die vom Staat verfolgt werden, und berät die Kommission der Bewegung, die die Fälle dokumentiert. Die drei saßen selbst mehrere Jahre aus politischen Gründen im Gefängnis, bis heute erhalten sie Todesdrohungen. Wie andere vor allem radikalere Linke skizzieren sie ein Szenario, das Freund und Feind, Gut und Böse, ohne Umschweife zuordnet. Hinter der Mobilmachung und der Eskalation vermuten sie einen Plan der mexikanischen sowie der US-Regierung, der sich gezielt gegen Oppositionelle und eine potenziell widerständige Bevölkerung richtet.

Die Kartelle und ihre Killer reduzieren die Gebrüder Cerezo auf eine Art paramilitärischer Gruppen, die in erster Linie die Drecksarbeit der Sicherheitskräfte übernehmen. Antonio Cerezo bringt zudem den Vergleich mit islamistischen Terrororganisationen ins Spiel. Auch diese würden der USA einen Vorwand liefern, um gegen Staaten wie den Iran vorzugehen. »In Mexiko wurde ein interner Feind geschaffen, um eine Politik der Militarisierung, der Paramilitarisierung und des Terrors durchzusetzen, die Gesellschaft besser zu kontrollieren und diese ihren Interessen unterzuordnen.« Hinter dem Verschwindenlassen, den Morden und den Vertreibungen steckt demnach ein schlichter Plan: Man wolle Oppositionelle ausschalten und Landstriche entvölkern, um ungestört Bodenschätze ausbeuten oder industrielle Großprojekte umsetzen zu können. Für sehr viele dieser Angriffe sei das Militär verantwortlich.

Antonio Cerezo verweist auf den Fall der Familie Reyes aus dem Valle de Juárez nahe Ciudad Juárez. Das Komitee kümmert sich um Olga und Marisela Reyes, nachdem die beiden Schwestern aus ihrer Heimat nach Mexiko-Stadt fliehen mussten. Sechs ihrer Angehörigen sind bereits ermordet worden: die Geschwister Magdalena, Rubén, Elías und Josefina, deren Sohn sowie die Schwägerin Elisa Ornelas. Fast alle Morde fanden in den ersten Monaten 2011 statt, die überlebenden Familienmitglieder werden bis heute bedroht. So zündeten Unbekannte das Haus der Mutter an, die Gräber der Verstorbenen wurden geschändet. »Im November haben sie den Mann ermordet, der sich um das Haus unserer Schwester in Ciudad Juárez kümmerte«, berichtet Marisela Reyes.

»Bevor die Soldaten kamen, war Valle de Juárez eine friedliches, grünes, schönes Tal«, erinnert sich ihre Schwester. Doch seit Calderón 2008 die Armee in die Region geschickt habe, sei die Gewalt immens angestiegen. »Sie sind in die Häuser eingedrungen, haben die Kühlschränke geleert und auch sonst alles mitgenommen, was sie finden konnten. Niemals hatten die Soldaten einen Durchsuchungsbefehl, und immer behaupteten sie, auf der Suche nach Waffen und Drogen zu sein.« Dagegen setzten sich die Reyes zur Wehr, und ebenso gegen die schlechten Arbeitsbedingungen in den Weltmarktfabriken, den *Maquiladoras*, gegen überteuerten Strom und angebliche Pläne, in der Region eine Atommülldeponie zu bauen.

Deshalb, so vermuten die beiden Schwestern, seien ihre Angehörigen getötet worden. Wer die Täter sind, kann sie nicht mit Sicherheit sagen. Staatliche Ermittlungen habe es so gut wie nicht gegeben. Aber es sei auffällig, dass bei mehreren der Verbrechen Soldaten in der Nähe gewesen seien. »Als sie meinen Bruder Rubén ermordet haben, fuhr direkt hinter den Killern ein kleiner Panzer der Armee. Die Soldaten haben die Täter aber nicht verfolgt, sondern geschützt.« Die Hinrichtung von Josefina Reyes und die Entführung ihrer Geschwister habe unweit von Militärkontrollen stattgefunden. Zudem liege das Haus der Mutter, das angezündet wurde, direkt gegenüber einer Kaserne. »Deshalb denke ich, dass die Regierung dahinter steckt«, vermutet Olga Reyes. »Sie wollen uns zum Schweigen bringen.« Wie ihre Familie seien inzwischen drei Viertel der Bevölkerung aus dem Valle de Juárez geflüchtet. Einige, weil sie mit dem Tod bedroht wurden, andere, weil sie die alltägliche Gewalt einfach nicht mehr ertrugen.

Über 50 Menschenrechtsverteidigerinnen und -verteidiger sind bis Ende 2011 verschwunden oder ermordet worden, seit Calderón im Dezember 2006 den Kartellen den Krieg erklärt hat. Für viele dieser Taten sind Soldaten oder Polizisten verantwortlich. Auch die Aktivisten der Bewegung bestätigen: Von den Verbrechen, die sie bisher auf Grundlage der Berichte der Angehörigen erfasst haben, wurde die Mehrzahl von Uniformierten verübt. Zweifellos spielen also Aspekte wie soziale Säuberung oder Repression gegen Oppositionelle in der Eskalation eine Rolle. Im Schatten des Krieges werden Menschen ermordet, deren Aktivitäten reaktionären Politikern und Militärs, skrupellosen Unternehmern oder lokalen Machthabern ein Dorn im Auge sind. Wo ein Auftragskiller 30 US-Dollar kostet und kaum ein Mord strafrechtlich verfolgt wird, sind auch der politischen Gewalt keine Grenzen mehr gesetzt.

Dennoch scheint der Versuch, hierin das eigentliche Ziel von Calderóns Kriegserklärung zu sehen, dem Bedürfnis geschuldet zu sein, komplexe soziale Verhältnisse und gesellschaftliche Dynamiken in einfache Schwarz-Weiß-Muster pressen zu wollen. Die widersprüchlichen Interessen der Kartelle, der lokalen, nationalen und internationalen Politik sowie der wirtschaftlichen Eliten lassen sich ebenso wenig in dieses Korsett packen wie die vielen sozialen, kulturellen und ökonomischen Gründe, die Menschen in diesen Krieg verstricken. Dass all diese Faktoren einem von oben generalstabsmäßig organisierten Plan gehorchen, lässt sich zweifellos als verschwörungstheoretischer Ansatz verwerfen. In der mexikanischen Linken spielen solche Vorstellungen jedoch eine wichtige Rolle. Antiimperialistisch zugespitzt, vertritt etwa der renommierte Anthropologe Gilberto López y Rivas: »Der Krieg ist eine Form des transnationalen Kapitals, der US-amerikanischen, spanischen und sonstigen Unternehmen, sich unsere Territorien und Ressourcen anzueignen.« Folgerichtig vermutet auch er die Initiatoren des Krieges in Washington.

Indigene wehren sich gegen die Mafia

Trotz aller Unterschiede ist man sich in der Zivilgesellschaft aber einig: Mit der Bewegung für Frieden in Würde und Gerechtigkeit wurden erstmals gemeinsame Schritte unternommen, um ein massenhaftes deutliches »Nein!« zum Ausdruck zu bringen. Menschenrechtsverteidiger Concha betont darüber hinaus die realpolitischen Erfolge. Man habe verhindert, dass die Abgeordneten des Bundesparlaments ein Sicherheitsgesetz verabschieden, das dem Militär noch mehr Befugnisse zugestanden hätte. Zudem sei ein, wenn auch unzureichendes, Gesetz zum Schutz von Gewaltopfern verabschiedet und eine entsprechende Staatsanwaltschaft ins Leben gerufen worden. »Aber die grundsätzliche Lösung des Problems kommt nicht von oben, sondern von unten«, unterstreicht der Pfarrer. »Die Gesellschaft muss sich weiter organisieren, demonstrieren, Vorschläge erarbeiten und die politische Klasse, die Parteien und Institutionen herausfordern.«

Die Politiker herausfordern, von unten widerstehen – die Bewohner des Dorfes Cherán in Michoacán haben sich zu diesem Schritt entschieden. Drei Jahre lang mussten sie zuschauen, wie Männer aus den Nachbargemeinden ihren Wald abholzten. In Zusammenarbeit mit dem Kartell *La Familia Michoacana* verkauften die Kriminellen das illegal geschlagene Holz für gutes Geld weiter. 20.000 von 27.000 Hektar Gemeindewald seien so zerstört worden, etwa 24 Millionen Bäume, rechnen die Bürger des Dorfes vor. Um die Ware auf die nächste große Straße zu transportieren, mussten die Holzfäller durch Cherán fahren. Oft seien Hunderte von Lastwagen täglich gekommen, erinnern sich die Einwohner, von denen die meisten der indigenen Ethnie Purépecha angehören. »Sie kamen zu jeder Tages- und Nachtzeit«, berichtet »Maria Rosa« – auch hier im von der *Familia* kontrollierten Bundesstaat Michoacán möchte niemand, dass sein Name in der Öffentlichkeit erscheint. »Sie trugen Waffen, und wenn du dich umgedreht hast, um sie anzuschauen, haben sie auf dich gezielt.« Immer wieder hätten sie sich über die Bürgerinnen und Bürger lustig gemacht. Und wer in den Wald gegangen sei, um Pilze oder Harz zu sammeln, habe damit rechnen müssen, überfallen zu werden. »Wenn die Holzfäller sahen, dass du einen Traktor hast, haben sie dich geschlagen und ihn dir weggenommen, um damit die Stämme zu transportieren«, erzählt »Rocky«. Sechs Menschen wurden in diesen Jahren von den Kriminellen entführt, mindestens zwölf starben.

Doch seit dem 14. April 2011 ist in der 15.000-Seelen-Gemeinde alles anders. Zunächst gingen die Frauen des Dorfes auf die Barrikaden. »Ya Basta« – »Es reicht« stand auf den Flugblättern, die plötzlich in Cherán auftauchten, am nächsten Morgen versammelten sich mehrere Dutzend Frauen an einer der Durchgangsstraßen. Mit Steinen und Prügeln griffen sie drei der Lastwagen an, zerstörten die Fahrzeuge und nahmen vorübergehend fünf Holzfäller gefangen. Die Reaktion der Mafia ließ nicht lange auf sich warten. Die Kriminellen gingen gegen die Einwohner aus Cherán vor, diese konnten sich jedoch erfolgreich mit manipulierten Feuerwerkskörpern verteidigen. Die Angreifer zogen sich zurück und kehrten nicht mehr wieder. Die Indigenen verjagten bei dieser Gelegenheit den Bürgermeister samt seiner Mitarbeiter und nahmen ihnen die Waffen ab. Schließlich habe der Mann, mit Unterstützung der *Familia Michoacana*, die Abholzungen und den Terror zu verantworten, versichern die Menschen aus Cherán. Alles habe begonnen, nachdem der Politiker der ehemaligen Staatspartei PRI 2008 an die Macht gekommen war. Er sei mit der Mafia in engem Kontakt gestanden.

Inzwischen regieren die Bewohnerinnen und Bewohner selbst. Auf die Hilfe der Sicherheitskräfte hatten sie ohnehin umsonst gewartet, auch aus Mexiko-Stadt kam erst nach dem Aufstand Unterstützung. Nun organisieren die Einwohner das Gemeinwesen nach traditionellen indigenen Regeln. Abgeordnete der jeweiligen Viertel treffen alle Entscheidungen, die das Gemeinwesen betreffen. An den Gemeinde- und Landeswahlen im November 2011 beteiligte sich das Dorf nicht. »Nein zu den Urnen, Schluss mit den politischen Parteien«, stellte die Parole klar, mit der man zum Wahlboykott aufrief. Die anstehenden Aufgaben, etwa die nächtlichen Wachen, organisieren die Einwohner seither auf ihren Versammlungen. Seit die Indigenen ihre Straßen selbst kontrollieren, herrscht in Cherán eine Sicherheit, die sonst in Mexiko praktisch nirgends existiert. Es gibt keine Entführungen, Erpressungen und Morde.

Die Ereignisse in der kleinen Gemeinde in Michoacán bestätigen eine These, die auch von kritischen Wissenschaftlern vertreten wird, die sich mit indigenen Lebensformen beschäftigen: In dem Moment, in dem eine Gemeinde die Kontrolle über ihr Territorium übernimmt und keiner staatlichen Institution mehr vertraut, geht die Kriminalität zurück.

Das trifft nach Angaben der Zapatisten auch auf jene Gebiete zu, in denen die Rebellinnen und Rebellen aus Chiapas großen Einfluss haben. Zu ähnlichen Ergebnissen kommen zudem Vertreter einer vom Staat unabhängigen Gemeindepolizei, die in 65 Dörfern in Guerrero aktiv ist. Einwohner im Osten des Bundesstaates haben dort schon 1995 die *Polícia Comunitaria* sowie ein eigenes, auf indigene Tradition gegründetes Justizsystem geschaffen, um Auseinandersetzungen zwischen kriminellen Gruppen in den Griff zu bekommen. Rund 700 Freiwillige sorgen mittlerweile für Sicherheit. Jedes Dorf stellt zwölf Männer und Frauen zur Verfügung, wer das ist, bestimmt die Gemeindeversammlung. So werde verhindert, dass die Polizisten korrumpierbar würden, meint Bruno Plácido Valerio von der autonomen Verwaltung der Kommunen (*Coordinadora Regional de Autoridades Comunitarias*), der die Polizisten unterstellt sind. Greifen sie Gesetzesbrecher auf, werden diese zu gemeinnütziger Arbeit oder anderen Strafen verurteilt, die an einer Wiedereingliederung der Täter in die dörflichen Strukturen orientiert sind.

Plácido Valerio hält das System für eine grundlegende Alternative zu herrschenden Sicherheitskonzepten. »Obwohl man uns hier wirtschaftlich und rechtlich komplett im Stich gelassen hat, leben wir in Ruhe. Hier wurden weder abgeschnittene Köpfe noch in Plastiksäcke verpackte oder gefolterte und gefesselte Leichen gefunden«, argumentiert er. Um 95 Prozent sei die Kriminalität zurückgegangen. »An dem Tag, an dem wir alle unsere Polizisten auf Versammlungen ernennen, wird das Verbrechen enden«, meint Plácido Valerio. Diese Einschätzung dürfte etwas zu optimistisch sein, denn Guerrero zählt weiterhin zu den wichtigen Drogenanbaugebieten Mexikos und viele Gemeinden haben mit Spaltungen zu kämpfen.

Auch die Zapatisten mussten zuschauen, wie sich die Mafia im Lakandonischen Regenwald von Chiapas breitmachte. Selbst die Indigenen aus Cherán forderten von der Bundesregierung, Soldaten zu schicken, um das Dorf gegen die Kriminellen zu schützen.

Dennoch sind die Ansätze der Zapatisten, der autonom organisierten Gemeinden wegweisend. Gegen eine Strategie des Krieges, der immer mehr Tote und ein sozial zerrüttetes Land hinterlässt, setzen die Indigenen auf emanzipatorische Strukturen. Während die Regierung mit Waffengewalt versucht, gegen langjährig gewachsene soziale und kulturelle Verhältnisse anzukämpfen, suchen sie nach neuen Wegen, um das gesellschaftliche Leben zu organisieren. Anstatt immer mehr Polizisten und Soldaten ins Feld zu schicken, treten sie der Korruption entgegen, indem sie mit Formen basisdemokratischer Entscheidungsfindung experimentieren.

Angesichts der omnipräsenten Brutalität im Lande erscheinen diese Ansätze bescheiden. Doch ebenso wie die Herberge in Ixtepec helfen sie nicht nur, den alltäglichen Bedrohungen Stand zu halten. Sie vermitteln auch die Hoffnung, dass die schwierige Situation überwunden werden kann, wenn man sich selbst gegen die Gewalt der Sicherheitskräfte stellt und der vermeintlichen Allmacht der Kartelle verweigert. Dafür stehen der unermüdliche Einsatz des Padre Solalinde und des Dichters Sicilia ebenso wie die Bestrebungen der Einwohnerinnen und Einwohner von Cherán, und deshalb sind sie gerade in den Zeiten des Krieges von so großer Bedeutung. Denn von dieser Regierung, das zeigen ihre Erfahrungen, haben sie wenig zu erwarten.

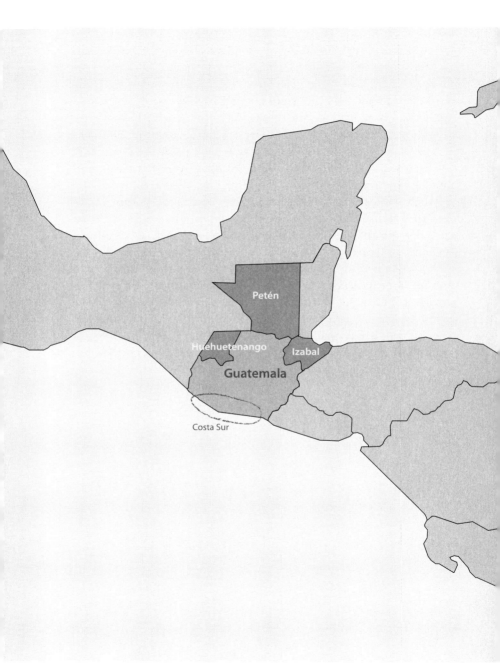

Óscar Martínez

Ein Niemand sein
im Land der Drogenhändler

**In Guatemala werden Bauern vertrieben,
während mächtige Drogenhändler unbehelligt bleiben**

»Hier also lebt ihr Drogenhändler?«

»Genau hier, schau dich ruhig um. Komm mit, ich werde dir alle vorstellen. Man nennt mich übrigens Venustiano.«

Er zieht den Vorhang beiseite und lässt die Tür zufallen. Zum Vorschein kommen ein winziger, faltiger Alter und ein kräftiger Kerl, der sich gerade noch in der Mitte des Hofes mit einigen Schüsseln Wasser gewaschen hat. Der Alte sagt etwas auf Kekchí und schon kommen Frauen aus den Hütten gelaufen – viele alte Frauen und rund 20 Kinder.

Wir befinden uns im Departement Petén im Norden von Guatemala – am Rand eines Landkreises namens La Libertad, Die Freiheit. Um hierher zu kommen, haben wir das Treiben des Marktes hinter uns gelassen, ebenso jedwede Haltestelle der Tuc-Tucs – jener rundum verkleideten Motorräder, die als Taxis fungieren – und sind einen staubigen, trockenen Weg entlang gegangen. Das Anwesen ist halb so groß wie ein Fußballfeld und umfasst sieben verstreute Hütten, alle aus Plastik, Karton und Pfählen. In der Mitte des Grundstücks befindet sich ein Tümpel mit einer grauen, zähen Pampe, in der sich Speisereste ausmachen lassen. Es riecht nach toten Tieren. In einer der Hütten wird gerade das Mittagessen in einer riesigen Pfanne zubereitet: Tortillas und noch mehr Tortillas.

Alle versammeln sich um Venustiano. Die Menschen sind schmutzig, die Kinder verkümmert mit Hungerbäuchen. Sie sagen nichts, weil nur sehr wenige Spanisch sprechen. Sie beobachten mich und warten ab.

»Ihr seid also die Drogenhändler von Centro Uno?«

»Ja, das sind wir«, antwortet Venustiano, der Anführer der sterbenskranken Gruppe. »Was sagst du dazu?«

»Ich weiß nicht, was ich sagen soll, Venustiano.«

Die goldene Pforte

Die mexikanischen Behörden bezeichnen den nördlichen Bundesstaat Sonora als »Goldene Pforte« zu den USA. Hier befinden sich die alten Schmuggelrouten und hier leben und gedeihen all jene, die diese Geschäfte steuern – ohne sich zu verstecken wohlgemerkt. Nach der gleichen Logik könnte man Petén als »goldene Pforte« Mittelamerikas nach Mexiko bezeichnen.

Petén ist das größte Departement von Guatemala; es misst über 35.000 Quadratkilometer und ist damit fast doppelt so groß wie El Salvador. Petén besitzt Wälder und Flüsse – und eine 600 Kilometer lange Grenze zu Mexiko. Das guatemaltekische Militär sieht diese Strecke als den problematischsten Grenzabschnitt des Landes an. Es gilt die Formel: Je weiter man sich an der Grenze entlang dem Pazifischen Ozean nähert, desto mehr MigrantInnen, Schmuggelwaren, lokale kriminelle Gruppen sowie Menschenhandel mit Zwangsprostitution, und desto mehr Macheten und Pistolen sind im Spiel. Je näher man an Petén rückt, desto mehr transnationale Konzerne, Sturmgewehre und politische Verflechtungen gibt es.

Die Parallelen zwischen Petén in Guatemala und Sonora in Mexiko erschöpfen sich nicht darin, dass die großen Verbrecherorganisationen der jeweiligen Länder hier ihren Sitz haben. Die beiden Bezirke ähneln sich auch in ihren demographischen Merkmalen; sie sind nur aus der Luft oder in leistungsstarken Fahrzeugen zugänglich und daher kaum bewohnt. Während in Guatemala durchschnittlich 132 EinwohnerInnen auf einen Quadratkilometer kommen, sind es in Petén nur 16. Für das ausgedehnte Land gibt es sogar ein eigenes Maß: Es heißt *Caballería* und entspricht 45 Hektar.

Der südliche Petén wird zunehmend von großen Privatländereien dominiert, auf denen transnationale Konzerne *Caballería* um *Caballería* mit Ölpalmen bepflanzen. Dabei handelt es sich um eine kleine Palmenart, aus der sich pflanzliches Öl gewinnen lässt, mit dem in der ganzen Welt gekocht wird – außer in Mittelamerika. Genau in der Mitte des Departements erstreckt sich von Süden nach Norden ein Stadtgürtel, an dessen Rändern es immer menschenleerer wird und in unbändiges Grün übergeht, in Gebiete, deren Besitzern vorgeworfen wird, in das Organisierte Verbrechen verwickelt zu sein. Das Hochland wird von einem Gürtel fast vollständig geschützter Waldgebiete durchzogen, in denen man ohne Sondergenehmigung nichts abholzen darf. So lautet zumindest das Gesetz. Petén ist auch deshalb menschenleer, weil ein Großteil seiner Fläche sich entweder in Privatbesitz einiger weniger befindet oder Landwirtschaft und Baugewerbe gesetzlich eingeschränkt sind.

Diese Situation ergibt sich nicht nur aus dem Vorhandensein weiträumiger Naturschutzgebiete, sondern rührt auch daher, dass Palmölunternehmen und kriminelle Gruppen in großem Maße Landbesitz angehäuft haben. So steht es in jenem Bericht, von dem weiter unten die Rede sein wird.

Diese komplexe Struktur ist die Ursache dafür, dass Venustiano und seine Leute in Hütten rund um einen Tümpel wohnen, der nach toten Tieren stinkt, und als Drogenhändler bezeichnet werden.

Du oder deine Witwe

Wer weiß, wie dieser Ort tickt, ist überzeugt davon, dass es überall Augen und Ohren gibt. Bevor ich nach Petén fuhr, verbrachte ich eine Woche damit, verlässliche Quellen aufzutun, die bereit waren, mich zu empfangen. Auf der Strecke von Guatemala-Stadt sprach ich mit insgesamt fünf Leuten, die in Petén wohnen oder wohnten. Einen Kontakt erhielt ich durch einige Mönche, die mich baten, sie unter keinen Umständen in Petén zu besuchen. Ihr Kontakt allerdings war bereit, über Details zu sprechen – unter der Voraussetzung, dass er anonym bliebe.

Wir trafen uns in Santa Elena, dem bevölkerungsreichsten Teil des Stadtgürtels, in einem Büro, in dem ein mächtiger Ventilator uns vor der drückenden Hitze und den Mücken bewahrte. Mein Kontaktmann ist ein angesehener Aktivist, der eng mit Dutzenden von Organisationen der Zivilgesellschaft zusammenarbeitet.

Als ich ankam, stand Petén auf den Titelseiten aller landesweiten Medien – aus einem einzigen Grund: Dort, im Nationalpark Sierra del Lacandón an der Grenze zu Mexiko, war gerade erst eine Gruppe von Kleinbauern vertrieben worden. Es hieß, sie hätten eine Gegend besetzt, die für Menschen verboten sei. Innenminister Carlos Menocal stellte in den Zeitungsartikeln eine Verbindung zwischen der Räumung und dem Drogenhandel her, und die Fernsehsender feierten die Vertreibung von 300 Familien, die für berühmte Namen in dieser Gegend arbeiteten, als harten Schlag gegen den regionalen Drogenhandel.

»Sie haben mal wieder Drogenhändler vertrieben«, sagt der Mann, mit dem ich spreche, und lacht.

Ich frage ihn, warum er lache.

»Mit dem, was hier so passiert, sollte man nicht so unverfroren sein und behaupten, dass sie ... Wie auch immer. Eine Menge Journalisten glauben bei ihrer Abreise von hier, sie hätten über den Drogenhandel recherchiert, und das, ohne auch nur mit einer Gruppe armer Bauern gesprochen zu haben. Mit Leuten, die ihr Land verloren haben, denen man es in den meisten Fällen weggenommen hat und die nun auf Teufel komm raus etwas Neues suchen, um ihren Mais, ihre Bohnen, ihr Saatgut auszusäen. Und wenn sie irgend so einen verlassenen Ort finden, werden sie beschuldigt in den Drogenhandel verwickelt zu sein. Dann werden sie erneut vertrieben und irgendwo ausgesetzt, wo ihnen nichts anderes bleibt als zu betteln.«

»Aber sie sind doch auf verbotenes Gebiet vorgedrungen«, wende ich ein, im Bewusstsein, dass ich mich damit zum Anwalt des Teufels mache.

»Ja und? Sie und ich, würden wir nicht genau das Gleiche tun? Habe ich nicht gerade gesagt, dass sie kein Land mehr besitzen, das sie bestellen könnten? Was, wenn sie nichts anderes gelernt haben? Wenn Sie nichts besäßen; wenn Sie wüssten, dass man Ihnen bald Ihr Saatgut und Ihr Land nähme. Und wenn Ihnen in dieser Situation jemand anbietet, für 1.500 Quetzal (150 Euro) ein kleines Flugzeug mit Ihren Sachen zu beladen. Was würden Sie tun?«

Die Antwort erübrigt sich.

Ich sage ihm, dass ich mit ihnen reden will, mit den Bauern, den angeblichen Drogenhändlern. Er lacht erneut, übertrieben heftig, als wolle er mich für meine Naivität tadeln. Um mit Landbesetzern zu reden, sagt er, müsse man in eine Gegend vordringen, die von Verbrecherorganisationen kontrolliert wird. Außerdem wisse er nicht, ob sie mit mir sprechen würden; sie seien es leid, dass ihnen Journalisten immer die gleiche Frage stellen: Und Sie arbeiten also als Drogenhändler? Am besten sei es, mit den bereits Vertriebenen zu sprechen.

Im Jahr 1959 startete ein Programm, mit dem Petén besiedelt, in das restliche Land integriert und sein landwirtschaftliches Potenzial genutzt werden sollte. Landflächen wurden an Großunternehmer verschenkt, doch auch an Kleinbauern, die sie bewirtschaften wollten.

»Eine ganze Zeit lang bestellten die Bauern ihr Land und lebten davon«, erzählt der Aktivist weiter. »Sie kamen aus allen Ecken des Landes. Doch wir reden hier von der Mitte des 20. Jahrhunderts; damals gab es keine guten Straßen, und niemand war daran interessiert, viel Land anzuhäufen. Viele Unternehmer besaßen zwar große Flächen, nutzten sie aber nicht.«

»Und was passierte dann?«

»Heute verbinden zwei Straßen Petén mit dem Rest des Landes. Seit dem Jahr 2000 hat die Ölpalme Einzug gehalten und Teak und Melina haben für den Holzschlag an Bedeutung gewonnen. Und plötzlich wurden die kleinen Landparzellen der Bauern für viele interessant. Außerdem führte die verbesserte Verkehrsverbindung nach Petén dazu, dass Drogenhändler, Schmuggler und andere Herren möglichst viel Land an der Grenze zu Mexiko in ihren Besitz bringen wollten.«

»Und die Bauern begannen also, ihr Land zu verkaufen.«

»Nun, es gibt solche und solche Verkäufe. Ich erkläre es Ihnen: Wenn Sie ein Kekchí-Bauer sind und der Anwalt eines Unternehmens Sie immer und immer wieder besucht, etwas von fünfstelligen Summen erzählt – dann werden Ihre Augen zu leuchten beginnen, ohne dass Sie wissen, wie Ihnen geschieht. Wenn Sie ein Bauer sind, indigen oder auch nicht, und die Drogendealer Ihr Land wollen, dann haben Sie ausgespielt. Die werden Ihnen allenfalls sagen, dass Sie für eine bestimmte Summe zu verkaufen haben, und basta.«

»Und wenn sich einer weigert?«

»Es gab hier zu Beginn des Jahrzehnts ein berühmtes Sprichwort: ›Was du nicht verkaufen willst, wird deine Witwe billig verkaufen.‹«

Dieser Aktivist weiß, wovon er spricht. Er empfängt jeden Monat Dutzende Bauern, die unter Druck gesetzt wurden. Er berät diejenigen, die nicht die verhandelte Summe erhalten haben, und diejenigen, die ihren Verkaufsvertrag nicht verstehen, weil sie das Kleingedruckte nicht verstehen oder weil sie gar nicht lesen können.

Im Kern beschreibt der Aktivist einen Staat, der gnadenlos mit den Schwachen umgeht und ihnen gegenüber als starker Staat auftritt, während er die wirklich gewichtigen Rivalen in Ruhe lässt.

»Guatemala erhält Geld von Privateigentümern und internationalen Organisationen, um archäologische Stätten zu schützen. Wie aber versucht der Staat die Geber zu beeindrucken? Er zeigt Stärke im Umgang mit den Schwächsten, die er als Drogenhändler beschuldigt, was ihn selbst in gutem Licht dastehen lässt.«

Der Aktivist lacht erneut laut und höhnisch auf.

»Schauen Sie, wir sind in dieser Gegend aktiv, sprechen mit diesen Bauern und wissen bestens Bescheid, welche angesehenen Drogenhändlerfamilien große Grundstücke auf geschütztem Land besitzen, etwa in den Nationalparks Sierra del Lacandón und Laguna del Tigre: die Mendozas, Leóns und Lorenzanas zum Beispiel.«

Das weiß nicht nur er. Auch Berichte der Regierung bestätigen, dass – um es in den Worten des ermordeten salvadorianischen Erzbischofs Óscar Arnulfo Romero zu sagen –, die Gesetze in Petén wie Schlangen sind, die nur diejenigen beißen, die barfuß laufen.

Das Militär und der Bericht

Der Wind weht stark an dieser Ecke des Cafés der Zone 18 in Guatemala-Stadt. Er fegt Servietten von den leeren Tischen und lässt sie umherwirbeln. Von der Terrasse des Cafés aus sind die Dächer von mehreren Wohnvierteln der unteren Mittelschicht zu sehen. Trotz der Kälte haben wir uns entschieden hier draußen zu sitzen, weil wir ein wenig Diskretion vorziehen.

Oberst Díaz Santos bestellt einen schwarzen Tee. Ich habe ihn Anfang des Jahres kennengelernt. Er war der Vizekommandeur der militärischen Einheit während der Belagerung, mit der der guatemaltekische Präsident versuchte, das Vordringen des Drogenkartells der Zetas ins südlich von Petén gelegene Departement Alta Verapaz einzudämmen. Heute ist der Oberst für die Einheiten der »Mission Nord-Petén« verantwortlich; damit gehört auch Sayaxché, der Landkreis der Ölpalmen und des Drogenhandels schlechthin, zu seinem Einsatzgebiet. Die Drogen werden dort über den Fluss La Pasión geschmuggelt, der von Ländereien der einflussreichsten guatemaltekischen Drogenclans gesäumt wird. Darüber hinaus ist Oberst Díaz Santos für den Südwesten Peténs verantwortlich, der auch Teile des Landkreises La Libertad umfasst. Dort befindet sich auch das Grenzdorf El Naranjo, das die Militärs einem veralteten Stereotyp folgend »Tijuana von Guatemala« nennen. Nach Tijuana, der mexikanischen Stadt des Drogen- und Menschenhandels sowie der irregulären Migration.

Das erste Mal sprachen wir im Hauptquartier von Cobán miteinander, der Hauptstadt des Departements Alta Verapaz. Er trug Uniform und sprach von der Entwicklung der Zetas und der einheimischen Drogenkartelle. Heute, an seinem freien Tag und in Zivil gekleidet, hält er sich mit seinen Bemerkungen über Petén zurück.

Der Oberst kennt die Gegend gut, aus der vor Kurzem 300 Bauern vertrieben wurden. Er hat sogar an diesem Einsatz teilgenommen. Immer wieder betont er, sie hätten bloß Anweisungen der Staatsanwaltschaft befolgt, Menschen hinausgeschafft, die sich auf verbotenem Gebiet befunden hätten. Doch er sagt auch, dass sie es mit armen Leuten zu tun hatten: mit Frauen, vielen älteren Frauen, und mit Kindern. Von Drogenhändlern habe er nichts gehört.

Der Oberst denkt einen Augenblick nach, schlürft seinen Tee und sagt, er werde sich nicht zur Haltung des Innenministers Menocal äußern; dieser könne ja selbst seine Meinung sagen. Ich frage ihn, ob er denn während der Vertreibungen geglaubt habe, er habe Drogenhändler vor sich.

»Nein. Wir können nicht ausschließen, dass der ein oder andere Bauer daran beteiligt ist, aber verallgemeinern kann man das nicht. Viele sehen sich gezwungen in den Schutzzonen zu siedeln. Ihre Grundstücke wurden ja an die Besitzer der Ölpalmenplantagen verkauft. Wo sollen sie da noch hin? Das einzige fruchtbare Land, das noch übrig ist, liegt in den Schutzgebieten.«

»Sie kennen die Gegend, Oberst. Man sagt, dass die Mendozas und die Lorenzanas riesige Flächen besitzen, zum Teil über Strohmänner.«

»Die Leute rechnen bestimmte Flächen der einen oder anderen Familie zu, aber sicher ist das nicht, weil es dort kein Grundbuch gibt.«

»Glauben Sie, dass wirklich mächtige Leute Ländereien in Schutzgebieten besitzen?«

»Ich glaube, ja.«

»Gruppen, die diese Gebiete besetzen, um Drogen, Holz und andere Waren zu schmuggeln?«

»Ich glaube, ja.«

»Es gibt einen Bericht mit Daten der Regierung, aus dem hervorgeht, dass einige dieser Ländereien gesetzlich registriert sind. Selbst einige führende Militärs wie General Eduardo Morales, der dieses Jahr die Belagerung von Petén koordinierte, glauben, dass der Norden des Departements mit all seinen Schutzgebieten, wie zum Beispiel Laguna del Tigre, voller Drogenbosse ist, die die regelmäßigen Landungen kleiner Flugzeuge koordinieren, die sie nach der Landung verbrennen, um keine Spuren zu hinterlassen. Morales sagte mir vor ein paar Tagen, dass sie die Natur schamlos ausplünderten, um Pisten und Friedhöfe für ihre Flugzeuge zu bauen. Er sprach von einem Hotel für bis zu 100 Personen in Sierra del Lacandón und von einer kürzlichen Landung in Laguna del Tigre, wo ein Offizier und zwei Soldaten sich plötzlich 40 bewaffneten Männern gegenüber sahen, die sie in die Flucht zwangen.«

»Es ist traurig, all das zugestehen zu müssen«, sagte der Oberst. »Aber so ist es.«

Ich sage ihm, es erscheine mir äußerst seltsam, dass weder der Nationalrat für Schutzgebiete (CONAP) noch die ihn unterstützende Polizei von all dem etwas mitbekommen haben sollen, während sie die Bauernsiedlungen sehr wohl bemerkt hätten. Vertraue er diesen Behörden denn? Ich füge noch hinzu, dass sowohl der Innenminister als auch das öffentliche Regierungspapier behaupten, es habe sich bei den Bauern um Drogenhändler gehandelt. Sie bezeichneten die Bauernsiedlungen als »vom Drogenhandel kontrollierte Gebiete«. Der Oberst behält seine Meinung für sich. Es scheint sinnlos, weiter nach diesem Thema zu fragen, bei dem sich die Regierung selbst widerspricht.

»Auf diese Frage antworte ich nicht.«

»Herr Oberst, da wir schon von dem Bericht sprechen, der in ganz Petén die Runde macht: Halten Sie diesen für glaubwürdig?«

»Ich werde Ihnen mit dem Kommentar eines Freundes antworten. Der Bericht ist vor allem für eines gut: Er erinnert uns daran, dass wir uns genau überlegen müssen, worüber und mit wem wir sprechen.«

Der Bericht trägt den Titel »Machtstrukturen in Petén: Land, Politik und Wirtschaft«. Er wurde im Juli 2011 veröffentlicht und von der internationalen Soros-Stiftung finanziert. Eine Zusammenfassung wurde auf dem Portal Insight Crime veröffentlicht, auf das auch die politische Führung in Washington zugreift. In Guatemala selbst besprachen *El Periódico* und *Plaza Pública* den Bericht. Die lokalen Medien in Petén machten zwar einen Bogen um das Thema, doch ich traf während meiner Recherche nicht einen einzigen Gesprächspartner, der oder die ihn nicht gelesen hatte. Er zirkulierte von Hand zu Hand, von Mund zu Mund und von E-Mail zu E-Mail.

Die Autoren, Forscher verschiedener Länder und Disziplinen, haben den Bericht nicht unterzeichnet. Er ist anonym. Sie haben sich in keinem Medium geäußert. Sie fürchten um ihr Leben und wollen, dass niemand auch nur weiß, welcher Nationalität sie sind oder in welchem

Land sie leben. Über mehrere Vermittler habe ich zwei von ihnen überzeugen können, per Skype mit mir zu sprechen. Der Bericht ist sehr ausführlich und reich an offiziellen Quellen. Alle Informationen über Besitzrechte sind mit Daten aus dem Grundbuch abgesichert; der Rest stützt sich auf offizielle Daten, internationale Berichte, Erklärungen von Funktionären gegenüber den Medien und Interviews mit wichtigen Informanten in Petén.

Im Skype-Gespräch baten die beiden mich, ihre Namen nicht zu veröffentlichen, weil die Mächtigen, von denen sie sprächen, auch auf internationaler Ebene Einfluss besäßen. Sie versicherten mir, dass ihre Analysen noch sehr zurückhaltend seien. »Wir veröffentlichen nur, was wir beweisen können. Über das im Bericht Geschriebene hinaus gibt es noch viele unregistrierte Immobilien in Schutzgebieten, die de facto dem Organisierten Verbrechen gehören«, sagte einer.

Der Bericht lässt keinen Stein auf dem anderen. Petén erscheint darin als fruchtbarer Boden für politische Korruption, Drogenhandel und die Konzentration von Land und Macht in den Händen einiger weniger. Petén ist kein Land für einfache Leute.

Zwei Ergebnisse bei der Beurteilung der politischen Parteien sind erschreckend:

Die Bürgermeister- oder Abgeordnetenwahlen gewinnen ausschließlich diejenigen, die über politische Kontakte zum Organisierten Verbrechen verfügen oder die direkt Teil einer solchen kriminellen Struktur sind. Der Bericht benennt mit Vor- und Nachnamen Politiker aller Parteien, ohne Ausnahme, die für das Zustandekommen solcher Partnerschaften zuständig sind.

Die Anschuldigungen erreichen die allerhöchste Ebene. Über Manuel Baldizón, Kandidat der Partei Líder bei den Präsidentschaftswahlen 2011, der aus Petén stammt, heißt es, seine Familie habe ihre wirtschaftliche Macht größtenteils durch den Schmuggel archäologischer Schätze gewonnen. Der Bericht bezieht sich auf anonyme Zeugenaussagen von Leuten, die an Plünderungen von Maya-Ruinen teilgenommen und die mitgenommenen Fundstücke an ausländische Sammler verkauft haben.

Der Bericht erklärt auch, auf welche Weise Familien, die seit Jahrzehnten in die Organisierte Kriminalität verstrickt sind – wie die Mendozas aus dem strategisch wichtigen zwischen Honduras und Belize gelegenen Departement Izabal –, sich seit langer Zeit riesige Ländereien in Petén angeeignet haben. Die Mendozas besitzen 23 Fincas mit einer Größe von insgesamt knapp 30.000 Hektar, die über vier Landkreise in Petén verteilt sind. Viele dieser Besitztümer liegen an den Ufern des Flusses La Pasión, und auf mindestens einer steht eine Villa mit Pool und Landebahn.

Keiner Behörde würde es einfallen, diese Großgrundbesitzer zu vertreiben. Der Bericht zeigt, dass die größte zusammenhängende Fläche der Mendozas und ihrer Strohmänner, 11.250 Hektar, sich größtenteils im Nationalpark Sierra del Lacandón befindet – jener Gegend, aus dem die 300 Kleinbauern gerade erst vertrieben wurden. Viele von ihnen haben sich daraufhin in den mexikanischen Teil des Urwalds zurückzogen, weil es keinen anderen Platz für sie gibt. Sowohl der Oberst als auch der General betonen, es gehe nicht nur darum, dass Verbrecherclans in diesen Gegenden unrechtmäßig Ländereien in Besitz nähmen, sondern dass sie sich in ihrer mafiosen Routine dieser Gegenden bemächtigten, um Besitztümer zu erlangen, in denen sie ihren Handel betreiben können. Selbst General Morales versichert, dass die Zetas ein Trainings- und Ruhelager in Laguna del Tigre unterhalten.

Bei all dem handelt es sich keineswegs um diskrete Aktivitäten. General Morales erinnert sich daran, wie er vor drei Jahren am Ufer des Flusses San Pedro, zwischen Laguna del Tigre und Sierra del Lacandón, riesige Lagerhallen und sogar ein noch im Bau befindliches Schiff gefunden hat. »Ein großes Schiff – so eines, das Autos transportieren könnte. Einer der Staatsanwälte sagte, es sähe aus wie die Arche Noah«, erinnert sich der General.

All diese Grundstücke sind miteinander verbunden und reichen bis an die natürliche Grenze zu Mexiko, den Usumacinta-Fluss. »Auf jeder dieser Flächen sind bewaffnete Kommandos stationiert«, sagt einer der Interviewpartner im Bericht.

Petén wird von den großen guatemaltekischen Verbrecherclans beherrscht. Unter den Namen, die der damalige Präsident Colóm mit dem Drogenhandel in Verbindung gebracht hat, ist Mendoza nicht der einzige, der überall im Departement präsent ist. Die Léons aus Zacapa an der Grenze zu Honduras besitzen 14.220 Hektar Land in Petén – »an für den Drogenhandel strategisch wichtigen Punkten«, wie der Bericht verdeutlicht. Die Lorenzanas, auch aus Zacapa, besitzen ebenfalls vier Grundstücke im Nationalpark Laguna del Tigre. Eine der Flächen wurde im Namen des Patriarchen Waldemar Lorenzana ins Grundbuchamt eingetragen, der 2011 aufgrund einer Anklage wegen Drogenhandels an die USA ausgeliefert wurde.

Der Bericht kommt zu dem Schluss, dass die kriminellen Gruppen Ländereien von insgesamt etwa 53.055 Hektar besitzen. Hinzu kommen 25.675 Hektar, die sich im Besitz von Ölpalmunternehmen befinden. Das bedeutet, dass in Petén mindestens 10,5 Prozent der vom Staat als kultivierbar klassifizierten Landesfläche außer Reichweite für den normalen Bauern ist, selbst wenn er das Geld hätte, Land zu kaufen.

Im Gegenzug dazu wurden laut CONAP allein im Landkreis Sayaxché fast 8.000 BewohnerInnen von 40.590 Hektar Land vertrieben. Es handelt sich um 27 Bauerngemeinden, die Ölpalmunternehmen oder anderen Käufern Platz machen mussten. Den Bauern bleibt oft keine Wahl, wenn die Drogenhändler ihr Land wollen – was hingegen niemand sagt, ist, dass die transnationalen Konzerne ebenfalls Druck ausüben, um das zu bekommen, was sie wollen: mehr Land.

Flüstern auf Kekchí

Es ist sechs Uhr morgens und die Sonne strahlt schwach und tröstlich auf die morgendliche Landschaft. Ich bin in einem Bus unterwegs, der von El Subín bei Sayaxché nach Santa Elena in den Norden Peténs fährt. Das Fahrzeug ist fast leer, im hinteren Teil sitzen nur noch zwei weitere Reisende. Einer der beiden, den ich für einen Bauern halte, stellt dem anderen Fragen, einem Bauarbeiter. Sie sitzen vor mir und es ist offensichtlich, dass es ihnen egal ist, ob ich mithöre.

Der Bauer fragt den Arbeiter, ob es in seiner Branche Arbeit gebe. Der Arbeiter bejaht und fügt hinzu, in Santa Elena würden gute Gebäude errichtet. Der Bauer antwortet ihm, da habe er Glück. Um die Erde zu bearbeiten hingegen seien die Zeiten schlecht. »Wenn du guten Boden hast, nehmen sie ihn dir weg.« Übrig blieben nur die »trockenen, toten Böden«. Er fügt hinzu, dass es in der Gegend von Sayaxché nur noch Arbeit bei Ölpalmunternehmen gebe, weil »die Herren, die gutes Land besitzen, keine Arbeiter wollen, die es beackern«.

In Santa Elena angekommen, empfängt mich Alfredo Che, ein robuster kompakter Bauer, der das langsame, abgehackte Spanisch der Kekchí spricht. Er ist Mitglied des Verbands Indigener Bauerngemeinschaften für eine integrale Entwicklung des Petén (*Asociación de Co-*

munidades Campesinas Indígenas para el Desarrollo Integral de Petén), der wiederum Teil der »Nationalen Koordinierungsstelle Bäuerlicher Organisationen« (*Coordinadora Nacional de Organizaciones Campesinas*) ist. Es handelt sich um ein riesiges Netzwerk. Eine seiner Hauptforderungen ist, dass mit den aus Nationalparks vertriebenen Gemeinschaften verhandelt werden müsse. Der Verband fordert, da es nicht möglich ist, woanders Land zu finden, die Vertriebenen zurückkehren zu lassen – unter der Bedingung, die Anbauflächen nicht auszuweiten und das Ökosystem zu schützen.

Che ist erzürnt, was sich in seinen Gesten bemerkbar macht. Seine Stimme geht hingegen nie über ein Flüstern hinaus. Selbst Morde an Bauern würden in Petén als Argument gegen die Bauern verwendet, klagt er. Im Mai 2011 wurde auf einem Hof namens Los Cocos in einer unbewohnten Gegend von La Libertad ein aufsehenerregendes Massaker an 27 Personen verübt. Nach Behördenangaben waren die Zetas die Täter. Der Angriff habe sich gegen den Besitzer der Farm gerichtet. Weil sie ihn jedoch nicht angetroffen hätten, hätten sie sich an den Landarbeitern gerächt. Einige wurden mit Kettensägen enthauptet. Auf einigen Bildern, die mir ein Fahnder zeigte, der am Tatort war, sieht man Leichen mit Arbeitsstiefeln an den Füßen.

Auch das Innenministerium behauptete, die Toten seien auf dem Hof beschäftigte Landarbeiter gewesen, doch bei Che klingt es ganz anders: Demnach klammerten sich die Behörden in Petén an Fälle wie diesen, um in Verhandlungen mit seinem Verband zu behaupten, die Bauern arbeiteten mit den Drogenhändlern zusammen – daher seien sie wohl umgebracht worden. Selbst wenn das so wäre, zählt für Che vor allem, dass immer die Gleichen vertrieben werden – Leute wie Venustiano.

»Sie vertreiben ja nicht die Finca-Besitzer, sondern die Landarbeiter, die außerhalb der Höfe siedeln. Es heißt, dort draußen gebe es unberührtes Grün, aber wenn Sie im Nationalpark Sierra del Lacandón, in der Maya-Biosphäre spazieren gehen, sehen Sie keine unberührten Berge. Der CONAP lässt einige Wachen patrouillieren, sicher, aber mit ihren 38er-Kalibern können sie nichts ausrichten. Das gilt auch für die ›Einheit zum Schutz der Natur‹: Zwei Polizisten und drei Wachen können sich doch keiner mit Sturmgewehren bewaffneten Gruppe entgegenstellen – sie können im besten Fall auf der Stelle kehrtmachen. An schutzlose Gemeinden trauen sich die Behörden heran, aber die Gutsbesitzer lassen sie in Ruhe.

Nicht nur Stimmen aus der Zivilgesellschaft prangern die Kluft zwischen den Mächtigen und den Armen an. Staatsanwalt Francisco Dall'Anesse, der die 2006 von den Vereinten Nationen eingesetzte Internationale Kommission gegen die Straflosigkeit in Guatemala (*Comisión Internacional Contra la Impunidad en Guatemala*, CICIG) leitet, widmete diesem Ungleichgewicht ein paar Worte in einer Rede am 4. September 2011 bei einem Treffen mit Journalisten in Argentinien. Er erklärte, in Petén gebe es »indigene Gruppen, die von ihrem Land weg auf die Straße gesetzt« würden, während niemand etwas gegen die tatsächlichen Drogenhändler unternehme. Dall'Anesse erzählte, wie ein hoher UN-Diplomat zur Finca »Los Cocos« gehen wollte, um den Schauplatz der Zerstückelung der 27 Landarbeiter zu begutachten. Auf dem Weg hielten ihn bis zu den Zähnen bewaffnete Drogenhändler auf, fragten ihn, wohin er gehe, und zwangen ihn sich auszuweisen, ehe sie ihn in Ruhe ließen.

Che versichert, dass ein Kleinbauer für eine Caballería (45 Hektar Land) im Wert von 200.000 Quetzales (knapp 20.000 Euro) mit Glück 50.000 Quetzales erhalte. Ich will wissen, warum sie die Drohungen nicht melden. Sie hätten es oft getan, antwortet Che, doch darauf folge ein bürokratischer Prozess, der bestenfalls in irgendeiner Abteilung des Innenministeriums ad acta gelegt werde.

Ich frage ihn, auf welche Weise die Unternehmen Kleinbauern von ihren Feldern vertreiben. Er antwortet, die Unternehmen heuerten sogenannte »Kojoten« an, die selbst Mitglieder der Bauerngemeinschaften sind, die die Verhandlungen führten. »Sie schicken sie los, um so lange immer und immer wieder auf einen Verkauf zu drängen, bis die Bauern einen Vertrag unterschreiben, den sie nicht verstehen.« Er riet mir, darüber mit einem anderen Mitglied seiner Vereinigung zu sprechen: mit Domingo Choc, der für Sayaxché, den bei Palmölunternehmen begehrtesten Landkreis, zuständig ist.

Am Nachmittag kommt Choc vorbei. »Die Unternehmen sind klug«, sagt er, »sie wissen, wie sie Angst in den Gemeinden verbreiten können.« Sie seien so gefährlich, weil sie Druck ausübten und spalteten. »Wenn es dem ersten Kojoten nicht gelingt, schicken sie den nächsten, der gewiefter vorgeht, bis es einer schafft«, erklärt Choc.

»Sie beharren so lange, bis sie die Gemeinschaft gespalten haben. Während nach und nach immer mehr Bauern aufgeben, drohen sie den Beharrlichsten, ihr Land mitten in der Palmölplantage einzukesseln.

Wenn es dann so weit ist, erlauben die privaten Wachen den Kleinbauern nicht, über das Grundstück des Unternehmens zu laufen. Sie erlauben ihnen auch nicht, Fahrzeuge abzustellen, ihre Mais- und Bohnensäcke abzuladen und diese an der Straße zu verkaufen. Die Unternehmen verdammen die Kleinbauern dazu, zu ernten, um selbst davon zu essen – und nichts weiter.

So erreichen sie, dass auch die Hartnäckigsten ihr Land verkaufen. Wenn sie einmal verkauft haben, werden sie zu Arbeitern auf der Finca, als vertragslose Tagelöhner, die weniger als den gesetzlichen Mindestlohn von 63,70 Quetzales (rund sechs Euro) am Tag verdienen. Sprich: Sie schuften sich für einen Hungerlohn auf dem Land ab, das ihnen einst selbst gehörte. Viele machen sich wie Venustiano in ein Schutzgebiet auf, in der Hoffnung, nicht vertrieben und nicht als Drogenhändler beschuldigt zu werden.

José Cacxoj, einem ehemaligen Kleinbauern aus Sayaxché, den ich auf meiner Reise kennengelernt habe, ist genau das passiert. Mit seinen 63 Jahren war er die täglichen Besuche eines Ingenieurs namens Gustavo leid, der ihn einlud seine Parzelle Land im Dorf Las Camelias zu verkaufen, bevor er von Ölpalmen umzingelt sein würde. Er verkaufte seine Parzelle, die nicht einmal eine halbe Caballería (weniger als 23 Hektar) umfasste, für 100.000 Quetzales (10.000 Euro). Seit zwei Jahren ist er nun auf der Suche nach einem Grundstück anderswo im Departement, das weder für die Drogenhändler noch für die Ölpalmunternehmen von Interesse ist, findet aber keins, weil eine Manzana (0,7 Hektar) das Doppelte von dem kostet, was er für sein gesamtes Land bekommen hat. So muss Caxcoj Land pachten und die Hälfte seiner Ernte an den Besitzer abgeben. Wenn eine seiner zwei Jahresernten wie im letzten Jahr wegen großer Trockenheit zerstört wird, ist Cacxoj ruiniert. Nun spielt er mit dem Gedanken, seinen geringen Besitz zusammenzuraffen, um sich einen Platz in einem Schutzgebiet zu suchen und sich aus Sicht des Staates und der Mächtigen in einen »Drogenhändler« zu verwandeln, so wie Venustiano und seine Gemeinde. Ich frage Choc, wie viele vertriebene Gemeinden es gebe. »Da war die Gemeinde El Progreso, 23 Familien, die es so nicht mehr gibt. Die Gemeinde El Cubil, 32 Familien: Schluss, aus, verschwunden. El Canaleño, 46 Familien. La Torre, meine Gemeinde, 76 Familien. Santa Rosa, 86 Familien. Arroyo Santa Maria, 43 Familien ... Und jene, an die wir uns alle als erste Gemeinde erinnern – Centro Uno, 164 Familien – auch sie besteht nicht mehr.

Venustiano und Centro Uno

Che und Choc halfen mir, ehemalige Kleinbauern aus Centro Uno zu kontaktieren. Es ist ein drückender, feuchter Nachmittag. Der Bus nach La Libertad, wo wir uns treffen wollen, fährt mit offenen Fenstern, kreuzt mehrere beschädigte Straßenabschnitte, auf denen sich Staub auf der verschwitzten Haut festsetzt und Wolken winziger Moskitos herbeiwehen, die um unsere Gesichter schwirren.

Die Dorfmitte ist ein Flohmarkt. Tuc-Tucs rasen zwischen den Menschen hin und her und es ist ein Wunder, dass sie keinen Fußgänger überrollen. Jeder Laden besitzt einen Lautsprecher mit Musik aus dem Norden Mexikos oder ein Megaphon, durch das ein Angestellter die Angebote ausruft. Ich betrete eine Hühnchenbraterei und aus dem Hinterhof, wo sie in einem Becken das Geschirr spülen, rufe ich Venustiano an. Er kenne den Ort, sagt er, ich solle dort warten. Er bringe Santos mit, einen anderen ehemaligen Bewohner von Centro Uno.

Venustiano, 56 Jahre alt, ist der Prototyp eines Bauern. Drahtig, mit einem Schnurrbart, einem ausgefransten weißen Hemd, einer Jeans und schwarzen Arbeitsstiefeln. Mit einer Gesichtshaut, die – würde man sie vergrößert betrachten – Risse aufweist wie die Erde eines Feldes, das nach einem Regenguss wieder trocknet. Er wird von Santos begleitet, einem dicken, kahlköpfigen Kekchí.

Beide sprechen in einem Tonfall, der irgendwo zwischen Trauer und Dankbarkeit liegt. Es scheint, als seien sie es nicht gewohnt, ihre Geschichte zu erzählen. Als die BewohnerInnen von Centro Uno 2009 vertrieben wurden, gaben die Medien nur die offizielle Version wieder. Venustiano sagt, niemand habe ihm je irgendeine Frage gestellt. Er erzählt von einem unfruchtbaren Ort mit Plastikplanen, Holzstangen und Hütten; von der Ökonomie des Elends; von Tagen, an denen er acht Stunden lang auf fremden Parzellen arbeitet, weit von seinem provisorischen Zuhause entfernt; davon wie es ist 30 Quetzales (drei Euro) pro Tag zu verdienen. Und er sagt: »Auf fremden Land zu säen, bringt nicht einmal das Saatgut wieder ein.« Ich unterbreche ihn und bitte ihn von vorne anzufangen, mir zu erzählen, wie das Leben in Centro Uno in der Sierra del Lacandón war.

»Wie es war?«, fragt er, lässt das Brathähnchen auf dem Teller liegen, putzt sich das Fett vom Bart und verscheucht mit einer langsamen Handbewegung die Moskitowolke aus seinem Gesicht. Er hält inne, an seinen Augen sehe ich, dass er sich zu erinnern versucht, sie blicken ins Leere.

»Da, wo wir lebten, hatten wir Wasser, einen Bach, Land. Der Bach war sauber, man konnte bis zu den Füßen sehen. Es gab eine Kuhweide, auf der man im Schlamm versank, aber abgesehen davon war es schön bei uns. Wir hatten Mais und Bohnen, und wir waren glücklich. Es gab Kokospalmen, Avocadosträucher, Bäume, die alles Mögliche trugen, Orangen-, Zitronen- und Mangobäume – so hoch, schau!« Er streckt seine halb geöffnete Hand nach oben. »Wir kannten unser Land. Ach, und es gab Zuckerrohr, Maniok und Bananen, Taro oder Malanga wie sie es nennen. Wir führten ein glückliches Leben.«

Um zehn Uhr morgens am 16. Juni 2009 begann ein Kontingent von 600 Soldaten, Polizisten, Waldwachen, Mitarbeitern des Innenministeriums und Anwälten der Menschenrechtsprokuratur (PDDH, *Procuraduría para la Defensa de los Derechos Humanos*) mit einer Serie von Massenvertreibungen von Kleinbauern aus Petén. 164 Familien wurden aus Centro Uno vertrieben. Centro Uno war von einigen wenigen ohne Erlaubnis vor dem Friedensvertrag von 1996 gegründet worden; die ersten siedelten sich um 1992 an. In den darauffolgenden fünf Jahren kam der überwiegende Teil der Gruppe, meist Familienangehörige der ersten – fast alles ehemalige Kleinbauern aus Ixcán, Izabal, Quiché und Cobán, die zuvor herumgeirrt waren auf der Suche nach Anbauflächen, die weit genug vom Krieg entfernt waren.

Centro Uno war nie ein Geheimnis. Es gab zwei Schulen, von den Bauern selbst errichtet, in denen 180 Kinder durch fünf Lehrer der Gemeinde unterrichtet wurden, die ihre Ausbildung von der Regierung erhalten hatten. Es gibt Briefe, einige noch aus den 1990er Jahren, in denen die Gemeinde die nationalen und regionalen Behörden um ein Treffen bat, um über die Möglichkeiten einer Legalisierung von Centro Uno zu sprechen. Dies war einigen wenigen Gemeinden gelungen, die sich im Nationalpark angesiedelt hatten, bevor die Gegend im Jahr 1990 zum Schutzgebiet erklärt wurde. Die BewohnerInnen von Centro Uno erhielten offizielle Schreiben von fünf stellvertretenden Bürgermeistern der umliegenden Landkreise, in denen diese bezeugten, dass die Gründer von Centro Uno schon seit 1988 auf dem Land gelebt hatten, noch bevor sie die Gemeinschaft offiziell ernannten.

»Wie auch immer!«, seufzt Venustiano. »An jenem Tag des Jahres 2009 gaben sie uns eine halbe Stunde, um unser Land zu verlassen.

Ich konnte gerade einmal meine vier Kinder einsammeln. Ich ließ eine Maispresse von zwei Quadratmetern zurück und außerdem zehn Manzana (sieben Hektar) Land, die bereit zur Ernte waren. Wir haben alle alles verloren.«

Estuardo Puga, für Petén zuständiger Mitarbeiter der PDDH, der die Vertreibung beobachtete, bestätigte mir, dass die Menschen nur eine halbe Stunde Zeit bekamen und dass sie sie in Lastwagen wegfuhren und bei Retalteco am Stadtrand von La Libertad aussetzten. Er sagte, sie hätten den Ort um 13.30 Uhr verlassen, doch die Soldaten und die CONAP-Beamten seien geblieben. Anschließend habe es Berichte über Plünderungen gegeben. Venustiano bestätigt, die Soldaten hätten all ihren Besitz in einigen Lastwagen mitgenommen; sie seien in Retalteco an ihnen vorbeigefahren mit ihren Kälbern, ihren Säcken mit der Ernte und ihren Stromgeneratoren.

»Sie warfen uns unter dem Vorwand hinaus, wir seien Drogenhändler. Meiner Ansicht nach ist dies bloß eine Entschuldigung der Behörden, als wolle man sich herausreden«, sagt Venustiano.

Ich frage ihn, ob jemand in der Gemeinde irgendwie am Drogenhandel beteiligt gewesen sei.

»Der Drogenhändler lebt in Villen; er hat es nicht nötig in Palmhütten zu leben wie wir damals – und noch weniger in solchen Plastikhütten wie wir heute. Willst du sehen, wie wir Drogenhändler von Centro Uno leben?«

Wir nehmen ein Tuc-Tuc, das uns aus der Hektik des Marktes hinausbringt und uns auf einem staubigen Feldweg zurücklässt, dem wir etwa 15 Minuten folgen, ehe wir an ein Grundstück kommen.

»Hier also lebt ihr Drogenhändler?«

»Genau hier, schau dich ruhig um. Komm mit, ich werde dir alle vorstellen. Man nennt mich übrigens Venustiano.«

Er zieht den Vorhang beiseite und lässt die Tür zufallen.

Diese Reportage erschien zuerst im November 2011 in der salvadorianischen Internetzeitschrift El Faro (www.elfaro.net).

Aus dem Spanischen von Christina Felschen

David C. Martínez-Amador

Drohende Militarisierung

Guatemala unter dem Einfluss der mexikanischen Kartelle

Die Mehrheit der zentralamerikanischen Länder befindet sich nach Beendigung der jahrzehntelangen Bürgerkriege heute offiziell in einer Friedens- und Befriedungsphase. Dennoch weisen die Zahlen über Tötungsdelikte die Region als eine der gewalttätigsten weltweit aus. Das Gebiet des *Triangulo Norte*, des sogenannten Norddreiecks (Guatemala, El Salvador, Honduras), ist auch als »Todesdreieck« bekannt. Einem Bericht der Nationalen Verteidigungsuniversität in Washington über die Menschenrechtssituation in Zentralamerika zufolge sind in dieser Zone in den vergangenen elf Jahren mehr als 128.000 Morde begangen worden. Damit konzentrieren sich im Norddreieck 88 Prozent der gesamten Gewalttaten in der Region. Die pro Land aufgeschlüsselten Zahlen über die Gewalt liegen 2011 weit über dem lateinamerikanischen Durchschnitt von 22 Morden pro 100.000 EinwohnerInnen. So wurden in Guatemala 38 Morde pro 100.000 EinwohnerInnen begangen, in Honduras waren es 86 Morde und in El Salvador 69 Morde. Noch deutlicher wird der Kontrast im Vergleich mit der außergewöhnlich niedrigen Mordrate Costa Ricas (11 Morde pro 100.000 Einwohner).[1]

Was sind die Ursachen der Gewalt im Norddreieck? Zu den strukturellen zählt erstens die traditionelle Gewalt. Gemeint ist das übliche gewalttätige Verhalten zur Lösung privater Streitigkeiten zwischen Bürgern. Zweitens ist die von den staatlichen Unterdrückungsapparaten angewandte Gewalt zu nennen. Diese Einrichtungen agieren auch in Friedenszeiten weiterhin außerhalb des Gesetzes.[2] Drittens üben die Ju-

---

1 Die Angaben entstammen dem von der Weltbank verfassten Bericht »Verbrechen und Gewalt in Zentralamerika 2011«. http://siteresources.worldbank.org/INTLAC/Resources/FINAL_VOLUME_I_SPANISH_CrimeAndViolence.pdf.
2 Laut dem Juristen Carlos Castresana, ehemaliger UNO-Beauftragter für die Internationale Kommission gegen Straffreiheit in Guatemala (CICIG), stehen 25 Prozent der Gewalttaten mit Aktionen der »sozialen Säuberung« in Verbindung.

gendbanden Gewalt durch Erpressungen und Entführungen aus. Und viertens finden wir die direkt dem Drogenhandel zuzuordnende Gewalt vor. Das Interesse dieses Textes richtet sich auf die vierte Kategorie.

Begriffsklärungen zum Organisierten Verbrechen

Der bekannte Kriminologe Luis Alfonso Bruccet drückte es 1996 so aus: »Jede Mafia ist Organisiertes Verbrechen, aber nicht jedes organisierte Verbrechen ist Mafia« (Bruccet 1996). Was macht die Mafia aus? Laut John Dickie, Autor des Textes *Cosa Nostra* (2004), sollten nur diejenigen Organisationen als *Mafia* benannt werden, die auf italienischem Territorium entstanden sind. Er begründet dies mit dem Kontext ihres Entstehens in der Form einer Parallelregierung, die gegenüber einer als nicht legitim wahrgenommenen Regierung ein alternatives Selbstverständnis definiert.

Der berühmte Ausdruck *Morte Alla Francia Italia Anela* (MAFIA) erinnert uns an die Periode, in der Mafia nichts anderes als eine Verteidigungsstrategie der Bevölkerung gegen die napoleonischen Truppen im italienischen Süden bedeutete.

Die Kennzeichen der kriminellen italienischen Strukturen sind erstens der starke Gruppenzusammenhalt; zweitens die Initiations- und Auszeichnungsrituale, die den Unterschied zwischen Mitglied und Nicht-Mitglied markieren; drittens eine kriminelle Identität und ein Selbstverständnis als Gruppe, die sich geographisch festmachen lassen; viertens eine der kriminellen Logik übergeordnete unternehmerische Logik; sowie fünftens das Selbstverständnis als ein alternatives oder paralleles Regierungssystem, welches eine tiefe Loyalität und einen praktizierten Ehrenkodex der einmal eingeweihten Mitglieder impliziert.

Die Drogenkartelle weisen eine vielschichtige Entwicklung auf. Sie werden Kartelle genannt, weil sie nicht nur die Drogenproduktion kontrollieren, sondern auch die Preise für den direkten Konsum und den Verkauf bestimmen. Sie pflegen eine solide Gruppenidentität, die in der Regel an ein bestimmtes Territorium gebunden ist. Meistens handelt es sich bei diesem Territorium um den Entstehungsort des Kartells. Doch bei den Kartellen fehlen die Initiationsrituale. Die Struktur des Kartells kann sich angesichts einer militarisierten Bekämpfung fragmentieren und in eine Struktur wandeln, die ähnlich wie die einer Armee operiert. In einer Mafia-Familie oder einem Mafia-Clan muss ein Vollmitglied der Organisation mehrere Aufgaben gleichzeitig übernehmen: a) die Produktion von Reichtum, b) die Auftragsmorde, c) die Erpressung und d) die Erschließung neuer Märkte. Wenn die Gruppe sich zu viele Gedanken um ein »Kriegsethos« macht, wird das ihre Finanzen beeinträchtigen.

Traditionelle Machtkonstellationen

In den Ländern des Norddreiecks existiert ein traditionelles Bündnis zwischen weißen und westlich geprägten Großunternehmern, die im Laufe der Zeit große Macht anhäuften, und den Streitkräften, deren Mitglieder Mestizen und Indigene sind. Die zivilen Strukturen haben dabei das Nachsehen.[3] In Guatemala ist die Verteidigungsstrategie seit mehr als 150 Jahren auf die Rolle des Heeres zugeschnitten. Die moderne Doktrin der nationalen Sicherheit, die sowohl den Schutz der Grenzen als auch die öffentliche Sicherheit beinhaltet, gibt der Armee eine zentrale Rolle. So kann ein Soldat sowohl für den Grenzschutz eingesetzt werden als auch die Ausweispapiere von einem Bürger verlangen, der sich krimineller Aktivitäten verdächtig macht. Das Schwerwiegende dabei: Die Soldaten sind für ihren Umgang mit der Zivilgesellschaft nicht in Bezug auf die Einhaltung der Menschen- und Bürgerrechte ausgebildet worden.

In Guatemala hat die zivile Polizei immer im Schatten der Militärs gestanden. Etwa 20.500 Polizisten sollen 14 Millionen EinwohnerInnen schützen. Das Verhältnis von 2,3 Polizisten pro 1.000 EinwohnerInnen entspricht in etwa dem Verhältnis in den USA. Das Problem sind die fehlenden Mittel. Die schlechten Löhne machen die Polizisten dafür empfänglich, jegliche – legale oder illegale – Zusatzaktivität durchzuführen, um sich ein finanzielles Auskommen zu ermöglichen.

Die Mängel in den zivilen Strukturen Guatemalas sind ein Ausdruck für das Versagen der staatlichen Politik. Im Ergebnis haben sie die Ar-

---

3 Im Unterschied zum chilenischen Fall hat die guatemaltekische weiße Oligarchie ihre Söhne nicht in den militärischen Hierarchien positioniert. Die Spitzenfunktionen der Streitkräfte werden in der Regel von Mestizen besetzt, während die Truppe mehrheitlich von Indígenas gestellt wird.

mee aus der Sicht der urbanen Eliten zur einzigen »vertrauenswürdigen« Institution gemacht. Sie wird als fähig angesehen, jedwede Funktion effizient zu erfüllen: Seien es die Katastrophenhilfe, die Streifengänge, die erfolgreiche militärische Kriegsführung gegen aufständische Gruppen oder die Verhaftung von Kriminellen. Diese Perspektive, die die indigene und ländliche Bevölkerungsmehrheit Guatemalas marginalisiert,[4] ist lange Zeit vorherrschend gewesen. Auf ihrer Grundlage hatten die Akteure in der Sicherheitspolitik eine auf dem Kalten Krieg beruhende Vision *sui generis* entwickelt, die die Militarisierung aller gesellschaftlichen Probleme einschließlich des Drogenhandels zur Folge hatte.

Grundformen des organisierten Verbrechens in Guatemala

Die gesellschaftspolitische Tradition Guatemalas zeichnet sich durch höchste Gewalttätigkeit aus. In ihr spielen alte und neue Akteure besondere Rollen. Zum einen ist da die Unternehmerelite, die aus dem alteingesessenen traditionellen unternehmerischen Hochadel und den der neuen Bourgeoisie zuzurechnenden Unternehmern besteht. Zum anderen existiert das traditionelle Organisierte Verbrechen – parallel zum Staat operierende Banden aus Anwälten und ehemaligen Militärs, die wie eine Mafia agieren und nach verschiedenen Bereicherungsformen suchen. Schließlich finden wir die modernere Organisierte Kriminalität vor, die sich durch die Präsenz ausländischer, mehrheitlich mexikanischer Gruppen auszeichnet.

Was die zweite Gruppe angeht, so ist eine der finstersten Gestalten in der Geschichte des traditionellen Organisierten Verbrechens in Guatemala der Militär im Ruhestand, Ortega Menaldo. Es gelang ihm,

---

4 Die vom UNO-Entwicklungsprogramm durchgeführte Studie über Menschliche Entwicklung in Guatemala (PNUD 2010) bringt erschreckende Daten zum Vorschein: 85 Prozent des Landes in Guatemala befinden sich in der Hand von fünf Prozent der Bevölkerung. 39 Prozent der guatemaltekischen Bevölkerung sind weiß oder mestizisch. Dieser Bevölkerungsteil konzentriert sich in der Hauptstadt und den wichtigsten Provinzstädten, in denen sich auch die staatlichen Leistungen für die Grundversorgung, den Handel und die Infrastruktur bündeln. Die übrigen 61 Prozent gehören verschiedenen Mayagruppen an. Sie sind vom Zugang zur Grundversorgung weitgehend ausgeschlossen.

mit seiner Organisation den Staat zu durchsetzen. Lange Zeit leitete er Zollgelder um, kontrollierte die Flughäfen und andere gewinnträchtige Einrichtungen. Inoffiziell versichern verschiedene guatemaltekische Journalisten, der ehemalige General Ortega habe es geschafft, mit dem sogenannten *Cartel de los Durmientes* (Kartell der Schläfer)[5] die politischen Schaltpositionen im Land zu kontrollieren. Offenbar wurde seit 1986 kein einziger Verteidigungsminister in Guatemala ohne Ortegas vorherige Zustimmung ernannt.

Das Gegenstück zu dieser Parallelmacht ist *El Sindicato* (das Syndikat). Dabei handelt es sich um eine Gruppe von Militärs, die zusammen mit dem seit Januar 2012 amtierenden Präsidenten Otto Pérez Molina ihre Ausbildung in den Streitkräften absolvierte. Sie gehören einer Generation von Militärs an, die auch die Generation 70-30 genannt wird. Im Unterschied zu den Militärs der *Cofradía* gingen sie während des Bürgerkriegs davon aus, dass 70 Prozent der Zivilbevölkerung vor der Zusammenarbeit mit den Aufständischen gerettet werden könnten, nur 30 Prozent galten ihnen als »verloren«. Aufgrund ihres geschlossenen Vorgehens erhielten sie den Spitznamen »das Syndikat«.

Die gesellschaftliche Durchdringung Guatemalas durch den Drogenhandel ist ein Prozess, der parallel zur Rückkehr zum demokratischen Leben ab 1986 verlief.

Die traditionellen kriminellen guatemaltekischen Organisationen können nicht als Kartelle eingestuft werden. Es handelt sich um kleine Vereinigungen, eine Art »verklärter Banden«. Ihre Spitzen haben ein Gesicht und ihre pyramidenförmig aufgebauten Hierarchien operieren traditionell unter dem Schutzschirm der mexikanischen Organisationen, vor allem dem des Sinaloa-Kartells.

Die mexikanischen Organisationen haben aus verschiedenen Gründen das guatemaltekische Territorium in ihre Operationen einbezogen. Einerseits zielt ihre Expansion darauf ab, den Markt auszuweiten, ein übliches Verhalten in einem Wirtschaftsunternehmen. Andererseits

---

5 Eine Vereinigung ehemaliger konservativer antikommunistischer Militärs, die sich in lukrativen Stellen innerhalb des guatemaltekischen Staatsapparates eingenistet haben. Im guatemaltekischen Jargon ist diese Vereinigung in Anspielung auf eine geschlossene Gruppe auch als *la cofradía* (die Bruderschaft) bekannt. Ihre Rolle ist nicht die eines traditionellen Kartells. Das heißt aber nicht, dass die Vereinigung nichts mit Drogenhandel und Auftragsmorden zu tun hätte.

weichen sie dem Druck der militaristischen mexikanischen Politik aus und suchen neue Routen für den Drogentransport.

Anfang 2005 identifizierten interne Berichte der US-Botschaft in Guatemala fünf einheimische Organisationen, die sich dem Drogenhandel widmeten. Sie waren nach den Nachnamen ihrer jeweiligen Führungsfiguren benannt: Mendoza, León, Lorenzana, Zarceño, Paredes. Im Gesamtbericht wird erklärt, dass »die Anführer jeweils Guatemalteken sind«.

Die Gruppen mit dem größten Gewicht waren die Familie Mendoza und die Organisation von Juan Ortíz *Chamalé*, der später die Organisation *León* in seine Hierarchie integrierte. In US-Geheimdienstmeldungen wird versichert, die Mendozas seien 2006 und 2007 als starke örtliche Macht bekannt gewesen.

Die Familie Mendoza hat ihre Bastion im Osten Guatemalas. Wie jede traditionelle Mafia-Gruppe versteckt sie ihre verbrecherischen Aktivitäten hinter legalen Geschäften, die gleichzeitig die Wirtschaft in den Regionen ihres Einflussgebietes ankurbeln. Die Lorenzanas arbeiten mit dem Sinaloa-Kartell bei der Drogenverschiebung zwischen El Salvador und Mexiko entlang der guatemaltekischen Südküste zusammen. Etwas weiter im Norden des Landes streckt diese Organisation ihre Tentakel in den Provinzen Izabal und Petén aus. Ähnlich ungestört und straffrei agierte die Organisation des im März 2010 verhafteten Juan Ortiz López in der Provinz Huehuetenango. Die Provinz teilt eine 160 Kilometer lange Grenze mit Mexiko. Ortiz López übersäte Huehuetenango buchstäblich mit Luxuswohnungen, ließ die örtlichen Straßen asphaltieren und übernahm die Kosten der Ausbesserungsarbeiten für die lokale Infrastruktur. Damit wurde auch er zum regionalen Wirtschaftsförderer.

Bei der internationalen Klassifizierung erschienen die erwähnten Gruppen jedoch als Unterordnungen des Sinaloa-Kartells. Die Drogenhändler aus Mexiko und Kolumbien sind unbestritten größer und mächtiger als die Organisationen aus Guatemala. Letztere sind beim Kokainumschlag im Nachteil, weil sie das Kokain ausschließlich von ihren kolumbianischen Geschäftspartnern beziehen. Zu dieser operativen Schwäche kommt noch, dass der Transport des Kokains auf die Logistik der mexikanischen Kartelle angewiesen ist. Niemals kam es den guatemaltekischen Gruppen auch nur in den Sinn, sich von den mexikanischen Gruppen unabhängig zu machen. Die von ihnen verursachte Gewalt begrenzten sie bewusst auf diejenigen, die in das Drogengeschäft verwickelt waren. Familienhierarchien wie die der Lorenzana und Ortiz füllten im Wesentlichen die Räume, die der Staat traditionell vernachlässigte. Sie sorgten für Arbeit, Sportplätze, Kliniken bis hin zu Straßenbeleuchtung. Auf diese Weise erkauften sie sich die Loyalität der Armen in Guatemala.

Kämpfe um Macht und Raum: die Zetas in Guatemala

Die guatemaltekische Narco-Landkarte zeigte lange Jahre eine Aufteilung zwischen dem Golf-Kartell im Norden und an der Atlantikküste und dem Sinaloa-Kartell im Süden und an der Pazifikküste. Das Golf-Kartell kann eine lange Geschichte in Guatemala vorweisen. Aber im Unterschied zu den Drogenbossen aus Sinaloa verfügte es nie über wirklich enge und exklusive Verbindungen mit lokalen Organisationen. Seine Capos sind immer noch anonym.

Ende der 1990 änderte sich das Gleichgewicht zwischen den Kartellen mit dem Auftauchen der Zetas. Die Mitglieder der Zetas rekrutierten sich ursprünglich aus dem mexikanischen Militär. Heute gelten sie als die brutalste verbrecherische Organisation in der Geschichte der Kartelle auf dem amerikanischen Kontinent.[6] Nachdem sie sich vom Golf-Kartell unabhängig gemacht hatten, begannen sie über die Provinz Huehuetenango auf guatemaltekisches Territorium Richtung Cobán vorzudringen. Dort etablierten sie ihr Operationszentrum, das Ausbildungslager im Quiché und Aktivitäten im Landesosten einschloss. Die erste Generation der Zetas machte sich den Abrüstungsprozess in Zentralamerika zunutze und begann mit der Rekrutierung der guatemaltekischen Elitesoldaten, den sogenannten »Kaibiles«.[7] Damit glichen sie

---

6 Vgl. hierzu den Beitrag von Jesús Cantú und Mariana Franco in diesem Band.
7 Die Kaibiles sind eine Eliteeinheit der guatemaltekischen Streitkräfte. Der Name stammt aus der Mythologie der Maya-Ethnie Mam und geht auf eine Gottesfigur zurück. Die Kaibil-Einheit des guatemaltekischen Heeres wurde in den 1970er Jahren gegründet. Sie bildete Soldaten aus, die während des Bürgerkriegs an den unwirtlichsten Orten im guatemaltekischen Urwald eingesetzt wurden. Ausbildung und Struktur lehnen sich an die der US-Ranger an. Die Kaibiles werden für zahlreiche Menschenrechtsverletzungen im guatemaltekischen Bürgerkrieg (1960–1996) verantwortlich gemacht. Otto Pérez Molina, der seit Januar 2012 amtierende Präsident Guatemalas, ist ein ehemaliger Kaibil.

nicht nur den Verlust einiger ihrer Gründungsmitglieder aus, sondern sichern allen zukünftigen Mitgliedern eine militärische Ausbildung. Die Zetas widmen sich nicht nur dem Drogenhandel, sie sind ebenso im Menschen-, Organ- und Waffenhandel aktiv. Sie haben ihren Markt und ihr Vorgehen diversifiziert. Die Mitglieder der Zetas in Mexiko, die innerhalb der Organisation aufsteigen wollen, werden nach Guatemala geschickt, um dort Märkte zu öffnen. Sind sie erfolgreich, bekommen sie wichtigere Städte in Mexiko zugewiesen. Ein in Mexiko rekrutiertes Zeta-Mitglied erhält eine fünfmonatige militärische Ausbildung, die den Umgang mit Kurz- und Langwaffen sowie Sprengstoffen einschließt.[8] Außerdem unterstützt das Kartell die gerichtliche Verteidigung im Falle einer Verhaftung. Derzeit gibt es mehr als zwei Dutzend mutmaßlicher Zetas in guatemaltekischen Gefängnissen.

Welche Unterschiede existieren zwischen den Zetas in Mexiko und den aus Guatemala stammenden und dort rekrutierten »Nachwuchs-Zetas«?

Die Hierarchie eines mexikanischen Kartells scheint folgendermaßen zu funktionieren: An der Spitze steht eine sichtbare und historische Führungsfigur. Ihr folgt der Capo am Sitz des Kartell-Hauptquartiers (in der Regel die Hauptstadt eines Bundesstaates) und den nächsten Rang nimmt der Capo in der Hauptstadt eines umkämpften Bundesstaates (Kriegszone) ein. Auf einer niedrigeren Ebene folgen die Verantwortlichen auf kommunaler Ebene (ein- und dieselbe Person kann die Kontrolle für mehrere Landkreise übernehmen) sowie die unabhängigen Auftragsmörder und die »Falken«.[9] Es gibt auch unabhängige Zellen, die in dieser Einteilung berücksichtigt werden müssen. Sie können, müssen aber nicht in direkter Verbindung mit einem Kartell stehen. Überwiegend besteht diese direkte Beziehung mit einem Kartell nicht. Die Zellen sind daher in Zonen aktiv, in denen die großen Kartelle nicht so präsent sind.

---

8 Diese Informationen entstammen einem Gespräch, das der Autor dieses Textes mit einem verhafteten mexikanischen Zeta in der guatemaltekischen Provinz Alta Verapaz führte.

9 So werden die Personen genannt, die im Kartell und in einer seiner kleinen Zellen mit der Beobachtung des Territoriums beauftragt sind. Sie müssen das Eindringen von Sicherheitskräften oder rivalisierender Gruppen melden. In der Regel werden diese Aufgaben von Jugendlichen aus Armenvierteln durchgeführt, die für ihre Tätigkeit mit Drogen bezahlt werden.

Was die Hierarchien der mexikanischen Kartelle in Guatemala (vor allem die Zetas) angeht, so gibt es einen Obercapo, der für das gesamte Territorium verantwortlich ist. Im Allgemeinen hat er seinen Stützpunkt in einem Grenzort. Es handelt sich immer um einen Mexikaner, der dort »auf die Probe« gestellt wird. Ist er erfolgreich, wird er in größere Konfliktzonen innerhalb Mexikos versetzt. Dieser mexikanischen Führung untersteht ein ehemaliger guatemaltekischer Elitesoldat. Der wiederum wird damit beauftragt, eine Gruppe Jugendlicher zu kommandieren, die in Guatemala rekrutiert wird. Diese jungen Leute zwischen 14 und 21 Jahren bewachen das Territorium, informieren über nahende Sicherheitskräfte und sind für Erpressung und Bestechung örtlicher Autoritäten zuständig. Das heißt: Die guatemaltekischen Zetas sind – bisher – von ehemaligen Kaibiles befehligte Falken.

Zunehmender Terror der Zetas in Guatemala

Die Zetas und die guatemaltekischen Organisationen übten sich zunächst in friedlicher Koexistenz und respektierten die jeweiligen Umschlagsrouten. Doch die guatemaltekischen Gruppen wagten vor einigen Jahren den definitiven Bruch. Die Organisation von Juan León alias *Juancho León* raubte den Zetas eine Drogenladung. Die Zetas übten Rache, indem sie im März 2008 Juan León ermordeten. Die Zeiten friedlicher Koexistenz waren vorbei. Der Saldo dieses ersten Zusammenstoßes waren elf Tote. Dabei sorgten das Kaliber und die enorme Feuerkraft der bei der Konfrontation benutzten Waffen für Aufmerksamkeit. Nach Geheimdienstberichten drangen bewaffnete Männer in mehreren Karawanen mit Geländewagen von Mexiko aus über die guatemaltekische Provinz Petén ins Land ein. Nachdem sie Juan León hingerichtet hatten, entführten sie zwei Ortsansässige, damit diese ihnen den Rückweg zeigten. Später brachten sie die beiden um. Auf die Hilfsanrufe in den Kasernen in der Region gab es keine Reaktion. Nach dem Tod von Juan León wurde dessen kriminelle Struktur von Juan Ortiz *Chamalé* in seine Hierarchie integriert. Ortiz blieb dem Sinaloa-Kartell untergeordnet. Die zweite Machtprobe ergab sich acht Monate später. Im Rahmen eines vereitelten Pferdewettrennens in Huehuetenango gerieten Zetas und Angehörige des Sinaloa-Kartells aneinander. Diesmal starben 17 Personen.

Unabhängig von kleineren Scharmützeln hatten die Zetas begonnen, Positionen in der Provinz Alta Verapaz einzunehmen. So nutzten sie unter anderem die Infrastruktur des einzigen Flughafens in dieser Provinz als ihre private Pferderennbahn. Dies rief den Unmut der guatemaltekischen Oligarchie und der lokalen Kardamom-Unternehmer (die Gewürzpflanze Kardamom ist ein Exportprodukt der Region) hervor, die ihre kleinen Privatflugzeuge nicht mehr benutzen konnten. Die Zetas hatten sich mit Gewalt in der Provinz Eintritt verschafft. Genauso gewalttätig übernahmen sie die Kontrolle über den Großteil des Nachtlebens in Alta Verapaz. Am 19. Dezember 2009 verhängte die guatemaltekische Regierung den Ausnahmezustand über die Provinz, »um die Regierbarkeit wiederherzustellen« und die von den Zetas verantworteten kriminellen Aktivitäten einzudämmen. Während der Dauer des Ausnahmezustandes wurden etwa hundert Waffen und mehrere Kleinflugzeuge beschlagnahmt sowie 22 Personen verhaftet (von diesen waren einige nur einfache Kardamom-Händler, die hohe Barsummen bei sich trugen). Nach Beendigung des Ausnahmezustandes schienen die Zetas ihre Strategie geändert zu haben und führten ihre Gewalttaten weniger sichtbar aus.

Aber die nächste Terrortat, mit der die Zetas die guatemaltekische Bevölkerung heimsuchten, geschah im Mai 2011. Ein Zeta-Kommando nahm an einem Sonntag 27 Campesinos als Geiseln, die auf einer Farm im Landkreis La Libertad in der Provinz Petén arbeiteten. Das Kommando wurde von einem ehemaligen Kaibil mit dem Spitznamen *Comandante Bruja* (Kommandant Hexe) geleitet. Unter seinem Befehl folterten und köpften die Zetas die Landarbeiter. Die Campesinos hatten für Otto Salguero gearbeitet, einen guatemaltekischen Capo des Golfkartells . Dieser hatte eine Drogenladung von zwei Tonnen Kokain mit einem Marktwert von mehr als siebentausend US-Dollar je Kilogramm geraubt. Nach dem Massaker schnitten die Zetas einem der Opfer das Bein ab und schrieben darauf mit Blut eine Botschaft für Otto Salguero.

Drohende Militarisierung

Alvaro Colóm, Ex-Präsident Guatemalas, behauptete während seiner Regierungszeit (2008–2012) mehrmals, seine Vorgänger – die Regierungen unter Alfonso Portillo (2000–2004) und Óscar Berger (2004–

2008) – hätten die Übergabe des Landes an die »Narcos« geplant. Inzwischen ist der Nachfolger Colóms im Amt. Otto Pérez Molina wird das Land bis 2016 regieren. Im neuen Präsidium des guatemaltekischen Nationalkongresses sitzen drei Abgeordnete, die bekannte Mittelsmänner des einheimischen Drogenhandels und des Sinaloa-Kartells sind. Bei seiner Amtseinführung als Oberkommandierender der Streitkräfte Guatemalas schloss Präsident Pérez Molina folgenden Satz in seine Rede ein: »Wir wollen die externen Bedrohungen ausschalten und unter Anwendung unserer militärischen Stärke dazu beitragen, die illegalen bewaffneten Gruppen zu neutralisieren.«[10] Offenbar wollte er einen Freibrief dafür ausstellen, die Streitkräfte aufzurüsten und verlorene Macht zurückzugewinnen.

Eine mögliche Militarisierung der Drogenbekämpfung in Guatemala durch den Einsatz der Elitetruppe der Kaibiles kann zu einer vergleichbaren Situation wie in Mexiko führen: eine unkontrollierte Verschärfung der Gewaltmuster, mit der die Narcos auf die Aktionen des Militärs reagieren. Die Militarisierung würde bis in die Kartelle selbst getragen, denn die kriminellen Organisationen fühlten sich gezwungen, sich zu parallelen Streitkräften zu wandeln. In Guatemala führen die Aktionen der US-Antidrogenbehörde DEA derzeit zu einer Atomisierung der traditionellen Organisationen. Offen ist, welche neuen lokalen Machtkonstellationen sich daraus ergeben und in welchem Moment sich Gruppen mit den Zetas zusammentun. Das Risiko besteht darin, dass die mexikanischen Organisationen kein lokales Personal mehr rekrutieren. Sie könnten stattdessen damit beginnen, Mitglieder aus den mexikanischen Regionen zu »importieren«, in denen derzeit die blutigsten Auseinandersetzungen ausgefochten werden. Die mexikanischen Narcos haben gelernt, ihre Mitglieder auszubilden, indem sie das Training der Eliteeinheiten des Militärs kopieren. Daher wäre der Einsatz der Kaibiles bei der Drogenbekämpfung kein großes Überraschungsmoment für sie.

Die Militarisierung wäre eine falsche Entscheidung. Der guatemaltekische Staat sähe sich Akteuren gegenüber, die eine unkontrollierbare Gewaltspirale in einem Territorium in Gang setzen würden, das wesentlich kleiner als das mexikanische ist. Die zukünftige Militarisierung

---

10 Quelle: www.prensalibre.com.gt/noticias/politica/Guatemala-Ejercito-saludo_militar-Mariscal_Zavala-Otto_Perez_0_628137301.html.

der Drogenbekämpfung könnte allerdings ein Schachzug des *Syndikats* sein, um den Drogenumschlag zu monopolisieren und die Zeta-Gruppen, die in der Grenzregion zu Mexiko operieren, zu verdrängen.

Präsident Pérez Molina hat angekündigt, die Elitesoldaten an die vorderste Front zu schicken. Die Vorstellung einer massiven Fahnenflucht von Kaibiles, die sich den Zetas in Guatemala anschlössen, wäre dann eine naheliegende und angsterregende Option. Ein solcher Vorgang würde ausreichen, um erneut ein Land und eine ganze Region in Brand zu setzen. Eine Region, die sich gerade vom Bürgerkrieg erholt, in dessen Kontext die jeweiligen Streitkräfte Hunderttausende Menschenrechtsverletzungen begangen haben.

Aus dem Spanischen von Gerold Schmidt

Literatur

Arendt, Hannah: The Origins of Totalitarianism, New York, 1951

Bruccet, Luis Alfonso: Manual de Crimen Organizado, Fondo de Cultura Económica, México, 1996

Dickie, John: Cosa Nostra. A History of the Sicilian Mafia, Palgrave Macmillan, Basingstok/New York, 2004

Hardin, Russell: Collective Action. The Johns Hopkins University Press, Baltimore, 1982

Jenkins, Joseph; Perrow, Charles: Insurgency of the Powerless: Farm Worker Movements (1946–1972), in: American Sociological Review 42, Nr. 2, 1977

Kahneman, Daniel, Amos Tversky: Prospect Theory, in Econometrica 47-2. 1979

Kalyvas, Stathis: Wanton and Senseless? The Logic of Massacres in Algeria, in: Rationality and Society, 11 (3), 1999

Kornhauser, William: The Politics of Mass Society, The Free Press, Glencoe, 1959

Olson, Mancur: The Logic of Collective Action, Harvard University Press, Cambridge, 1965

Programa de las Naciones Unidas de Guatemala: Guatemala: Hacia un Estado para el desarrollo humano. Informe Nacional de Desarrollo Humano, 2009–2010, Guatemala, 2010

Smelser, Neil: Theory of Collective Behavior. The Free Press, New York, 1962

Alfredo Molano Bravo

Die Kultur der Mafia

Kolumnen

Alfredo Molano Bravo ist einer der bekanntesten Chronisten des bewaffneten Konflikts in Kolumbien. Der Soziologe, Journalist und Schriftsteller hat zahlreiche Bücher und Fernsehreportagen veröffentlicht und für seine journalistische und investigative Arbeit mehrere Preise erhalten. Seit über 15 Jahren begleitet er das aktuelle Geschehen im Land mit einer wöchentlichen Kolumne in der kritischen Zeitung El Espectador, *die er auch weiter schrieb, als er 2001 aufgrund von Todesdrohungen durch rechtsextreme Paramilitärs mehrere Jahre im Exil in Spanien und den USA lebte.*

Molano schildert die Realität Kolumbiens aus der Sicht der so genannten kleinen Leute und hat dabei einen eigenen Stil geprägt, der Oral History, literarische Reportage und politische Analyse vermischt. Auf seinen regelmäßigen Reisen durch das Land führt er Interviews in entlegenen, oft wenig beachteten Winkeln des Landes, spricht mit Landarbeitern, Kokabauern, afrokolumbianischen Bürgerkriegsflüchtlingen oder indigenen Frauen und verdichtet die Gespräche und Beobachtungen zu atmosphärischen, geographisch meist sehr genau verorteten Texten.

Wir veröffentlichen mit Genehmigung des Autors fünf seiner in El Espectador *publizierten Kolumnen. Es sind Momentaufnahmen des Alltags in verschiedenen Teilen Kolumbiens, die schildern, wie wirtschaftliche Interessen mit Gewalt und auf Kosten der Landbevölkerung durchgesetzt werden, wie die Grenzen zwischen bewaffneten Gruppen, Sicherheitskräften, Politikern und Großunternehmen im Drogenhandel und in anderen illegalen Aktivitäten immer mehr verwischen und wie die Angst den Alltag in den Konfliktregionen prägt. Die Kolumnen sind größtenteils im Jahr 2011 erschienen, lediglich einer der Texte, der über die Durchdringung der kolumbianischen Gesellschaft mit einer Kultur der Mafia nachsinnt, stammt bereits aus dem Jahr 2008. Er ist heute noch so aktuell wie damals.*

Die Kultur der Mafia

Die Königlich Spanische Akademie für Sprache definiert die Mafia als eine kriminelle Organisation mit sizilianischem Ursprung, und, in Erweiterung der Definition, als jegliche Art geheimer krimineller Organisation als auch jede Organisation, die versucht, ihre Interessen durchzusetzen. Als Beispiel nennt sie die Kunstmafia. Kurz und gut: Wir müssen den Blick nach Sizilien richten.

Der Ursprung des Wortes ist strittig: Es stammt aus dem arabischen mahya, Kraftmeierei, Prahlerei, oder aus dem toskanischen maffia, Synonym für Aufschneiderei. Die Etymologie könnte treffender nicht sein. Die Mafia, so wie wir sie heute kennen, entstand in Sizilien als eine Organisation, die die Interessen der Feudalherren mit dem Gewehr verteidigte und dabei vor gezielten Erschießungen nicht zurückschreckte, die Auftragskiller engagierte und Richter kaufte oder umbrachte. Wir kommen der Sache näher: Warm.

So bildete sich die *Onorata Società* (Ehrenwerte Gesellschaft), regiert durch einen Ehrenkodex – die *omertà*, Synonym für das Gesetz des Schweigens – und die als eines ihrer rentabelsten Geschäfte Viehschmuggel betrieb. Wärmer. Die Mafia siedelte sich zur Zeit der Weltwirtschaftskrise in den USA an und machte den großen Reibach: Die sizilianischen Emigranten, arm, arbeitslos, schlecht angesehen und noch schlechter behandelt, schlossen sich zusammen, um nach dem Modell der *Onorata* illegale Geschäfte zu betreiben. Hieraus entstand die Cosa Nostra, es sind die Zeiten des Paten und des berühmten Bosses Lucky Luciano, der sich den Geschäften des Drogenhandels, der Prostitution und des Glücksspiels widmete. Heiß. Die Polizei erwischte ihn und er wurde zu 30 Jahren Haft verurteilt, von denen er sich freikaufte, indem seine Mafia den Alliierten bei deren Landung in Sizilien am Ende des Zweiten Weltkriegs logistische Unterstützung leistete. Noch heißer. Wir sind drauf und dran, uns zu verbrennen.

In der Mitte unserer Gesellschaft herrscht ein politisches Erbe, das von den *chulavos* und *pájaros*[1] der 1950er Jahre ausgeht, sich über die

---

1 Die *chulavos* und *pájaros* waren Schläger- und Killertrupps, die zur Zeit der *violencia* in Kolumbien (1946–1962) im Auftrag der Konservativen Partei gewaltsam gegen Anhänger der Liberalen Partei vorgingen und die Interessen der Großgrundbesitzer verteidigten. Die Gründung linker Guerillagruppen geht auf diese Zeit zurück und ist auch eine Reaktion auf diese Gewalt (diese und alle folgenden Anmerkungen von der Übersetzerin).

Banden der Smaragdschürfer und Schmuggler der 1960er und 1970er Jahre hinzieht und sein Vermächtnis auf die Narcos übertragen hat, die sogenannten »Magiker« – ein ironisches Wortspiel aus dem Wort Mafia –, die bis heute regieren und sich ihren Passierschein in die Zukunft unter der Bezeichnung *los emergentes*[2] bereits gesichert haben.

Die weiße und wohlhabende Aristokratie unseres Landes fühlte sich von den äußerlichen Markenzeichen der Mafia zunächst beeinträchtigt und rümpfte die Nase über diese extravagante, respektlose, effekthascherische Kultur, in der man ganze Gesellschaftsclubs neu bauen ließ, wenn einem der Zugang zu den bereits bestehenden verwehrt wurde, in der man sich die luxuriösesten Schlitten kaufte, die edelsten Pferde, die nobelsten Anwesen, die strengsten Richter, die am höchsten dekorierten Generäle. Kurz und gut: eine Kultur, in der man sich mit all den Werten jener selbsternannten ›feinen Leute‹ kleidete, die wiederum zu ihrem eigenen Vorteil bald herausfanden, dass es besser war, sich mit der Mafia zu verbünden als gegen sie zu kämpfen. Und das taten sie dann auch. Wir wollen fair sein: Einigen trieben gewisse eheliche Verbindungen zwar die Schamesröte ins Gesicht, doch letztendlich sagten auch sie sich achselzuckend: »Geld ist Geld und das ist, was zählt.«

Die Mafia ließ von ihrer Goldgrube nicht mehr ab. Im Gegenteil, sie baute sie aus, machte weiter mit ihren Geschäften, ihrem allgegenwärtigen Einfluss auf die Institutionen, ihren Verbrechen, ihren Waffen. Das waren die Zeiten, als der US-amerikanische Botschafter in Kolumbien von »Narcodemokratie« sprach. Die Vertreter der im Niedergang begriffenen Aristokratie, zu diesem Zeitpunkt bereits selbst Narcos und am großen Spiel beteiligt, nahmen die Anerkennung dankbar an und lobten den großen Diplomaten, der, dies sei hier nur am Rande erwähnt, sich schließlich in Zentralamerika mit jenen, die er einst angeprangert hatte, zusammentat. Dann schloss die soziale Koalition einen weiteren

---

2 Seit einigen Jahren wird in Kolumbien von Regierungsseite aus für die bewaffneten Gruppen vermehrt der Begriff *grupos emergentes* oder *bandas criminales* (bacrim) verwendet. Menschenrechtsorganisationen und internationale BeobachterInnen kritisieren, dass diese Bezeichnungen lediglich dazu dienen, angebliche Erfolge in der Demobilisierung der AUC-Paramilitärs zu stützen, und dabei verschleiert werde, dass es sich um dieselben im Drogenhandel aktiven paramilitärischen Gruppen handele, die – unter neuen Bandennamen und teilweise in leicht veränderter Formation – weiterhin Oppositionelle ermorden und deren Einfluss in vielen Regionen unverändert fortbestünde.

Deal ab, den Paramilitarismus, und dieser führte geradewegs in die »Parapolitik«, die heute immer engere Kreise um den Prinzen[3] zieht: Sein Cousin, sein früherer Privatsekretär, seine Wahlmänner, sein Ex-Sicherheitchef und sein ehemaliger Wahlkampfmanager stecken, wie man es heute ausdrückt, »in Schwierigkeiten«.

Die Mafia, die sizilianische ebenso wie die hispanoamerikanische, ist außerhalb der Gesetze groß geworden, sie hat sich mit Blut und Eisen Zugang zur wirtschaftlichen und politischen Macht verschafft und den Rest des Landes, um genau zu sein, 84 Prozent unseres Landes, mit ihrer Kultur infiziert. Es ist eine Kultur der Gesetzlosigkeit und Selbstjustiz, in der Gewalt mit Gewalt aufgezwungen wird und für Fingerabdrücke und digitale Beweisdateien bezahlt wird, eine Kultur des »Verkauf's mir oder ich kauf es von deiner Witwe«, des »Ich mach dich kalt, du Schwuchtel«, des »Verschwinde oder ich sorge dafür, dass du verschwindest«. Ihr Wappenschild: ein Herz in Flammen.

Piedad Córdoba[4] hat festgestellt, dass unser Land von einer Kultur der Mafia beherrscht wird. Ihre Aussage ist nicht nur mutig, sie ist auch zutreffend. Nachdem die Mafia Verwaltungsräte und politische Institutionen übernommen hat, versucht sie nun, ihre Werte, Normen und Prinzipien aufzuzwingen. Mit anderen Worten, ihre Kultur, und zwar in ihrer schlimmsten Ausprägung.

Erschienen in El Espectador am 28. März 2008

---

3 Hier ist die Rede vom damaligen Präsidenten Álvaro Uribe Vélez, dessen enge Verbindungen zu den Paramilitärs 2006 publik wurden und den sogenannten Parapolitik-Skandal auslösten.
4 Piedad Córdoba ist Gründerin der Menschenrechtsorganisation »Kolumbianer und Kolumbianerinnen für den Frieden« und war zum Zeitpunkt der Publikation dieses Textes Senatorin der Liberalen Partei Kolumbiens. Sie ist eine scharfe Kritikerin der Regierungspolitik der Demokratischen Sicherheit und setzt sich seit langem für eine humanitäre Lösung des bewaffneten Konflikts und für Verhandlungen mit der FARC-Guerilla ein. Dies hat ihr Anfeindungen und Bedrohungen eingebracht, 1999 wurde sie von Paramilitärs entführt, kam jedoch frei. 2010 musste sie ihr politisches Amt aufgeben, weil ihr vorgeworfen wurde, mit der FARC zu kooperieren.

Und nun?

Brutal und kaltblütig sind zwei BiologiestudentInnen der Universidad de los Andes ermordet worden, in einem Mangrovenwald an der Flussmündung des Sinú, in der Bucht von Cispatá. Irgendein Polizeigeneral hat verlauten lassen, es habe sich um eine Verwechslung gehandelt. Mit anderen Worten, dass die Mörder, Mitglieder einer paramilitärischen Einheit mit dem Namen *Urabeños*, nicht die StudentInnen töten, sondern Mitglieder einer anderen paramilitärischen Gruppe namens *Rastrojos* aus dem Weg räumen wollten.

Die Paramilitärs, die seit eh und je aktiv sind, werden neuerdings zur Rechtfertigung der Politik der »Demokratischen Sicherheit« mit anderen Bezeichnungen versehen. Doch die Menschen wissen, dass es sich um dieselben Gruppen handelt und dass sie weiterhin dasselbe Handwerk betreiben: Gegen Bezahlung wirtschaftliche Interessen zu schützen, von denen der Drogenhandel das lukrativste Geschäft, nicht jedoch das einzige ist. Die Paramilitärs sichern auch Viehzuchtbetriebe, Palmölplantagen, Bergbaufirmen, Transportunternehmen, Häfen, Mangrovenwälder. *El Gavilán*, mutmaßlicher Anführer der Rastrojos, war – ich bin nicht sicher, ob die Vergangenheitsform des Verbs hier angemessen ist –, ein Vertrauensmann Mancusos[5].

Der verabscheuungswürdigen Ermordung der beiden StudentInnen sind weitere, nicht weniger brutale Morde hinzuzufügen, die nicht dieselbe Verbreitung in den Medien erfahren haben und auf die auch keine derart hohe Belohnung »für Informationen, die zum Aufenthaltsort der Verbrecher führen«, ausgesetzt worden ist. Nach Angaben des Ombudsmanns für Menschenrechte Vólmar Pérez sind in der ersten Woche dieses Jahres in derselben Region der Lehrer Esteban Tejada aus Planeta Rica, der Bildhauer und Maler Rubén Darío García aus Tierralta und

---

5 Salvatore Mancuso war als Chef der rechtsextremen paramilitärischen *Autodefensas Unidas de Colombia* (AUC) für zahlreiche Massaker und Morde in verschiedenen Regionen des Landes verantwortlich. Als er im Rahmen des Demobilisierungsprozesses vor Gericht über Verbindungen des Präsidenten Álvaro Uribe und anderer Regierungspolitiker zu hochrangigen Paramilitärführern aussagte, erfolgte 2008 überraschend seine Auslieferung an die USA, wo er wegen Drogenhandels angeklagt ist. Auch in Italien liegt eine Anklage gegen Mancuso wegen gemeinsamen Drogenhandels mit der kalabrischen 'Ndrangheta vor.

die Bauern Jaime Luis Acosta, Vladimir Guillén, John Mercado und Carlos Alfredo Mercado getötet worden. Die Tageszeitung *El Meridiano* aus Córdoba meldet »25 Morde durch kriminelle Banden und sechs Morde, die von den Behörden im laufenden Jahr registriert wurden«. Mit anderen Worten: 31 Kolumbianer. Die Polizei und die Staatsanwaltschaft verzeichnen in diesem Verwaltungsbezirk einen Mord pro Tag. Ein Bericht des nationalen Erziehungsministeriums informiert, dass die Sicherheitskräfte im Jahr 2010 insgesamt 1.200 Festnahmen durchgeführt haben, »fast alle aufgrund von Verbindungen zu den Banden, die sich nach dem Ende der Vorherrschaft der AUC gebildet haben. Viele der Verhafteten waren Beamte und Mitglieder der staatlichen Sicherheitskräfte oder Mitarbeiter im öffentlichen Dienst.«

Diese dramatische Situation beschränkt sich nicht auf Córdoba. Von Bahía Portete bis Puerto Estrella in der Region Alta Guajira haben die Paramilitärs die absolute Herrschaft. Ebenso in der Gegend zwischen Camarones und dem Tayrona Nationalpark. Das Gleiche spielt sich in der Region von Ciénaga Grande bis in den Süden des Departements Bolívar ab. Ganz zu schweigen von der Region Urabá, wo die Paramilitärs genauso mächtig sind wie in den Bergen von Baudó und dem San-Juán-Delta. Südlich des Río Dagua bis zur Provinz Esmeraldas in Ecuador, dasselbe. Am 29. Dezember wurden in Buenaventura sechs Tonnen Kokain sichergestellt. Sechs Tonnen Schnee!

Wie *El Espectador* berichtet, verzeichnet die Generalstaatsanwaltschaft für den Zeitraum von Juni 2005 bis Dezember 2010 insgesamt 173.183 Fälle von Mord, 34.467 Fälle gewaltsamen Verschwindenlassens, die Zwangsvertreibung von 74.990 Gemeinden und die Rekrutierung von 3.557 Minderjährigen, alle Taten verübt durch Paramilitärs. Der gesamte Zeitraum fällt in die Jahre der »Demokratischen Sicherheit«. Unser Land hat noch nicht vollständig begriffen, was für eine Tragödie wir hier gerade erleben. Die Zahl der Morde liegt beinahe gleichauf mit den Zahlen, die die Historiker der verheerenden Phase der *violencia* in Kolumbien von 1946 bis 1962 zuschreiben: 200.000 Tote. Und die Zahl der Verschwundenen übersteigt die der Diktaturen im Cono Sur in den Siebziger Jahren, die bei 30.000 lag.

Hoffen wir, dass die Staatsanwaltschaft bald auch die dokumentierten Fälle von Mord, gewaltsamen Verschwindenlassen und Entführung veröffentlicht, die von der Guerilla verübt werden, um die Bilanz eines Krieges zu erstellen, der kein anderes Ziel und keinen anderen Zweck verfolgt als das systematische Ausbluten unseres Landes. Welchen Sinn hatte es, Milliarden US-Dollar in die Bewaffnung und Aufrechterhaltung von militärischen Einheiten der einen oder anderen Couleur zu investieren, um letztendlich festzustellen, dass dies ein unsinniger Krieg ist, der jedoch zugunsten der Interessen einiger weniger Mächtiger weiter betrieben wird? Wie hoch ist der menschliche Preis, um die soziale Ordnung aufrechtzuerhalten – und um welche soziale Ordnung handelt es sich eigentlich?

Erschienen in El Espectador am 16. Januar 2011

Satinga, Holz und Koka

In Tumaco landen, das heißt, vier Leichtflugzeuge zur Besprühung von Kokapflanzungen zu beobachten, am Steuer US-amerikanische Auftragnehmer in Shorts und mit Safari-Hut, die sich das beste Hotel der Stadt mit den Beamten der Bundespolizei teilen und hier sind, um die manuellen Kokavernichter bei ihrer Arbeit zu unterstützen.

Tumaco ist heute eine Stadt mit Marinestützpunkt, Bischof, Supermärkten und Tanzlokalen. Die Überlandstraße nach Llorente und Pasto bildet eine Achse durch ausgedehnte Plantagen afrikanischer Ölpalmen, die von einer seltsamen Fäulniskrankheit befallen sind, welche einige Fachleute eben jener Pestizidbesprühung der Kokafelder aus der Luft zuschreiben. Die Gewaltrate in Tumaco hat schauderhafte Ausmaße angenommen: 100 Morde auf 100.000 Einwohner. Die Pazifikküste in der Region Nariño ist gegenwärtig Schauplatz eines brutalen Krieges zwischen Paramilitärs, Sicherheitskräften und Guerillagruppen.

Von Tumaco nach Bocas de Satinga im Landkreis Olaya Herrera ist man vier Stunden in einem 200-PS-Motorboot unterwegs. Auf dem Weg zur Isla del Gallo, einstige Operationsbasis des Eroberers Francisco Pizarro, geht das Meer von sandigem Blau in tiefes Grün über. Den Wasserweg säumen schwimmende Styroporschachteln, die von den Linienpassagieren nach dem Verzehr ihrer frittierten Hähnchen über Bord geworfen wurden. Der Zugang zu den Mangroven zieht sich hin. Man gelangt in einen Wald wundersamer Bäume mit schnurgeraden Gerten, gehalten von einem freiliegendem Wurzelgestrüpp, das allerlei Arten von Fischen und Weichtieren als Kinderstube dient. Mal verengt sich der Wasserlauf, dann öffnet er sich wieder in den verschiedenen

Mündungen der Flüsse, die alle miteinander verbunden sind. Ein Labyrinth des Lebens.

An einem Abschnitt, der Sitiofrío genannt wird, werden die Bäume höher, der Flusslauf schmaler, der Lärm der Zikaden schriller. Hier ist es, wo die Stämme meistens stecken bleiben. Fischgrätenartig aneinandergebunden oder als Floß zusammengeschnürt werden sie mit Hilfe eines kleinen 30-PS-Motor durchs Wasser gezogen, gelenkt von zwei flinken Männern, die barfuß von einer Seite zur anderen hüpfen und verhindern, dass der Zug sich verheddert. Bis zu 500 oder 600 Stämme von Zeder, Aromata, Guánjaro und Garza[6] transportieren die Holzfäller auf diese Weise über die Flussläufe und Gewässer bis in die Sägewerke von Salahonda, Mosquera oder Bocas de Satinga. Der Preis von zwei Millionen Pesos, den sie für jede Ladung erhalten, steigt auf 20 Millionen Pesos[7], wenn das Holz zur Exportware wird. Natürlich erfolgen Einschlag und Export illegal – direkt vor der Nase der Regierungsbehörden. Es ist dasselbe wie beim Kokain.

Seit der Besprühung der Kokafelder mit Kleinflugzeugen hat sich der Holzeinschlag zum großen Geschäft entwickelt. Die Kokabauern und deren Partner, die Händler, führen ihre Arbeit in einer anderen Region fort. Sie hinterlassen eine Schneise des Ruins, wo zuvor der Aufschwung unübersehbar war. Die Menschen, die zurückbleiben, beginnen aufs Neue, Land zu roden, jetzt für den Holzeinschlag.

Mit jedem Tag fressen sich die Einschläge weiter ins Landesinnere, und der internationale Preis klettert in die Höhe. Kurzum, jedes Stück wird teurer. Es ist eine traurige Bilanz: Je weniger Koka gepflanzt wird, umso mehr Wälder werden abgeholzt. In Bocas de Satinga wurden während der Hochphase des Koka-Anbaus 25 Sägewerke geschlossen. Heute arbeiten sie wieder und sind rund um die Uhr in Betrieb.

Die Guerilla überträgt das Abgabesystem, das sie den Kokabauern auferlegt hat, nun auf die Holzfäller und Sägewerke und zieht mit den Bauern und Bäuerinnen in die neuen Anbauregionen. Die paramilitärischen Gruppen – *Rastrojos, Águilas Negras, Nueva Generación* – bleiben in den Küstengegenden. Ihr Geschäft ist der Kokainexport. Mit 400-PS-Schnellbooten oder U-Booten starten sie aus den Küstengewässern, um auf hoher See Schiffe zu beladen und die Ware an den Stränden von

---

6 Aromata, Guánjaro und Garza sind Baumarten der Region.
7 Umgerechnet etwa 800 Euro bzw. 8.000 Euro (Stand: Januar 2012).

Costa Rica und Mexiko abzuliefern, von wo aus das gesamte Geschäft gesteuert wird.

Die illegalen bewaffneten Gruppen bereichern sich unter Anwendung von Waffengewalt, die Sicherheitskräfte wiederum erhalten mit dem Fortschreiten des Konflikts höhere Leistungen und Garantien. Ist es nicht wahrlich seltsam, oder doch zumindest sehr verdächtig, dass, während mit der Besprühung der Kokapflanzungen dem illegalen Einschlag und Export von Holz das Feld bereitet wird, die Küsten für die groß angelegte Verschiffung von Kokain stets zugänglich sind?

Erschienen in El Espectador am 21. August 2011

Partnerschaften und Allianzen

Wir wollen Herrn Dr. Molano Aponte, Präsidentenberater und Direktor von *Acción Social*[8] nicht den Spaß verderben. Aber es geht nicht allein um nackte Zahlen. Hinter der Produktion von Kakao und Palmöl und deren Erzeugnissen, hinter Instantkaffee und ländlichem Tourismus stehen große multinationale Unternehmen. Doch es gibt auch noch eine andere Welt der landwirtschaftlichen Produktion, die Herr Dr. Molano Aponte nicht im Blick hat. So wie er auch nicht gesehen hat, was mit dem *Agro Ingreso Seguro* geschehen ist.[9]

Es ist eine kaum beachtete Welt, unsichtbar für die Statistiken oder in diesen verborgen, aber genauso real wie jene, für die Molano Aponte wirbt. Ich habe in den Regionen des Cauca mit eigenen Augen gesehen,

---

8   Wenige Tage vor Erscheinen dieses Textes hatte Diego Molano Aponte, Direktor der staatlichen Sozial- und Entwicklungsbehörde *Acción Social*, die Erfolgsmeldung präsentiert, dass dank des Regierungsprogramms zur alternativen Entwicklung 2,2 Millionen Hektar Fläche, auf denen zuvor Koka angebaut wurde, nun für die Produktion von Kakao, Kaffee und Palmöl und für den ruralen Tourismus genutzt würden. Dies, so Molano Aponte, habe 50.000 Arbeitsplätze geschaffen, Exporterlöse von 15 Millionen US-Dollar eingebracht und verhelfe den Kleinbauern zu einer legalen Existenzsicherung.

9   2009 wurde bekannt, dass ein Großteil des Budgets eines zur Unterstützung von Kleinbauern und Kleinbäuerinnen eingerichteten staatlichen Entwicklungsfonds (*Agro Ingreso Seguro*) an reiche Unternehmer- und Großgrundbesitzerfamilien geflossen war, die Álvaro Uribes Wahlkampagne finanziell unterstützt hatten und Verbindungen zu den Paramilitärs unterhielten.

wie dort die ungewöhnlichsten Partnerschaften gedeihen: Kaffee und Koka. Eine Furche Kaffee, eine Furche Koka, gewieft verwoben, ohne Aufmerksamkeit zu erregen. Die Kleinbauern investieren ihre Gewinne aus der Kokaproduktion in den Kaffeeanbau. Die Besprühung aus der Luft ist eine ständig drohende Gefahr, sie würde den Totalverlust bedeuten. Doch die Menschen nehmen das Risiko in Kauf. Die Regierung wäre gut beraten, hier anzusetzen und diese friedliche Alternativwirtschaft mit weichen Krediten zu fördern, ohne sich von der US-amerikanischen Drogenbekämpfungsbehörde, der Besprühungsindustrie oder dem Militär unter Druck setzen zu lassen.

Mit dem Kakao ist es dasselbe. Ich habe es selbst gesehen: Kakao und Koka, Reihe an Reihe, ein Flickenteppich, ohne dass mobile Vernichtungsbataillone oder andere perverse und gefährliche Militärtaktiken vonnöten wären. Der Wettbewerb zwischen legal und illegal würde schon zeigen, als wie effizient – oder demagogisch – sich die Politik der alternativen Entwicklung am Ende herausstellt.

Die Palmölplantagen, die sich in den Montes de María, im Magdalena Medio und in Catatumbo ausbreiten, sind eine andere Geschichte. Erstes Kapitel: Paramilitärische Gruppen fallen ein, töten Bauern als angebliche Kollaborateure der Guerilla und säen Angst und Schrecken. Viele Menschen fliehen, einige bleiben und schweigen. Das Ergebnis: Landenteignungen und ein sicheres Einkommen für Strohmänner, Zwischenhändler und gutgläubige Käufer.

Zweites Kapitel: Die Sicherheitskräfte treten auf den Plan und sichern die Region ab, es werden Konsolidierungszonen[10] mit Garantien für Investoren und Militär eingerichtet.

Drittes Kapitel: Jetzt kommen die großen Palmölunternehmen und kaufen Tausende von Hektar ebenes, gut bewässertes Land und bauen Ölgewinnungsanlagen und Biodieselraffinerien.

Viertes Kapitel: Die in der Region verbliebenen Kleinbauern werden in Verbänden organisiert. Die Unternehmer können eine halbes Dutzend von ihnen überzeugen, mit Geldern von *Acción Social* oder USAID Ölpalmen anzupflanzen. Künstlich geschaffene Pilotprojekte, die allein Propagandazwecken dienen.

---

10 Die Regierung Uribe richtete 2002 in verschiedenen Regionen des Landes sogenannte Konsolidierungszonen ein, in denen das Militär Sondervollmachten genießt.

Fünftes Kapitel: Mehr Bauern und Bäuerinnen treten den Verbänden bei und eine Bank übernimmt die Finanzierung des Anbaus. Das Geld wird von den Palmölkonzernen verwaltet und tröpfchenweise in Form von Leistungen ausgezahlt, die den Bauern zur Verfügung gestellt werden und die sie dem Unternehmen dann schulden: Saatgut, Dünger, Fungizide, technische Unterstützung, Transportmittel. All diese Leistungen sind an das Palmölunternehmen gebunden, das Inhaber der Ölgewinnungsanlage und letzten Endes einziger Käufer ist. Kurz und gut: Am Ende wird abgerechnet und kommt dabei Gewinn heraus, wird dieser ausgezahlt. Wenn nicht, können die Menschen sehen, wo sie bleiben.

Das Modell ist von den Kautschukhändlern aus dem Amazonas abgekupfert, die damit die indigene Arbeitskraft ausbeuteten: Sie stellten der lokalen Bevölkerung Kleidung, Werkzeug und Essen zur Verfügung und kauften ihr dann den Kautschuk unter Abzug dieser Leistungen ab. Meistens ging die Rechnung nicht auf und die Indigenen waren für den Rest ihres Lebens verschuldet. Beim Koka wiederholt sich das Prinzip, doch das, was der Drogenhändler dem Bauern für den Kokaanbau zur Verfügung stellt, ehe er ihm hinterher die Ware abkauft, heißt jetzt »Vorschuss« statt »Verschuldung«.

Vielleicht erwirtschaften die kleinbäuerlichen ProduzentInnen mit ihrem Anbau von Ölpalmen bislang sogar ein paar bescheidene Gewinne. Doch zum Preis dessen, dass sie ihr Leben lang an dasselbe Produkt gebunden sind. Jegliche Schwankungen auf dem internationalen Markt wirken sich direkt auf die »verschuldeten« oder »bevorschussten« Kleinbauern und Kleinbäuerinnen aus.

Angesichts der Geschwindigkeit, mit der sich die Dinge derzeit entwickeln, muss man sich fragen, was passiert, wenn unser Land erst einmal eine Produktionsfläche von 800.000 Hektar erreicht hat, wenn Venezuela, Ecuador, Peru, Bolivien, Brasilien und Ostasien ebenfalls Palmöl und Biodiesel produzieren und die Preise sinken. Was wird dann aus den vom neuen Aufschwung verführten Bauern? Womit werden sie ihre Schulden bei der Bank bezahlen? Mit ihrem letzten Hemd. Und das bedeutet schlussendlich: mit ihrem eigenen Grund und Boden.

Erschienen in El Espectador am 24. Juli 2011

Heute Nacht

Ich bin in einem Dorf im Süden der Region Cauca. Es ist neun Uhr abends. Die Straßen sind menschenleer. Ich blicke vom Balkon des kleinen Hotels, in dem sich ein paar wenige andere Gäste befinden, eingeschlossen wie ich, in ihren Zimmern. Man könnte meinen, es sei früher Morgen, hätte der Vollmond nicht erst ein Viertel seiner Bahn am Himmel zurückgelegt. Zwischen hohen Wolken segelt er hindurch. Heute Nachmittag waren sie noch strahlend weiß und kleckerten über die Bergspitzen der Westlichen Kordilleren in Richtung Patía-Tal. Stille legt sich über das Dorf. Die Angst geht um, niemand wagt es, sie herauszufordern.

Nicht ein einziges Geschäft ist geöffnet. Nicht eine Bar, nicht eine Disco. Nirgendwo eine Hure an einer Ecke. Nichts bewegt sich. Es weht nicht einmal ein Lüftchen, auf das man dieses oder jenes Geräusch dort irgendwo schieben könnte. Doch käme plötzlich ein Windstoß und würde Staub aufwirbeln und einen Dachziegel herunterreißen, die Panik wäre riesengroß. Mit einem Satz wären wir alle unter dem Bett.

Einen Kilometer vom Dorf entfernt wandern Schatten auf und ab. Schatten von Menschen aus Fleisch und Blut, bewaffnet bis an die Zähne. Soldaten klettern die Berge hinauf und hinunter, die Guerilla weicht aus und liegt auf der Lauer. Die Bergkuppen sind bepflanzt mit scharfen Minen und Granaten. Die Hänge mit Kaffee und Koka, Zuckerrohr und Yucca.

Heute Mittag glich das Dorf einem Bienenstock: Die Kinder kamen von der Schule und spielten Fangen, die Frauen hielten von Fensterbrett zu Fensterbrett ein Schwätzchen, die Männer betrieben ihre legalen und illegalen Geschäfte. Das Geknatter der Motorräder durchdrang Straßen, Gassen und Wege. Es herrschte hektische Betriebsamkeit. Das Tageslicht will ausgenutzt werden, was man bei Helligkeit nicht erledigt, ist verloren. Die Polizisten holten den Schlaf nach, den sie in der Nacht, eingesperrt in ihrem Bunker, nicht bekommen hatten. Ebenso die Nachbarn der Polizeiwache, die kein Auge zugetan und im Schlafanzug oder nackt in ihren Betten ausgeharrt hatten, immer in Erwartung des Knalls, der Explosion eines Sprengsatzes, der Splitter. Der Pfarrer schloss die Türen der Kirche, um zu Mittag zu essen und seine Siesta zu halten.

Jetzt, um halb zehn Uhr abends, höre ich nicht einmal mehr die Telenovelas in der Nachbarschaft. Alles ist verstummt. Als wären wir in einen Tunnel hineingefahren. Ich streiche »als wären wir« wieder durch. Wir sind in einem Tunnel. Besser gesagt, sie halten uns darin fest und rücken uns mit dem Tod zu Leibe, dem Tod, der jederzeit durch eine von einem Motorrad oder aus der Luft abgeworfene Bombe kommen kann. Sie unterscheiden sich nicht voneinander: Sie bringen den Tod und das Leid. Und sie zwingen uns Schweigen und Dunkelheit auf. Ich vernehme weder das Knarzen einer Pritsche noch das Quietschen einer Türangel. Vielleicht kann man in einer Nacht wie dieser nicht vögeln. Vielleicht aber wäre das der einzige Weg, um mir den Schrecken zu nehmen. Doch ich bin allein. Niemand kann mich von meiner Angst befreien.

Erschienen in El Espectador am 17. Juli 2011

Alle Texte aus dem Spanischen von Nana Heidhues

César Osorio Sánchez

Kein Erfolgsmodell

Militärische Strategien der Drogenbekämpfung:
Der Fall Kolumbien

Die humanitäre Krise, die Mexiko derzeit erlebt, hat den enormen Machtzuwachs mafiöser Gruppen auf der politischen, sozialen und institutionellen Bühne der lateinamerikanischen Länder und dessen Folgen auch international ins Bewusstsein gerufen. Die Häufung von Massakern und die Entdeckung riesiger Massengräber, die Aufdeckung der Verstrickungen der politischen Klasse in mafiöse Strukturen und die wachsende Kriminalität in den urbanen Zentren des Landes sind zu einer ernsthaften Bedrohung für Menschenrechte und bürgerliche Rechte geworden. Trotz der Schwere dieser Entwicklungen muss gesehen werden, dass derartige Probleme in Lateinamerika keineswegs neuartig sind, sondern vielmehr ökonomischen und politischen Logiken gehorchen, die eine lange Geschichte haben. Das Beispiel Kolumbien macht dies deutlich. Was derzeit in Mexiko geschieht, ruft unweigerlich Erinnerungen an die 1980er Jahre wach und beschwört Bilder von blutigen Konfrontationen zwischen kolumbianischen Drogenkartellen herauf, von Morden an politischen Führungspersönlichkeiten und dem extremen Anstieg der Gewalt im Alltagsleben großer Städte wie Cali, Medellín und Bogotá.

In der öffentlichen, politischen und wissenschaftlichen Debatte um die gegenwärtige Situation in Mexiko hat die These von der sogenannten »Kolumbianisierung« an Raum gewonnen. Ausgehend von unterschiedlichen ideologischen Standpunkten und politischen Zielrichtungen wird das Beispiel Kolumbien herangezogen, um zum einen das Szenario der Krise zu umreißen, die die mexikanische Gesellschaft gegenwärtig durchläuft. Zum anderen, um aufzuzeigen, welche politischen Maßnahmen im Rahmen des sogenannten »Anti-Drogenkriegs« auf nationaler Ebene anzuwenden seien.

Einige BeobachterInnen sehen die Kolumbianisierung vor allem darin, dass Massaker und Gewalttaten stark zugenommen haben, dass in öffentlichen Einrichtungen Sprengsätze explodieren und Brandanschläge verübt werden, weite Regionen des Landes, inklusive der Großstädte, zunehmend von mafiösen Gruppen kontrolliert werden und sich riesige Privatarmeen bilden, in denen sich verschiedene Teile des Organisierten Verbrechens zusammengeschlossen haben. Die Kolumbianisierung stellt hier einen »Abstieg ins Chaos« (Escalante Gonzalbo 2009: 84)[1] dar, der davon gekennzeichnet ist, dass die individuelle und kollektive organisierte Gewalt, mit der die konkurrierenden Mafiagruppen strategische Voraussetzungen für ihre Kontrolle von Territorium und politischen Institutionen schaffen, in ihrer Intensität, Brutalität und Schlagkraft erheblich zunimmt.

Andere Analysen beziehen sich ebenfalls auf Kolumbien, richten den Fokus jedoch nicht auf das Agieren der mafiösen Gruppen, sondern auf die verschiedenen politischen und militärischen Strategien, die seit den 80er Jahren entwickelt und im ersten Jahrzehnt des 21. Jahrhunderts im Rahmen des sogenannten Kampfs gegen die Drogen gefestigt wurden. Das Beispiel Kolumbien wird hier als ein nachzuahmendes Erfolgsmodell betrachtet, das eine Reihe institutioneller Reformen zur Erhöhung der militärischen Schlagkraft gegenüber illegalen bewaffneten Gruppen vorsieht.

Folgende Maßnahmen werden dabei hervorgehoben: der erhebliche Anstieg von staatlichen Investitionen in den Ausbau der Streitkräfte, die Unterzeichnung internationaler Abkommen über die technische Unterstützung im Bereich der Geheimdienste und der Aufstandsbekämpfung, insbesondere durch US-amerikanische Spezialkräfte, die Anpassung des Justizsystems an das nordamerikanische Modell, die Wiederaufnahme von Auslieferungen, um am Drogenhandel beteiligte kolumbianische Staatsbürger in den USA vor Gericht zu stellen, sowie die Umsetzung verschiedener Maßnahmen im Bereich der öffentlichen Sicherheit, die ein repressiveres Eingreifen des Staates im städtischen Raum ermöglichen. Die Kolumbianisierung stellt aus dieser Perspektive ein Strategiemodell dar, das auf militärische Zwangsmaßnahmen setzt und der

---

1 Der Autor weist in diesem Zusammenhang daraufhin, dass »das Gespenst der Kolumbianisierung eine Konstellation heraufbeschwört, in der drei Phänomene zusammenkommen: Die Schwäche des Staates, die Existenz krimineller Organisationen, die Milliardengeschäfte machen, und das Entstehen von Guerillagruppen, die sich in größeren oder kleineren Teilen des Territoriums ansiedeln« (S. 85).

vielzitierten Devise folgt, dass »mit Terroristen nicht zu verhandeln« sei, sondern diese mit geballter Staatsmacht bekämpft werden müssten.

Eine dritte Linie in der Debatte schließlich zieht das Beispiel Kolumbien heran, um zu zeigen, dass sich im Zuge von Repression und staatlicher militärischer Aufrüstung als bevorzugtes Mittel der Drogenbekämpfung in Mexiko derzeit Entwicklungen reproduzieren, die auch in Kolumbien zu beobachten waren: Der Bruch mit den Regeln des Rechtsstaats durch den Einsatz von Sondergesetzen im Bereich öffentlicher Sicherheit, die wachsende Einmischung externer Akteure, insbesondere der USA, in innere Angelegenheiten und die Ausbreitung einer Kriegskultur in den Institutionen, die mit einer allgemeinen Situation der Verletzung von Menschenrechten einhergeht.

In diesem Fall dient das Beispiel Kolumbien dazu, die weitreichenden Folgen militärischer Drogenbekämpfungsstrategien deutlich zu machen: eine massive und unkontrollierte Zunahme von Gewalt und Menschenrechtsverletzungen sowie die Übernahme staatlicher Institutionen durch Akteure, die ein Interesse an der Fortführung des Krieges haben. Militaristische Politikansätze, so wird hier argumentiert, stellen kein wirksames Mittel im Kampf gegen Drogen dar, sondern führen zur Legitimierung institutioneller Maßnahmen und Regierungspolitiken, die sich nach den Vorgaben hegemonialer Staaten richten und mit denen die Gesellschaften schließlich in zunehmendem Maße ihre Souveränität, ihre bürgerlichen Freiheiten und ihre Rechtssicherheit im Sinne eines Prinzips der Kontrolle willkürlicher Machtausübung einbüßen.[2]

Angesichts dieser verschiedenen Positionen erscheint es sinnvoll, das Beispiel Kolumbien einer eingehenden Analyse hinsichtlich der Drogenbekämpfung zu unterziehen. Allerdings sind der Anstieg von Kriminalität, die Umsetzung sicherheitspolitischer Maßnahmen der »harten Hand« sowie die US-amerikanische Einmischung in die Umsetzung der nationalen Sicherheitspolitik keineswegs nur in Kolumbien zu beobachten. Ganz im Gegenteil zeichnen sich diese Phänomene auf dem gesamten lateinamerikanischen Kontinent ab und breiten sich vor allem in jenen sozialen Räumen und Institutionen aus, in denen die

---

2 Interview mit Noam Chomsky. Gegenspionage und soziale Säuberung, Ziele des Antidrogenkriegs. Verfügbar unter: http://www.jornada.unam.mx/2011/08/17/politica/013n1pol.

Mafia an Macht gewinnt. Der zunehmende Einfluss mafiöser Strukturen und die Ausweitung ihrer kriminellen Aktivitäten sind eng damit verbunden, dass sich Bereiche der kapitalistischen Wirtschaft ausweiten, die am Rande der Legalität angesiedelt sind und in denen es um astronomische Profitraten geht. Der Ausübung von Gewalt kommt hierbei eine strategische Funktion zu: Sie sichert jene Märkte, Ressourcen und Netzwerke, mit Hilfe derer die aus den Wirtschaftsaktivitäten gezogenen Gewinne legalisiert werden.

Mafiöse Strukturen haben allgemein die Tendenz, sich auszuweiten. Zum einen, weil in einem System des globalem Kapitalismus illegale Aktivitäten wie Drogen-, Waffen- und Menschenhandel an Terrain gewinnen. Zum anderen, weil die Kapitalströme, über die der Erlös aus solchen Aktivitäten in Bereiche der formellen Wirtschaft (wie beispielsweise in den Finanzmarkt) fließen, die Grenzen zwischen legalen und illegalen Ökonomien zunehmend verwischen lassen. Und schließlich erfolgt die Ausbreitung solcher Praktiken auch dank der Komplizenschaft von Teilen der nationalen und internationalen Eliten, die mächtig genug sind, das Handeln des Staates zugunsten oder zuungunsten jener um Marktanteile konkurrierenden Gruppen zu beeinflussen. Insofern ist die Verknüpfung von Gewalt, Militarismus und imperialistischer Herrschaft in der globalen Drogenbekämpfung keineswegs zufällig. Vielmehr zeichnet sie sich gerade in jenen Regionen ab, die für den Drogenhandel strategisch von Interesse sind – sei es wegen ihrer geographischen Lage, ihres Reichtums an Bodenschätzen, an Biodiversität oder fossilen Brennstoffen.

Die verschiedenen Interpretationsansätze zur sogenannten Kolumbianisierung greifen soziale Phänomene auf, die keineswegs überwunden sind – auch wenn immer wieder versucht wird, Kolumbien als ein erfolgreiches Beispiel darzustellen. So beharrt die US-Regierung darauf, dass militärische Interventionen durch den Staat ein wirksames Mittel zur Drogenbekämpfung seien: Der Internationale Bericht zur Drogenkontrollstrategie (INCSR) des US-Außenministeriums für 2010 und 2011 stellt fest, dass das in Kolumbien angewandte Modell zur Bekämpfung des Drogenhandels eine Konsolidierung des Rechtsstaates und die Wahrung der Souveränität über nationales Territorium ermöglicht habe und somit als Vorbild für die Umsetzung von Sicherheitspolitiken bzw. von Maßnahmen zur Stabilisierung der gesamten westlichen Hemisphäre gelten könne.

Es gibt jedoch keine verlässlichen Indikatoren, die belegen, dass die Macht mafiöser Gruppen in Wirtschaft und Politik und in der Kontrolle strategisch wichtiger Regionen des Landes tatsächlich abgenommen hätte. Ganz im Gegenteil bringt die Anwendung militärischer Strategien für die kolumbianische Gesellschaft die bereits erwähnten Folgen mit sich, wie die zunehmende Einmischung der USA in die inneren Angelegenheiten, eine wachsende Beteiligung mafiöser Akteure an den politischen Institutionen und eine Verstetigung von schweren Menschenrechtsverletzungen.

Diese Aspekte, in der Kriegsrhetorik mitunter als »Nebenwirkungen« bezeichnet, illustrieren deutlich die Logik staatlichen Handelns in Bezug auf die sozialen Auseinandersetzungen im Land. Denn es darf nicht vergessen werden, dass Kolumbien seit den 1960er Jahren einen hochkomplexen bewaffneten Konflikt politischer und sozialer Dimension erlebt, an dem Guerillagruppen, Paramilitärs und der Staat als bewaffnete Akteure beteiligt sind.

Der Diskurs der Drogenbekämpfung im Zusammenspiel mit der Rede vom Kampf gegen den Terrorismus kann vor diesem Hintergrund als Rechtfertigung für eine zunehmende Militarisierung der staatlichen Politik gesehen werden, die, zusammen mit dem Erstarken der mafiösen Strukturen, maßgeblich zum aktuellen Szenario von Gewalt und Menschenrechtsverletzungen beigetragen und zu einer tiefgreifenden humanitären Krise im Land geführt hat. Zwischen 1989 und 2009 wurden im Rahmen des Konflikts 53.016 Menschen getötet (CINEP 2009: 1ff), in den vergangenen drei Jahrzehnten sind außerdem insgesamt etwa 57.000 Menschen verschwunden (El Tiempo 2011).

Die wachsende Einmischung der USA in den internen Konflikt

Eine der sichtbarsten verheerenden Folgen der Drogenbekämpfung in Kolumbien ist, dass die Möglichkeiten US-amerikanischer Einmischung in innere Angelegenheiten deutlich zugenommen haben. 2010 regte die Regierung von Álvaro Uribe Vélez eine Initiative für ein Abkommen mit der Regierung der Vereinigten Staaten an, das die Einrichtung von sieben Militärbasen auf kolumbianischem Territorium zur Durchführung militärischer Operationen in Zusammenarbeit mit der US-Armee vorsah.

Dieser Vorschlag stützte sich auf eben die Kooperationsabkommen zwischen Kolumbien und den Vereinigten Staaten, die im Rahmen des integrierten Antidrogenkampfes abgeschlossen worden waren. Neben anderen Maßnahmen sah er vor, dass nordamerikanischen Militärunternehmen und privaten Sicherheitsfirmen diplomatischer Status gewährt werden sollte, die US-amerikanische Armee freien Zugang zum kolumbianischen Luftraum sowie die Erlaubnis zu Funk- und Radarkontrollen erhalten sollte und dass Konflikte und Straftaten in Zusammenhang mit diesem Abkommen ausschließlich vor nordamerikanische Gerichte gebracht werden sollten.[3]

Zwar wurde die Initiative schließlich durch das Eingreifen des kolumbianischen Verfassungsgerichtshofs unterbunden, doch einige ihrer Elemente sind keineswegs neuartig. Ganz im Gegenteil spielen die US-amerikanischen Streitkräfte in der kolumbianischen Innenpolitik insgesamt eine zentrale Rolle und diese Initiative kann als Versuch gewertet werden, die durch den *Plan Colombia*[4] verstärkte militärische Präsenz und Beteiligung der USA zu formalisieren. Seit der Unterzeichnung des *Plan Colombia* im Jahr 1999, der als »Plan für Frieden, Wohlstand und die Stärkung des Staates« präsentiert wurde,[5] steht Kolumbien ganz weit oben auf der Liste jener Länder, in die US-amerikanische Militärhilfen fließen. Estrada legt dar, dass »Kolumbien im Rahmen dieser Politik jährlich gut 80 Prozent der gesamten Militär- und Polizeihilfe erhält«, die zwischen 21 Staaten Lateinamerikas und der Karibik aufgeteilt wird

---

3 Das Abkommen ist einsehbar unter: www.forcolombia.org/bases. Fellowship of Reconciliation, Colombia Program.

4 Der *Plan Colombia* ist ein offiziell als Drogenbekämpfungsstrategie implementiertes Programm der kolumbianischen Regierung in Kooperation mit den USA. Zentrale Elemente sind ausländische Militär- und Polizeihilfen in Milliardenhöhe, der Einsatz der Armee für polizeiliche Aufgaben und die flächendeckende Vernichtung von Kokapflanzungen durch Besprühung mit Pestiziden aus der Luft. Neben den massiven Auswirkungen auf Umwelt und Gesundheit der Menschen in den besprühten Gebieten kritisieren nationale und internationale Organisationen außerdem, dass das Programm zur militärischen Bekämpfung jeglicher oppositioneller Kräfte diene und zu einer erheblichen Verschlechterung der Menschenrechtslage geführt habe, während sichtbare Erfolge in der Drogenbekämpfung ausbleiben (A.d.Ü.).

5 So lautete der ursprüngliche Titel der Gesetzesinitiative Ley S1758, die die Senatoren Mike DeWine, Grassley und Coverdell am 20. Oktober 1999 vor dem Ausschuss für Internationale Beziehungen des US-Kongress vorlegten.

und somit international, hinter Israel und Ägypten, Platz drei belegt (Estrada Álvarez 2005: 90). Das folgende Schaubild[6] zeigt die finanzielle Beteiligung der US-Regierung im Rahmen der Drogenbekämpfung seit Mitte der 1990er Jahre.

Anti-Drogengelder
2011 stellten die USA 2,3 Milliarden US-Dollar für internationale Anti-Drogenprogramme bereit.

Zuschüsse für Militär und Polizei in lateinamerikanischen Ländern (1996-2012) in Millionen Dollar:	
Kolumbien	6.000
Mexiko	1.600
Peru	860
Bolivien	561
Ecuador	372

Nach Jahren in Millionen Dollar:

Quellen: Just The Facts (justf.org). Office of National Drug Control Policy

Die zunehmende Privatisierung des Krieges und die damit verbundene Beteiligung ausländischer militärischer Einheiten am kolumbianischen Konflikt sind Aspekte, in denen sich der Souveränitätsverlust am deutlichsten zeigt. Wie Antoine Perret (2009) darlegt, haben politische Maßnahmen wie der *Plan Colombia* dazu geführt, dass sich die Teilnahme vor allem US-amerikanischer Militärunternehmen und Sicherheitsfirmen am internen Konflikt sowohl in der Drogenbekämpfung als auch in der Aufstandsbekämpfung zunehmend etabliert hat.[7] Perret geht davon aus, dass im Rahmen der militärischen Kooperationsabkommen »im Jahr 2006 etwa 25 im Auftrag des US-Außenministeriums und des

---

6 Ginger Thompson. U.S. Widens Role in Battle Against Mexican Drug Cartels, New York Times, 6. August 2011. www.nytimes.com/2011/08/07/world/07drugs.html?pagewanted=all.

7 Wie Antoine Perret aufzeigt, autorisiert Abschnitt 313 der *Intelligence Authorization Act* vom November 2003 »den Gebrauch von geheimdienstlichen Maßnahmen, die gegen den Drogenhandel eingesetzt werden, auch im Kampf gegen terroristische Gruppen wie die FARC, die ELN und die AUC. Senat der Vereinigten Staaten von Amerika (2003), FY2004 Intelligence Authorization Act, Report 108-163.« (Perret 2009: 68).

US-Verteidigungsministeriums tätige Militärunternehmen und private Sicherheitsfirmen« in Kolumbien aktiv waren und »Verträge im Wert von 309,6 Millionen US-Dollar« abgeschlossen wurden (Perret 2009: 68).

Die gewaltigen Ressourcen, die Washington im Rahmen dieser als Drogenbekämpfung gerechtfertigten Maßnahmen zur Verfügung stellt, machen deutlich, dass Kolumbien für die USA von strategischem Interesse ist: zum einen, um durch direkte Präsenz die politischen Prozesse der Region zu überwachen, zum anderen als Vorratskammer für fossile Brennstoffe, Wasser und seit neustem auch Biodiversität.

Durch die Militarisierung der Antidrogenpolitik weitet sich der Krieg auf einen attraktiven Wirtschaftsbereich aus, an dem auch externe Akteure mit finanziellen Eigeninteressen teilhaben: dem neuen Markt der Militärhilfe. Dies ist angesichts eines seit mehr als vier Jahrzehnten andauernden sozialen und politischen Konfliktes im Land hochproblematisch und zivilgesellschaftliche Organisationen haben wiederholt auf die Notwendigkeit hingewiesen, durch Verhandlungen zu einer politischen Lösung zu kommen. Jegliche Bemühungen, die auf ein Ende der Anwendung von Gewalt abzielen, werden jedoch von der wachsenden Militarisierung staatlicher Politik im Rahmen des Antidrogenkriegs konterkariert.

Die anderen Andenländer (Venezuela, Ecuador, Bolivien) räumen zwar ein, dass der Antidrogenkampf in der multilateralen Politik Priorität besäße, sie lehnen eine militärische Präsenz jedoch ab. Diese wird als ein Anzeichen von US-amerikanischem Interventionismus gewertet, der darauf abziele, strategische Positionen zur Kontrolle der Region zu sichern und so jene alternativen Regierungen, sozialen Bewegungen und politischen Projekte in Schach zu halten, die ihre Distanz zu eben jener Einmischung in der Region zum Ausdruck bringen.

Die wachsende Beteiligung mafiöser Akteure im Bereich der politischen Institutionen

Die lateinamerikanische Kommission zu Drogen und Demokratie[8] hat darauf hingewiesen, dass das Scheitern der Antidrogenpolitik in Lateinamerika an vier Faktoren abzulesen sei: a) dem Anstieg der Organisierten Kriminalität im Bereich des internationalen Handels und in der Kontrolle nationaler Märkte und Territorien durch kriminelle Gruppen, b) die zunehmende Verzahnung von Kriminalität und Politik, die sich in der Durchdringung der Institutionen durch das Organisierte Verbrechen widerspiegle, c) die Korruption im Bereich des öffentlichen Dienstes, der Justiz, der Regierungen, der politischen Systeme und insbesondere im Bereich der Polizeikräfte, und d) die Herausbildung paralleler Machtstrukturen in jenen Regionen, in denen die Durchsetzungskraft der staatlichen Institutionen nur schwach ausgebildet sei.[9]

Diese Tendenzen, die auch auf Kolumbien zutreffen, weisen auf ein strukturelles Problem hin, das dem repressiven Ansatz des Antidrogenkrieges innewohnt: Die Stärkung der militärischen Kapazitäten des Staates geht mit einem Verfall jener Institutionen einher, die das demokratische Funktionieren der nationalen Politik garantieren und für die Sicherheit der BürgerInnen sorgen sollen. So hat die kolumbianische Gesellschaft in den letzten 30 Jahren einen Prozess der allmählichen Durchdringung und Übernahme der politischen Institutionen durch mafiöse Netzwerke erlebt, in denen Drogenhändler, paramilitärische Gruppen und Vertreter der nationalen und regionalen politischen Klasse miteinander verstrickt sind.

Die wachsende wirtschaftliche Macht dieser Mafias spiegelt sich nicht nur in ihrer zunehmenden Einflussnahme auf die staatlichen Institutionen, sondern auch im sich verstärkenden Phänomen des Paramilitarismus wieder. Für die paramilitärischen Gruppen ist der Dro-

---

8 Die 18-köpfige Kommission ist eine Initiative der Ex-Präsidenten Fernando Henrique Cardoso aus Brasilien, César Gaviria aus Kolumbien und Ernesto Zedillo aus Mexiko, die sich zum Ziel gesetzt hat, Effizienz und Auswirkungen der Antidrogenpolitik in Lateinamerika zu überprüfen. Siehe auch: www.drogasedemocracia.org/Espanol/Objetivo.asp.

9 Hiermit sind insbesondere die marginalisierten Viertel und Peripherien großer Städte, abgelegene Regionen im Landesinneren, Grenzregionen und das Amazonasgebiet gemeint.

genhandel, neben Zuschüssen durch Wirtschaftsunternehmer und die Agroindustrie und neben der Aneignung öffentlicher Gelder durch politische Netzwerke, seit jeher eine der wichtigsten Finanzierungsquellen gewesen (Medina Gallego 2005: 114).

Angesichts der Bedeutung des Themas Drogenbekämpfung in der Regierungspolitik ist kaum anzunehmen, dass derlei Prozesse hinter dem Rücken jener Eliten stattfinden, die strategische Positionen in der nationalen und regionalen Politik innehaben. Die Verankerung der mafiösen Netzwerke in diesen Institutionen führt gegenwärtig dazu, dass sich insbesondere in den abgelegenen Regionen des Landes die Möglichkeiten der Partizipation und (demokratischen) Kontrolle für unabhängige politische Akteure zunehmend verringern. Und, dass paramilitärische Gewalt gegen politisch Andersdenkende zunehmend legitimiert wird und straflos bleibt.

Es ist nicht zu übersehen, dass sich mit der Ausweitung des Einflusses der Mafias eine in sich geschlossene politische Struktur gefestigt hat, in der Wahlbetrug und Druck auf die WählerInnen durch Paramilitärs dazu beitragen, dass die Macht auf nationaler wie auf regionaler Ebene in Händen der traditionellen politischen Klassen bewahrt bleibt. Hier sind besonders die Bezirke Córdoba, Magdalena, Sucre und Antioquia zu nennen. Es sei an die Aussagen des ehemaligen Direktors für Informationstechnologie des kolumbianischen Geheimdienstes Rafael García erinnert, der vor Gericht zu Protokoll gab, dass Álvaro Uribe Vélez bei den Präsidentschaftswahlen 2002 durch derartige Allianzen in der kolumbianischen Karibikregion insgesamt 300.000 Stimmen auf unrechtmäßige Weise erhalten habe (Semana 2006). Dieses und andere Beispiele zeigen, dass die Machtausweitung der Mafiagruppen keine rein wirtschaftliche Frage mehr ist, sondern inzwischen zu einem zentralen Element der juristischen, politischen und institutionellen Architektur des kolumbianischen Staates geworden ist.

Im Rahmen dieser Politik einer Übernahme des kolumbianischen Staates sind die Repräsentationsinstanzen, vom Kongress bis hin zu den Gemeinderäten, von den Mafias infiltriert worden. Dem UN-Hochkommissariat für Menschenrechte zufolge ermittelte die Staatsanwaltschaft zwischen 2006 und Ende 2009 gegen insgesamt 93 von 268 gewählten Kongressabgeordneten wegen Verbindungen zu den Paramilitärs. Im selben Zeitraum wurden juristische Untersuchungen gegen 250 Politiker (12 Gouverneure, 166 Bürgermeister, 13 Abgeordnete und 58 Stadträte) wegen ihrer Beteiligung als Sponsoren, Komplizen und/oder als politische Vertreter des Paramilitarismus geführt (UN 2009: 9).

Die institutionellen Bedingungen für die Ausübung einer partizipativen Demokratie werden von der Macht politisch-mafiöser Netzwerke zunehmend untergraben. So zeichnet sich eine wachsende Kluft ab zwischen dem gesetzlichen Rahmen, der Kolumbien als sozialen und demokratischen Rechtsstaat begründet und einer Realität, in der die öffentlichen Instanzen von Gewaltlogiken bestimmt sind. Es sind außerdem keinerlei Anzeichen dafür auszumachen, dass die Antidrogenstrategien von einer umfassenden und auf die Wahrung der demokratischen Ordnung ausgerichteten Bekämpfung der Mafia begleitet würden.

Eine andauernde Situation systematischer Menschenrechtsverletzungen

Eine weitere Folge des Wandels der staatlichen Politik hin zu einer vom Drogenbekämpfungsdiskurs ummantelten Kriegspolitik ist das Andauern von systematischen Menschenrechtsverletzungen. Zwar spricht die Regierung seit dem »Gesetz über Gerechtigkeit und Frieden«[10] aus dem Jahr 2005 von einem Prozess der *Transitional Justice* in Kolumbien und bemüht sich um den Eindruck, dass solche juristischen Instrumente den Frieden und die nationale Versöhnung förderten und sich das Land kurz vor dem Ende des bewaffneten Konflikts befände.

---

10 Mit dem »Gesetz für Gerechtigkeit und Frieden« (*Ley de Justicia y Paz*) wurde 2005 der sogenannte Demobilisierungsprozess eingeleitet. Das Gesetz sieht ein Höchststrafmaß von acht Jahren für demobilisierte Paramilitärs vor, die mit ihren Aussagen zur Aufklärung der von ihnen verübten Verbrechen beitragen. Zehntausende Kämpfer der paramilitärischen AUC (*Autodefensas Unidas*) gaben damals, medienwirksam inszeniert, offiziell ihre Waffen ab. Zahlreiche Studien weisen jedoch daraufhin, dass die paramilitärischen Strukturen seitdem unverändert fortbestehen und sich viele Gruppen neu gebildet haben. Der Prozess der juristischen Aufarbeitung wurde zudem durch Bedrohung von RichterInnen und StaatsanwältInnen und durch die Auslieferung der wichtigsten AUC-Führer an die USA in den darauf folgenden Jahren faktisch zum Stillstand gebracht. Opferverbände und internationale BeobachterInnen kritisieren, dass das geringe Strafmaß den Opfern der paramilitärischen Verbrechen nicht gerecht werde und die mangelnde juristische Verfolgung zu einer allgemeinen Straflosigkeit im Land führe. (A.d.Ü.)

Tatsächlich gibt es jedoch, wie bereits erwähnt, keinerlei klare Hinweise auf politische Maßnahmen, die darauf abzielen, den Einfluss der mafiösen Gruppen im bewaffneten Konflikt abzubauen. Vielmehr lassen das lächerlich geringe Strafmaß von höchstens acht Jahren, mit dem die von den paramilitärschen Gruppen verübten Verbrechen gegen die Menschlichkeit bestraft werden, und die unzureichende Umsetzung des Rechts auf Wahrheit, Gerechtigkeit und Entschädigung für die Opfer des Paramilitarismus vermuten, dass dieserart rechtliche Mittel der Regierung lediglich dazu dienen, ein Theaterstück der Moral zu inszenieren und dabei auch noch legale Voraussetzungen für die Straflosigkeit der Paramilitärs zu schaffen. Obwohl seit 2005 insgesamt 53.000 Mitglieder paramilitärischer Gruppen demobilisiert wurden, sind bis November 2011 nur 4.484 vor Gericht gebracht und insgesamt zwei verurteilt worden (UN 2010: 9). Die herrschende Straflosigkeit für die Paramilitärs, jener Akteure, die durch den Drogenhandel am meisten gestärkt wurden, zeigt die Konsequenzlosigkeit, von der das staatliche Handeln geprägt ist.

Auch heute noch, wo mit Hilfe des »Gesetzes für die Opfer und die Rückgabe von Land«[11] ein Katalog von Rechten für jene Teile der Bevölkerung festgeschrieben ist, die seit 1985 Opfer des Krieges geworden sind, und Mechanismen eingerichtet werden, mit Hilfe derer die vertriebenen Gemeinden ihr Land zurückgewinnen sollen, bleibt die zentrale Frage bestehen: In welchem Maße vertuschen derartige juristische Instrumente die Komplizenschaft des Staates mit den mafiösen Gruppen und dem Paramilitarismus? Reichen juristische Mittel aus, um die Macht des andauernden Krieges zu brechen? Und ist ein Zustand von Frieden und Rechtssicherheit für die Opfer im Rahmen einer kriegfördernden Antidrogenpolitik überhaupt denkbar?

Die staatlichen Maßnahmen zur Zerschlagung der paramilitärischen Gruppen haben bislang keine Wirksamkeit gezeigt, vielmehr herrscht ein Zustand allgemeiner Straflosigkeit für die von diesen Akteuren verübten Verbrechen gegen die Menschlichkeit. Bereits im Jahr 2010 hatten internationale Organisationen wie Human Rights Watch in dem Bericht »Erben des Paramilitarismus«, belegt, dass nach dem 2005 einge-

---

11 Das 2011 verabschiedete Gesetz »*Ley de Víctimas y Restitución de Tierras*« sieht eine Entschädigung aller Opfer des bewaffneten Konflikts seit 1985 und die Rückgabe gewaltsam enteigneter Landflächen vor (A.d.Ü.).

leiteten Demobilisierungsprozess mindestens acht neue Söldnerarmeen entstanden sind, die in 24 der 32 Verwaltungsbezirken des Landes militärisch aktiv sind. Dem UN-Hochkommissariat für Menschenrechte zufolge hat sich der interne bewaffnete Konflikt durch »die Gewalt von Seiten jener illegalen bewaffneten Gruppen, die aus dem Prozess der Demobilisierung der Paramilitärs hervorgegangen sind, und durch die Auseinandersetzungen zwischen den verschiedenen bewaffneten Akteuren um die Kontrolle des Drogenhandels« erheblich verstärkt (UN 2010: 1). In diesem Szenario sind zivilgesellschaftliche Gruppen weiterhin Zielscheibe von politischer Verfolgung und von Maßnahmen, die darauf abzielen, sie mundtot zu machen. Die Bevölkerung in den ärmeren Teilen der Städte wiederum leidet unter der Gewalt, die mit den Territorialkämpfen der illegalen bewaffneten Akteure zunimmt.

Auf dem Land bekommen die Menschen die Auseinandersetzungen um Grund und Boden besonders zu spüren. So nehmen Zwangsvertreibungen und Landraub im Rahmen der territorialen Kämpfe zwischen bewaffneten Akteuren und dem Staat, der Eskalation der kriegerischen Praktiken und der Ausweitung der Macht der Mafias zu.

Dem UN-Entwicklungsprogramm (UNDP) zufolge hat der Drogenhandel insofern erhebliche Auswirkungen auf die Dynamik des Krieges in den ländlichen Regionen Kolumbiens, als das Land zu einem strategischen Gut für das aus dem Drogengeschäft erwirtschaftete Kapital geworden ist: Mitte der 1990er Jahre erfolgten in etwa 409 (von insgesamt 1.103) Munizipien des Landes massive Landkäufe aus Drogengeldern, was zu einer Verschärfung des Landkonfliktes zwischen der kleinbäuerlichen Bevölkerung und den Agrareliten geführt hat (UNDP 2011: 227).

Angaben der kolumbianischen Beratungsstelle für Menschenrechte und Vertreibung (CODHES) zufolge sind »in den vergangenen 25 Jahren (1985-2010) mindestens 5.195.620 Menschen in Kolumbien im Kontext der Gewalt vertrieben worden. Mit anderen Worten, 11,42 Prozent der Gesamtbevölkerung des Landes wurden gezwungen, ihren Wohnort zu wechseln, weil ihr Leben, ihre physische Integrität oder ihre Freiheit verletzt oder ernsthaft bedroht waren« (CODHES 2011).

Das UN-Entwicklungsprogramm verzeichnete in den letzten 30 Jahren Vertreibungen der ländlichen Bevölkerung von einer Fläche von etwa 6.638.195 Hektar Land (UNDP 2011: 277).

Die hier geschilderte Situation macht deutlich, wie dringend wir eine tiefgreifende Debatte über die Auswirkungen des Antidrogenkriegs gerade in den lateinamerikanischen Ländern brauchen. Die Aufrüstungslogik ist weit davon entfernt, die Akteure des Drogenhandels zu besiegen, bringt jedoch verheerende Folgen für die Souveränität der Gesellschaften, der Institutionen und für die demokratischen Freiheiten mit sich. Ganz zu schweigen von den genannten Auswirkungen auf die Zivilbevölkerung, die am unmitttelbarsten unter der Gewalt leidet. So zeigt das Beispiel Kolumbien vor allem eines: Wie aussichtslos es ist, auf einen Krieg zu setzen, in dem die offizielle politische Agenda den Forderungen nach Frieden, Territorium und Sicherheit im Sinne des Schutzes der Menschenrechte nur eine nebensächliche Rolle zuweist. Und so kann wohl kaum von erfolgreichen Strategien die Rede sein, wenn diese die politischen, sozialen und humanitären Bedürfnisse der Menschen nicht berücksichtigen und soziale Kosten verursachen, die die Demokratie in ihren Grundfesten bedrohen.

Aus dem Spanischen von Nana Heidhues

Literatur

Centro de Investigación y Educación Popular (CINEP) (2009): Infome especial. El reto de las víctimas: El reconocimiento de sus Derechos, Bogotá

Consultoria para los Derechos Humanos y el Desplazamiento (CODHES) (2011): ¿Consolidación de qué?, Informationsschrift Nr. 78, Bogotá, verfügbar unter: www.codhes.org/index.php?option=com_docman&task=cat_view&gid=63&Itemid=50

Escalante Gonzalbo, Fernando (2009): ¿Puede México ser Colombia? Violencia, narcotráfico y Estado, in: Revista Nueva Sociedad No 220, März/April 2009, www.nuso.org

Estrada Álvarez, Jairo (2005): Proyecto Neoliberal e intervención imperialista en Colombia, in: Julio C. Gambina, Beatriz Rajland, Daniel Campione (Hrsg): Pensamiento y acción por el socialismo. América Latina en el siglo XXI. Clacso, Buenos Aires

Medina Gallego, Carlos (2005): El narco-paramilitarismo. In Capitalismo Criminal. Ensayos Críticos. Universidad Nacional de Colombia

Perret, Antoine (2009): Las compañías militares y de seguridad privadas en Colombia. ¿una nueva forma de mercenarismo? Universidad Externado de Colombia

Programa de las Naciones Unidas para el Desarrollo – UNDP (2011): Informe Nacional de Desarrollo Humano 2011 Colombia rural Razones para la esperanza, S. 277

Revista Semana (2006): Así se hizo el fraude, 8. April 2006, verfügbar unter: www.semana.com/wf_ImprimirArticulo.aspx?IdArt=93809

El Tiempo (2011): ONU cifra más de 57.200 desaparecidos en Colombia en últimos 30 años. 23. Mai 2011. Verfügbar unter: www.eltiempo.com/justicia/ARTICULO-WEB-NEW_NOTA_INTERIOR-9430144.html

UN-Hochkommissariat für Menschenrechte (2009): Informe de la oficina de la alta comisionada de las Naciones Unidas para los DDHH para Colombia 2009, verfügbar unter: www.hchr.org.co/documentoseinformes/informes/altocomisionado/Informe2009_esp.pdf

UN-Hochkommissariat für Menschenrechte (2010): Informe de la oficina de la alta comisionada de las Naciones Unidas para los DDHH para Colombia 2010, verfügbar unter: www.hchr.org.co/documentoseinformes/informes/altocomisionado/Informe2010_esp.pdf

United States Department of State (2010): International Narcotics Control Strategy Report (INCSR), Bureau of international narcotics and law enforcement affairs. Verügbar unter: www.state.gov/p/inl/rls/nrcrpt/2010/vol1/137194.htm

United States Department of State (2011): International Narcotics Control Strategy Report (INCSR), Bureau of International Narcotics and Law Enforcement Affairs. Verfügbar unter: www.state.gov/documents/organization/156575.pdf

Robert Lessmann

Alles andere als nachhaltig

Drogenpolitik und »War on Drugs« im Andenraum

»Es gibt eine wachsende Wahrnehmung, dass der Drogenkrieg gescheitert ist. Die Eradikation der Produktion und die Kriminalisierung des Konsums haben den Drogenhandel und den Drogenkonsum nicht vermindert.« Mit diesen Worten lud eine *Global Commission on Drug Policy* am 24. und 25. Januar 2011 zu einem ersten Treffen nach Genf ein. Ausgangspunkt war eine von den ehemaligen Präsidenten Fernando Henrique Cardoso (Brasilien), Ernesto Zedillo (Mexiko) und César Gaviria (Kolumbien) gegründete lateinamerikanische Kommission.[1] »Korruption und Gewalt, die mit dem Drogenhandel verbunden sind, stellen eine ernste Gefahr für die Demokratie in unserer Region dar«, schrieb der Vorsitzende der Kommission, der vormalige Dependenztheoretiker und frühere brasilianische Präsident Cardoso in einem Zeitungsbeitrag vom Januar 2011: »Doch der Schaden, den die von der Prohibition hervorgerufene Korruption und Gewalt bewirken, übersteigt bei weitem jenen, der durch Drogen verursacht wird.«

Im Juni 2011 hat die Global Commission on Drug Policy dann ihre lang erwarteten Reformvorschläge vorgelegt. Das zwanzigseitige Dokument[2] formuliert verschiedene zentrale Maßnahmen: Ein Ende der Kriminalisierung und Stigmatisierung von Drogennutzern, die Stärkung von Gesundheits- und Behandlungsangeboten, Investitionen in intelligente Präventionsprogramme, Priorität der Schadensbegrenzung[3] gegenüber den bäuerlichen Produzenten auf der Angebotsseite;

---

[1] Neben den drei Ex-Präsidenten, die den Kern der neuen globalen Kommission bilden, gehören ihr andere Prominente wie der Literaturnobelpreisträger Mario Vargas Llosa, Carlos Fuentes, Javier Solana, Thorwald Stoltenberg, George Shultz, Ruth Dreifuss, Louise Arbour, Richard Branson und Kofi Annan an.

[2] Einzusehen unter www.globalcommissionondrugs.org.

[3] Die Debatte über *harm-reduction* begann im Konsumbereich mit dem Nachdenken über Maßnahmen gegen die Verbreitung von HIV/AIDS durch das sogenannte *needle-sharing* bei der Injektion von Heroin. So wurden zum Beispiel sterile Nadeln bereitgestellt, um die Infektionsgefahr zu verringern.

zudem sollen Regierungen bestärkt werden, neue Wege zu gehen, um die Macht der Organisierten Kriminalität zu untergraben und Gesundheit und Sicherheit der Bürger zu schützen (gemeint sind hier vor allem Maßnahmen zur Entkriminalisierung von Cannabis); repressive Aktionen sollen sich auf gewalttätige, kriminelle Organisationen fokussieren, um ihre Macht zu untergraben. Dabei soll die Priorität auf der Reduzierung von Gewalt liegen.

Im Sinne möglichst breiter Konsensfähigkeit sind die Vorschläge sehr allgemein gehalten und beinhalten nichts, was nicht schon seit vielen Jahren diskutiert worden wäre. Doch dieser prominenteste aller bisherigen Vorstöße für eine Reform der internationalen Drogenpolitik hat bessere Chancen, Gehör zu finden. Die *Single Convention on Narcotic Drugs* der Vereinten Nationen von 1961, der rechtliche Rahmen der internationalen Drogenpolitik, ist nun bereits ein halbes Jahrhundert alt. Die einschlägigen Politiken sind verbraucht und die Kassen der uneingeschränkten Führungsmacht in der internationalen Drogenkontrolle leer. Schließlich nannte William Brownfield, derzeitiger *Assistant Secretary for International Narcotics Matters and Law Enforcement Affairs* (INL) im U.S. State Department, die Anti-Drogen-Strategie seines Landes unlängst einen Irrtum. Auf einer internationalen Konferenz zum Thema im mexikanischen Badeort Cancún im April 2011 sagte er, man habe an eine entschlossene und aggressive Kampagne und an schnelle Resultate geglaubt, doch nach 32 Jahren und Milliarden von vergeudeten Dollars müsse man feststellen, dass man sich geirrt habe. Gleichzeitig wurde durch die WikiLeaks-Enthüllungen bekannt, dass die US-Botschaft in Mexiko bereits seit Oktober 2009 an der Strategie der Drogenbekämpfung gezweifelt hatte und darauf hinwies, dass hier nur symbolische Siege möglich seien.

Brownfield, der im Januar 2011 – zwei Jahre nach Präsident Obamas Amtsantritt – seinen Vorgänger ablöste, weiß, wovon er spricht: Bis 2010 war er als Botschafter in Bogotá für den *War on Drugs* zuständig und mit Besprühungsaktionen von Kokafeldern mit Pflanzengift, verdeckten Operationen der *Drug Enforcement Administration* (DEA) und dem Einsatz von Personal privater Söldnerfirmen bestens vertraut. Über konkrete Reformen sprach Brownfield freilich nicht. Und bisherige Erfahrungen sind diesbezüglich eher ernüchternd. Zwar hatte sich Präsident Clintons neuer »Drogenzar«, General Barry McCaffrey, bereits 1996 mit einem Reformdiskurs hervorgetan, der für einen Befehlshaber der US-Armee recht unmartialisch daherkam (vgl. Lessmann 2010a); doch unter dem Druck einer republikanischen Kongressmehrheit wurde ab 1999 dann doch der militärische *Plan Colombia* implementiert. Auch die Obama-Administration ist mit Gegenwind aus dem Kongress konfrontiert. Brownfields Äußerungen geben daher allenfalls zu gedämpftem Optimismus Anlass.[4]

Hintergrund dieser aktuellen Vorstöße ist die katastrophale Situation im mexikanischen »Drogenkrieg«, die das Schwellenland an der Südgrenze der Vereinigten Staaten partiell an den Rand des Staatszerfalls gebracht hat. Wenngleich die Situation dort ihre Spezifika aufweist und insbesondere die Opferzahlen bisher singuläre Dimensionen erreichen, so muss sie doch als Teil der Gesamtproblematik im historischen Kontext gesehen werden. Washingtons *War on Drugs* in den Anden ist insofern paradigmatisch.

Die Ursprünge des »War on Drugs«

Die »Drogenproblematik« im Andenraum ist vor allem durch die Organisierte Kriminalität und den angebotsorientierten Ansatz der internationalen Drogenbekämpfung bestimmt. Die in Lateinamerika mit Abstand am häufigsten angebaute und konsumierte illegale Droge, Cannabis, spielt für die internationale Drogenkontrolle keine Rolle. Ecstasy und amphetaminartige Substanzen sind – hier wie weltweit – auf dem Vormarsch; sie werden überwiegend aus Europa eingeführt (vgl. UNODC 2011b: 83ff). Der Schwerpunkt der internationalen Drogenkontrolle liegt indessen nach wie vor auf den pflanzengestützten Drogen, die exportiert werden. Mexiko und Kolumbien produzieren Schlafmohn

---

4 Ein beredtes Beispiel für die Reformresistenz des internationalen Drogenkontrollregimes ist die Abweisung eines bolivianischen Antrags auf Streichung zweier Unterparagraphen, die das Kokakauen verbieten wollen, aus der *Single Convention on Narcotic Drugs* der Vereinten Nationen. Der Antrag wurde durch eine Gruppe von 18 Mitgliedsstaaten, die sich selbst als »Freunde der Konvention« bezeichneten, zurückgewiesen. Ob sie dieser dadurch wirklich einen Dienst erwiesen haben, bleibt dahingestellt; Bolivien hat daraufhin jedenfalls seinen Austritt aus der UN-Konvention angekündigt, was einen historischen Präzedenzfall darstellt (vgl. dazu Lessmann, 2011).

und Heroin für den Konsum in den USA.[5] Bolivien, Kolumbien und Peru beliefern zusammen nach wie vor praktisch 100 Prozent des weltweiten Kokainmarkts. Daran hat auch ein Vierteljahrhundert »Drogenkrieg« in diesen Ländern nichts geändert – nur dass inzwischen Mexiko Kolumbien als wichtigstes Transitland abgelöst hat.

Mit dem Nachfragesog nach Kokain aus den Industrieländern nahm in den traditionellen Anbauländern Bolivien und Peru der Anbau der jahrhundertealten Kulturpflanze Koka in den 1970er und 1980er Jahren rapide zu. Das Schwellenland Kolumbien, wo man über Erfahrungen mit dem Schmuggel von Cannabis und anderen Gütern in die USA verfügte, entwickelte sich zum Zentrum für die Weiterverarbeitung und den Export von Kokain. Mehr als 50 Prozent davon wurden in die USA geliefert (vgl. Lessmann 1996). Erst als dort die Öffentlichkeit angesichts der Kokainwelle (besonders der rauchbaren Variante *Crack*) und der mit dem Kokainhandel verbundenen Gang-Kriminalität zunehmend alarmiert war, wurden die einschlägigen Bestimmungen der UN-Drogenkonvention von 1961 als Bezugsrahmen für politisches Handeln bedeutsam. Im Jahr 1981 erklärte Präsident Ronald Reagan den Drogen »den Krieg«.

Das Militär wurde zur Grenzsicherung herangezogen, doch angesichts der Länge dieser Grenzen und des Volumens von Güter- und Personenverkehr erwies sich die Strategie der Grenzkontrollen als Sisyphosarbeit. Mitte der 1980er Jahre änderte man den Ansatz. Unter dem Motto *going to the source* wurden die Andenländer zum Schauplatz des *War on Drugs*. Mit den Anti-Drogen-Gesetzen von 1986 und 1988 wurden drogenproduzierende Länder und Transitländer mit obligatorischen Sanktionen belegt, zu deren Aussetzung sie unter anderem bilaterale Drogenabkommen zu unterzeichnen und zu erfüllen hatten (die sogenannte *certification*, vgl. Lessmann 1996: 40ff). Auf diese Weise gelang es Washington, seine Lesart der Problematik und seine Strategien zu ihrer Bekämpfung durchzusetzen. Das Pentagon wurde zum federführenden Akteur dieser Bemühungen. Und nur die USA verfügen über ein Büro für internationale Drogen- und Gesetzesvollzugsangelegenheiten (INL)[6] im Außenministerium, dessen Budget stets ein Viel-

---

5 Mexiko und Kolumbien produzieren etwa zehn Prozent des globalen Angebots an Schlafmohn und Heroin (UNODC 2011a, Tab. 13, S. 60).
6 INL = Bureau for International Narcotics Matters and Law Enforcement Affairs.

faches dessen betrug, was den entsprechenden Organen der Vereinten Nationen zur Verfügung stand (vgl. z.B. Lessmann 2000: 335).

Die Übertragung der polizeilich-juristischen Drogenstrategie der Vereinigten Staaten auf den sozio-ökonomischen Kontext der Andenländer führte dort fast automatisch zu einer fortschreitenden Militarisierung und US-Amerikanisierung in politisch-strategischen Fragen mit teilweise schwerwiegenden Eingriffen in die inneren Angelegenheiten der betroffenen Länder oder gleich zur partiellen Abtretung von Souveränitätsrechten. Es wurden paramilitärische Spezialpolizeien ausgebildet und ausgerüstet, Sondergerichte geschaffen, es erfolgten Eingriffe in die nationale Gesetzgebung,[7] ausländisches Polizei-, Armee- und Geheimdienstpersonal wurde im Gastland eingesetzt, mutmaßliche Drogenstraftäter wurden entführt, um sie in den USA vor Gericht zu stellen, missliebige Funktionäre und Politiker wurden aus ihren Ämtern entfernt und nicht zuletzt gab es regelrechte Militärinterventionen der US-Armee in Bolivien (*Operation Blast Furnace*, 1986) und Panama (*Operation Just Cause*, 1989/90).

Höhepunkt dieses Ansatzes war die sogenannte Andenstrategie mit ihren Rekordbudgets und der Militarisierung der Drogenbekämpfung, die unter George Bush Senior im Jahr 1990 dem Kongress vorgelegt wurde. Das Budget für Anti-Drogen-Operationen beim US Southern Command, dem für Lateinamerika und die Karibik zuständigen Regionalkommando der Armee, stieg zur gleichen Zeit von 230 auf 430 Millionen US-Dollar, womit es noch höher lag als die gesamte reguläre Anti-Drogen-Hilfe, die im Rahmen der »Andenstrategie« von dem besagten INL des Außenministeriums der Vereinigten Staaten verwaltet wurde. Mit ihrer Hilfe sollte der Import illegaler Drogen in die USA innerhalb von zwei Jahren um 15 Prozent und um 60 Prozent innerhalb von zehn Jahren reduziert werden. Wegen eklatanter Verfehlung dieser Ziele war von der »Andenstrategie« schon lange vor Ablauf dieser Frist nicht mehr die Rede – ein Schicksal, das sie mit dem Zehnjahresplan der Sondergeneralversammlung der Vereinten Nationen zum Thema Drogen von 1998 teilt.

---

7 So gehen die immer noch gültigen bolivianischen Rechtsvorschriften im Bereich Drogen direkt auf ein Gesetz des US-Kongresses zurück, das die Verabschiedung eines neuen Reglements in Bolivien zur Voraussetzung für weitere US-Hilfen machte und auch zum Teil sehr detaillierte inhaltliche Vorgaben macht (vgl. Lessmann, 1996,112f und 117ff).

Drogenpolitik als Aufstandsbekämpfung

Während vor zwei Jahrzehnten der kolumbianische »Narco-Terrorismus« und Namen wie Pablo Escobar, die Ochoa-Familie und das Medellín-Kartell im Fokus der internationalen Aufmerksamkeit standen, so ist es heute der »Drogenkrieg« in Mexiko. Dabei werden nach wie vor weltweit 75 Prozent aller Kokainlabors in Kolumbien entdeckt und zerstört. Drogenhandel ist heute Normalität in dem Andenland. Die Schlachten um Marktanteile und um die Rolle der großen Drogenorganisationen in Staat und Gesellschaft sind geschlagen, letztere wurden von kleineren, unauffälligeren abgelöst. Spätestens seit der Regierungszeit des ehemaligen Präsidenten Álvaro Uribe (2002–2010) haben sich die Paramilitärs und die Guerilla des lukrativen Geschäfts bemächtigt.

Das heißt nicht etwa, dass sich die Lage deutlich entspannt hätte. Bei einer Gesamtbevölkerung von 46,3 Millionen Menschen gibt es in Kolumbien infolge des »schmutzigen Krieges« zwischen vier und fünf Millionen Binnenflüchtlinge (UNDP 2011: 219); Kolumbien liegt damit inzwischen an der Weltspitze, noch vor dem Sudan. Die Vernichtung von Kokafeldern durch das Besprühen mit Pflanzengift aus der Luft trägt weiter zu dieser Art von unfreiwilliger »Mobilität« bei. Im Jahr 2008, dem Erfolgsjahr der Kokavernichtung, ging die Produktion zwar in einigen Regionen erheblich zurück, teilweise bis zu 90 Prozent. Dem standen jedoch starke Zuwächse in anderen Regionen des Landes gegenüber.[8] Unter dem Strich ist der Kokaanbau in Kolumbien gesunken. Doch dieser Rückgang wird durch Zuwächse in Peru und Bolivien nahezu kompensiert. Und dieser Rückgang war zumindest in der Vergangenheit eindeutig in die Aufstandsbekämpfung eingebunden. Eine Halbierung des Kokaanbaus zwischen den Jahren 2000 und 2004 wurde durch eine aggressive Besprühungskampagne in den Hochburgen der Guerilla erreicht: In Caquetá ging die Anbaufläche um rund 20.000, in Putumayo um 62.000 Hektar zurück. Das heißt, die Reduzierung der Kokaanbauflächen um 88.000 Hektar wurde fast ausschließlich auf Guerillagebiet erzielt; genau hier vergrößerten sich die Anbaugebiete in den folgenden

---

8 Rückgang der Produktion im Jahr 2008 in verschiedenen *Departamentos*: in Cundinamarca um 91 Prozent, in Arauca um 79 Prozent, in Meta um 47 Prozent, in Vichada um 56 Prozent. Zuwachs der Produktion im Jahr 2008: in Caldas um 234 Prozent, im Valle del Cauca um 361 Prozent, in Chocó um 159 Prozent, in Boyacá um 149 Prozent (UNODC 2009: 13).

Jahren dann auch wieder. Auf Kolumbien (mit 244,6 Millionen US-Dollar) und Afghanistan (mit 272,5 Millionen US-Dollar) entfällt zusammen deutlich mehr als 50 Prozent des INL-Gesamtbudgets von 878,7 Millionen US-Dollar für alle Weltregionen, internationale Organisationen und Sonderprogramme. Drogenbekämpfung ist dort ein zentraler Aspekt des »Krieges gegen den Terror« (Lessmann 2010a: 397; INCSR 2010).

Dass sich diese Politik als Nachhaltigkeitsdesaster erweist, ist keineswegs eine Neuigkeit. Seit dem Beginn der von Washington initiierten und koordinierten Besprühungen in Kolumbien im Jahr 1994 wurden bis einschließlich 2010 insgesamt 1,9 Millionen Hektar durch Besprühung und manuell vernichtet (UNODC 2011: 100 und zurückliegende UNODC-Berichte).[9] Das ist mehr als das Zehnfache des historischen Maximums der Anbaufläche, das im Jahr 2000 bei 163.300 Hektar Koka gelegen hatte. War der Kokaanbau zu Beginn der Besprühungen auf sechs Provinzen beschränkt, so findet er heute in 23 der 33 kolumbianischen Verwaltungsbezirke statt.

Nach wie vor kommen 90 Prozent des in den USA, dem auch heute noch größten Markt, erhältlichen Kokains aus Kolumbien, doch es gelangt heute zu 90 Prozent über Mexiko dorthin. Mehrere Faktoren waren für diese Entwicklung verantwortlich. Schärfere Kontrollen der Seewege von Kolumbien über die Karibik- und die Pazifikroute führten zu einer Verlagerung des Schmuggels über Land, wo an der Nordgrenze Mexikos kriminelle Organisationen mit großer Erfahrung bei allen möglichen Aktivitäten vom Warenschmuggel bis zur illegalen Migration bereitstanden. Deren Bedeutung nahm zu, weil auf dieser grenzüberschreitenden Ebene besonders hohe Gewinne erzielt werden und weil nach der Zerschlagung der großen Kartelle Kolumbiens in der ersten Hälfte der 1990er Jahre deren kleinere Nachfolgeorganisationen in eine schwächere Verhandlungsposition gerieten. Schließlich konnten die Mexikaner auch immer größere Teile des besonders lukrativen Großhandels in den USA unter ihre Kontrolle bringen. Allerdings gewinnt

---

9   Freilich ist längst nicht jeder besprühte Hektar auch ein vernichteter Hektar. Felder werden an Hängen angelegt, wo die Sprühflugzeuge nicht gut hinkommen. Diese fliegen zu hoch, um einem möglichen Beschuss zu entgehen, wodurch womöglich wiederum andere landwirtschaftliche Produkte durch die Besprühung in Mitleidenschaft gezogen werden. Schließlich besprühen die Bauern ihre Kokapflanzen ihrerseits mit besonderen Lösungen, um zu erreichen, dass die Glyphosatlösung der Sprühflugzeuge abperlt.

der europäische Markt an Bedeutung. Während der US-Kokainmarkt 1998 noch viermal so groß war wie der europäische, liegen sie heute beinahe gleichauf (mit geschätzten 37 Mrd. US-Dollar Umsatz in den USA gegenüber 33 Mrd. US-Dollar in Europa). Neue Routen nach Europa wurden erschlossen, so erfolgt der Schmuggel in den letzten Jahren zunehmend über Westafrika. Zudem geht seit spätestens Mitte des vergangenen Jahrzehnts der Kokainkonsum in den USA zurück (UNODC 2011a: 87ff). Mit dem Schrumpfen des dortigen Kokainmarktes hat die Konkurrenz zwischen den mexikanischen Drogenorganisationen zugenommen. Ein neuer »Drogenkrieg« begann, in dessen Verlauf die kriminellen Banden immer wieder auch Teile der staatlichen Sicherheitskräfte korrumpierten und für ihre Ziele einsetzten. Unterdessen geht die Suche nach neuen Vertriebswegen weiter und der »Drogenkriegs«-Tsunami hat längst schon weitere Küsten erreicht. Im Jahr 2010 löste Honduras nach Auskunft der Vereinten Nationen El Salvador als Land mit der höchsten Mordrate pro Kopf der Bevölkerung ab. Honduras (mit 60,9 Morden pro 100.000 Einwohner), El Salvador (mit 51,8) und Guatemala (mit 49) – und nicht etwa Mexiko (mit einer »Quote« von 11,6) – führen heute die Liste an. Die Gewalt- und Mordtaten konzentrieren sich innerhalb dieser Länder auf Aktivitäten der Organisierten Kriminalität und auf Regionen, in denen der Drogenhandel besonders aktiv ist (UNODC 2010: 240).

Militarisierte Gegenstrategien haben nicht zu drogenpolitischen Erfolgen geführt, sondern zu beständiger Flexibilität und geographischen Verlagerungen des illegalen Geschäfts: zu mehr Korruption, mehr Gewalt, höheren Profiten und mehr Instabilität. Insbesondere die Angebotsorientierung der Drogenbekämpfung hat sich als unpraktikabel erwiesen, wie am Beispiel Kolumbiens bereits gezeigt wurde.

Betrachten wir den Andenraum insgesamt, so stellen wir fest, dass nach wie vor 100 Prozent des Rohstoffs, die Blätter des Kokabusches, aus Bolivien, Kolumbien und Peru kommen, obwohl er theoretisch auch in vielen anderen Regionen wachsen könnte.[10] Ein Vierteljahrhundert »Drogenkrieg« hat daran grundsätzlich nichts geändert, allerdings zu Verschiebungen unter diesen Ländern geführt. Nach der Zerschla-

---

10 Der Kokabusch gedeiht im Prinzip überall dort gut, wo auch Kaffee wächst. So hatten die Holländer den Kokaanbau in ihrer Kolonie auf Java eingeführt, um während des Ersten Weltkriegs genug Kokain als Lokalanästhetikum für Soldaten zu produzieren.

gung der großen kolumbianischen Kartelle, die *pasta básica de cocaína* zur Weiterverarbeitung vorwiegend aus Peru und Bolivien eingekauft hatten, kam es dort zu einem Prozess der Importsubstitution.[11] Der Kokaanbau verdreifachte sich in Kolumbien in der zweiten Hälfte der 1990er Jahre. Die traditionellen Kokaländer Bolivien und Peru verloren an Gewicht. Seit dem Jahr 2000 beobachten wir den gegenläufigen Trend. Der Kokaanbau nimmt dort wieder zu. Doch die Rückgänge in Kolumbien haben einen hohen Preis und sind alles andere als nachhaltig. Ein Rückgang von 13.000 Hektar (2008–2009) wurde durch Besprühung von 104.772 Hektar zuzüglich manueller Eradikation von 60.557 Hektar erreicht; ein Rückgang von 11.000 Hektar (2009–2010) durch Eradikation (durch Besprühung und manuell) von 145.731 Hektar. Seit dem Jahr 2002 wird in Kolumbien immer wieder viel mehr Koka vernichtet als ursprünglich gepflanzt war oder letztlich dann übrig bleibt (UNODC 2011a: 99, 100). Der Anbau ist dadurch zu einer extrem volatilen Angelegenheit geworden, aber eben nicht verschwunden. Zudem ist die Besprühung mit Pflanzengift ökologisch höchst umstritten. Von wirklichen Erfolgen oder gar einer sinnvollen Strategie kann also nicht die Rede sein. Und es gibt Kritiker, die hinter dieser Politik der verbrannten Erde in Kolumbien eine gezielte Taktik der Bauernvertreibung und der Monopolisierung des landwirtschaftlich nutzbaren Bodens zugunsten agroindustrieller Vorhaben sehen.[12]

Peru war traditionell der wichtigste Produzent für Kokablätter, bevor es diesen Rang an Kolumbien abtrat. Für Letzteres waren hauptsächlich konjunkturelle Verschiebungen auf den Märkten verantwortlich. Heute ist Peru auf dem Weg, erneut zum größten Kokaproduzenten zu werden, denn die Situation dort ist für Kontrollen erheblich unübersichtlicher geworden, da mittlerweile neue Regionen mit ganz unterschiedlichen

---

11 Die USA werteten diese Entwicklung als Erfolg ihrer *Operation Airbridge*, mit der die Lieferung von *pasta básica de cocaína* an kolumbianische Labors vor allem aus Peru unterbrochen werden sollte. Nicht identifizierte Flugzeuge wurden dabei zur Landung gezwungen oder abgeschossen (vgl. Lessmann, 2000, S. 347f). Die *Operation Airbridge* wurde im Jahr 2001 ausgesetzt, nachdem in Peru versehentlich ein Cessna-Kleinflugzeug mit einer amerikanischen Missionarsfamilie an Bord abgeschossen worden war. Im August 2003 gab Präsident Bush grünes Licht zur Wiederaufnahme der Militäroperation.

12 Vgl. zu diesem Themenkomplex: www.askonline.ch/themen/natuerliche-ressourcen-und-agrarfrage/agrartreibstoffe.

Besiedlungs- und Organisationsformen für den Anbau erschlossen wurden. In zwölf von 24 *Departamentos* im Land wird heute Koka angebaut, acht Regionen davon gelten als wichtige Anbauzonen.

Kokaanbauflächen in Hektar

	1986	1990	1995	2000	2005	2010
Bolivien	25.800	38.300	48.600	14.600	25.400	30.900*
Kolumbien	24.400	40.100	50.900	163.300	86.000	57.000#
Peru	150.400	210.000	115.300	43.400	48.200	61.200
Gesamt	200.440	288.400	214.800	221.300	159.600	149.100

Quellen: United Nations Office on Drug Control and Crime Prevention (UNODCCP): Global Illicit Drug Trends 1999, N.Y., 1999, Tab. 9, S.41 (bis einschl. 1990). United Nations Office on Drugs and Crime (UNODC): World Drug Report 2010, N.Y. 2010, Tab. 6, S. 64 (ab 1995). United Nations Office on Drugs and Crime (UNODC): World Drug Report 2011, N.Y. 2011, Tab. 20, S. 99.
*Zahl von 2009. # Unter Berücksichtigung von Kleinstfeldern wären es 62.000 und die Gesamtsumme dann 154.000.

Das historische Tief des Kokaanbaus in Bolivien im Jahr 2000 markiert das Ende der militärisch abgesicherten Zwangseradikationen im Rahmen des *Plan Por la Dignidad* (Plan für die Würde) des Ex-Diktators Hugo Banzer, der von teilweise bürgerkriegsähnlichen Auseinandersetzungen in den Anbaugebieten begleitet war. Im Juni 2002 erreichte Evo Morales mit seiner MAS (*Movimiento al Socialismo*), die ihre Keimzelle in den Gewerkschaften der Kokabauern hatte, auf Anhieb Platz zwei bei den Parlamentswahlen. Nachhaltig war auch dieser Reduzierungserfolg nicht. Der Kokaanbau nimmt seit der Jahrtausendwende wieder zu.

Bolivien: Paradigmenwechsel mit gemischten Resultaten

Seit Januar 2006 ist der Kokabauer Evo Morales Präsident Boliviens und die für Koka und für Drogenbekämpfung zuständigen Vizeministerien wurden mit ehemaligen Koka-Gewerkschaftern besetzt. Artikel 384 der neuen Verfassung vom Januar 2009 erhebt die Pflanze zum schützenswerten Naturerbe. Die zulässige Höchstgrenze für den erlaubten Anbau wurde vorläufig auf 20.000 Hektar erhöht und die Agenten der US-Drogenpolizei DEA wurden schließlich im Herbst 2008 unter dem Vorwurf der Spionage des Landes verwiesen. Unter dem Motto *¡Coca sí, cocaína no!* (Koka ja, Kokain nein!) findet weiterhin eine Reduzierung des Anbaus statt. Deren Ergebnisse entsprechen mit jährlich 5.000–8.200 Hektar etwa denen aus der ersten Hälfte der 1990er Jahre (UNODC 2011: 100). Aber sie finden nun in Absprache mit den Bauernorganisationen statt, also freiwillig und friedlich. Nachdem die Frage der Kokavernichtung in Bolivien ein Vierteljahrhundert lang Ursache für soziale Dauerkonflikte mit Menschenrechtsverletzungen und Todesopfern war, bedeutet dies eine große Erleichterung für das Land.

Allerdings nahm der Anbau trotz dieser Reduzierungen weiterhin zu, seit der Amtseinführung von Evo Morales um insgesamt knapp 20 Prozent. Auf höherem Niveau und unter gänzlich anderen politischen Vorzeichen nimmt der Anbau auch im Nachbarland Peru zu. Der Neuanbau konzentriert sich in Bolivien auf abgelegene Zonen und Naturschutzgebiete, wohin der Ansatz einer Reduzierung über soziale Kontrolle nicht reicht. Immerhin konnte die »sanfte Reduzierung« diesen Zuwachs nun in den Jahren 2009 und 2010 stoppen. Ob diese Stabilisierung der Anbauflächen bei gleichzeitig gestiegenen Erzeugerpreisen für Koka Bestand haben wird, ist abzuwarten (UNODC 2011c: 11). Zudem hat sich eine neue, effektivere Extraktionsmethode (*método colombiano*) durchgesetzt, bei der die Blätter zermahlen werden, bevor man sie mit den Chemikalien versetzt. Dadurch kann mehr Kokain extrahiert werden; genauere Untersuchungen zur Höhe der Ertragsteigerung stehen noch aus (vgl. UNODC 2011a: 103). Die Fahndungs- und Beschlagnahmungserfolge unter Morales sind deutlich besser als die der Vorgängerregierungen (UNODC 2011c: 52). Zum Teil reflektieren sie aber wohl auch diese Mehrproduktion aus gestiegenen Erträgen wie auch den Schmuggel des Zwischenproduktes *pasta básica* von Peru über Bolivien nach Brasilien.[13] Haben die außengesteuerten Versuche einer zwangs-

---

13 Ungeachtet der Eindämmung der Kokaanbauflächen verweigerte die Obama-Administration Bolivien im September 2011 zum dritten Mal in Folge die *certification*. Hauptargument dafür war diesmal ein gestiegenes Produktionspotenzial an Kokain. Die USA gehen dabei von 195 Tonnen aus, das UNODC von 113 Tonnen. Der Unterschied liegt in verschiedenen hypothetischen Annahmen zur Effizienz der Verarbeitungsmethode (*método colombiano*); es handelt sich dabei um Hochrechnungen auf der Basis einer geschätzten Kokaernte. Zur Begründung der *decertification* in den zurückliegenden Jahren vgl. Lessmann (2010a).

weisen Kokavernichtung gegen oder auf dem Rücken der bäuerlichen Produzenten in der Vergangenheit in ein Nachhaltigkeitsdesaster mit hohen politischen, sozialen und ökologischen Kosten geführt, so zeigt sich, dass der Ansatz einer »sanften« Verminderung im Konsens mit den Bauern auch an gewisse Grenzen stößt. Von der vielfach prophezeiten »Explosion« von Kokaanbau und Kokainproduktion kann indessen keine Rede sein. Im Vordergrund stehen heute die Interessen Boliviens und nicht mehr jene Washingtons. Die Resultate sind gemischt, doch angesichts der jahrzehntelangen Zumutungen des *War on Drugs* überwiegt in der Bilanz das Positive. Auch wenn eine zunehmende Präsenz kolumbianischer und mexikanischer krimineller Organisationen Anlass zur Sorge gibt und die Regierung Morales mit der Verhaftung des früheren Chefs der bolivianischen Spezialkräfte für den Kampf gegen den Drogenhandel, General René Sanabria, wegen Kokainschmuggels Ende Februar 2011 in Panama nun auch ihren Drogenskandal hat.[14] Angesichts der Tatsache, dass diese Spezialkräfte im Jahr 1983 auf US-Initiative gegründet und bis Ende 2008 von Washington ausgebildet, ausgerüstet und kontrolliert wurden, ist dieser Vorfall für Washington ebenso peinlich wie für La Paz. Und wenn die Obama-Administration Bolivien die drogenpolitische *certification* weiterhin unter anderem mit dem Argument verwehrt, nach dem Hinauswurf der DEA seien die bolivianischen Spezialkräfte den Herausforderungen nicht gewachsen (US Department of State 2010: 151), so sollte dies nicht zuletzt den US-Rechnungshof interessieren. Denn das INL stellt sich und der Nachhaltigkeit seiner Programme nach mehr als einem Vierteljahrhundert damit implizit ein verheerendes Zeugnis aus. Die bolivianische Regierung versucht ihrerseits, die Lücke, die durch den Hinauswurf der DEA und die Kürzung der US-Hilfe auf heute gerade noch 10 Millionen US-Dollar entstanden ist, durch verstärkte Kooperation mit Brasilien zu schließen, einem der wichtigsten Märkte für Kokain aus Bolivien. Die Unterstützung zu entziehen, wie es die USA und mit einem inzwischen

---

14 Die Fälle der Familie der früheren Morales-Mitkämpferin Margarita Terán (Geschwister und Schwager wurden im September 2008 mit 147 Kilo Kokain erwischt) und des Morales-nahen Indigenen Valentín Mejillones (im Haus des Schamanen, der Morales' symbolische, indigene Amtseinführung in Tiwanaku vorgenommen hatte, wurde im August 2010 ein Kokainlabor entdeckt), waren vorher schon Beispiele dafür, wie weit die Durchdringung der Gesellschaft durch die Verlockungen des schnellen Geldes reicht.

revidierten Teilrückzug im Herbst 2008 auch die Vereinten Nationen getan haben, ist hier sicherlich nicht der richtige Weg. Offenbar aber erscheint es der US-Administration als probates Mittel, einen alternativen Ansatz in Schwierigkeiten und in Misskredit zu bringen, um dann Schuldzuweisungen gegenüber Bolivien auszusprechen.

Am Schwerpunkt ansetzen

Das Geschäft mit illegalen Drogen auf pflanzlicher Basis lässt sich als Sanduhr darstellen: zwei bauchig-voluminöse Enden, verbunden durch einen engen Flaschenhals. Am einen Ende produzieren relativ viele Menschen in relativ großen geographischen Räumen große Mengen an Pflanzenmaterial. Zuweilen extrahieren sie daraus auch bereits die begehrten Grundstoffe für die Weiterverarbeitung. Kriminelle Energie spielt auf dieser Ebene kaum eine Rolle. Für die große Mehrheit dieser Bauern steht dahinter in erster Linie der Versuch, für sich und die eigene Familie ein Auskommen zu finden. Durchschlagende Erfolge treiben bei anhaltender Nachfrage die Preise in die Höhe und stimulieren von neuem die Produktion. Repressive Maßnahmen sind hier nicht zweckmäßig und führen eher zu einer Ausbreitung der Probleme. Gefragt ist vielmehr Schadensbegrenzung und Hilfe für die betroffenen Menschen und Regionen bei der Lösung von Problemen wie dem zunehmenden Eigenkonsum von Drogen, sozialem Zerfall, Entwaldung und Umweltzerstörung. Vor allem sind Projekte in Zusammenarbeit mit den Bauern zur Schaffung von Einkommensalternativen und der Absicherung des Lebensunterhalts erforderlich.

Am anderen Ende der Sanduhr erzielt ein Heer von Straßendealern bei der Versorgung von Gelegenheitskonsumenten und Süchtigen den Löwenanteil der Gewinne, die aber relativ breit verteilt sind.[15] Durch

---

15 Ein seltener Fall, bei dem Sozialwissenschaftler Einblick in das Innenleben einer kriminellen Organisation bekamen, ist in einer aktuellen UNODC-Studie über Geldwäsche zitiert (UNODC 2011d, S.94ff). Dem jungen US-Soziologen Sundhir Venkatesh war es im Rahmen seiner Feldforschung in den Jahren 1989/90 gelungen, Einblick in die Geschäftsbücher einer Chicagoer *Crack*-Kokain-Gang (eines Ablegers der *Black Disciples*) über einen Zeitraum von vier Jahren zu bekommen. Von 5.420 Gang-Mitgliedern hatten demnach nur 120 ein Einkommen in einer Größenordnung, bei der Geldwäsche theoretisch überhaupt in Frage kommt. Das »Fußvolk« der Gang verdiente weniger als den gesetzlichen Mindestlohn.

eine pauschale Kriminalisierung von Tätern und Opfern werden Gerichte und Haftanstalten überlastet, ohne dass man einer Lösung des Problems dadurch näher gekommen wäre. Wünschenswert wäre ein differenzierteres Kontrollregime unter Berücksichtigung des unterschiedlichen Schadens- und Suchtpotenzials verschiedener Substanzen.

Am Flaschenhals der Sanduhr organisieren relativ kleine, hermetisch abgeschottete kriminelle Organisationen Weiterverarbeitung, Transport und Großhandelsverkauf der Drogen. Ein durch die Prohibition gegebenes hohes Risiko und entsprechend hohe Gewinnspannen führen dazu, dass hier große Summen in wenigen Händen konzentriert werden, was ihnen ein beachtliches Machtpotenzial verleiht. Das illegale Unternehmen setzt auf Klandestinität und Korruption. Aber es benötigt auch einen eigenen Gewaltapparat zur Durchsetzung seiner Interessen gegenüber Geschäftspartnern, Konkurrenz und Staat. Überschneidungen von illegalen und legalen Geschäften und Apparaten machen die Lage unübersichtlich und erschweren die Strafverfolgung. Hier liegen die Hauptgefahren für Rechtsstaatlichkeit und Demokratie – nicht nur in den sogenannten institutionell schwachen Staaten. Auf diese Ebene sollte sich der Gesetzesvollzug konzentrieren, dessen Organe, Polizei und Justiz, gestärkt und gegen Korruption so gut als möglich immunisiert werden müssen. Es muss um die Zerschlagung krimineller Strukturen und ihres Daseinszwecks gehen, also um die Beschlagnahmung von Werten (Stichwort Geldwäsche). Das Programm für Drogenkontrolle und Verbrechensbekämpfung der Vereinten Nationen (UNODC – *United Nations Office on Drugs and Crime*) hat nun eine Studie über Geldwäsche vorgelegt (UNODC 2011d). Ihr globales Volumen liegt den Schätzungen der UN zufolge bei jährlich 1,2–1,6 Billionen US-Dollar, wovon etwa 320 Milliarden auf den globalen Drogenhandel entfallen. Man vermutet weiter, dass davon weniger als 1 Prozent entdeckt und beschlagnahmt werden, möglicherweise sogar nur 0,2 Prozent. Die internationale Drogenkontrolle war bislang ebenso einseitig wie erfolglos auf die Unterbindung von Konsum, Produktion und Bereitstellung ausgerichtet.

Literatur

Lateinamerika Anders: Die vielen Gesichter der Migration, No.3/11, Wien, Juli 2011

Lessmann, Robert: Drogenökonomie und internationale Politik, Vervuert-Verlag, Frankfurt am Main, 1996

Lessmann, Robert: Amerikanisierung und Militarisierung: die auswärtige Drogenpolitik der USA, in: Rudolf, Peter/ Wilzewski, Jürgen (Hg.): Weltmacht ohne Gegner, Stiftung Wissenschaft und Politik, Nomos-Verlag, Baden-Baden, 2000

Lessmann, Robert: Flying Dutchman. Die internationale Drogenpolitik der Obama-Administration, in: Zeitschrift für Außen- und Sicherheitspolitik – ZFAS, Heft 3, Jg. 3, VS-Verlag, Wiesbaden, 2010a

Lessmann, Robert: Das neue Bolivien, Rotpunkt-Verlag, Zürich, 2010b

Lessmann, Robert: Bolivien und Koka: Präzedenzfall für die internationale Drogenkontrolle?, in: Lateinamerika Anders, No. 4/11, Wien, Oktober 2011

UNDP – United Nations Development Program: Bericht über menschliche Entwicklung 2010, Berlin, 2010

UNODC – United Nations Office on Drugs and Crime: World Drug Report 2011, New York, 2011a

UNODC – United Nations Office on Drugs and Crime: Amphetamines and Ecstasy – 2011 Global ATS Assessment, Wien, September 2011b

UNODC – United Nations Office on Drugs and Crime: Estado Plurinacional de Bolivia Monitoreo de Cultivos de Coca 2010, Wien, September 2011c

UNODC – United Nations Office on Drugs and Crime: Estimating illicit financial flows resulting from drug trafficking and other transnational organized crimes, Wien, Okt. 2011d

UNODC – United Nations Office on Drugs and Crime: The Globalization of Crime – Transnational Organized Crime Threat Assessment, Wien, 2010

UNODC: Colombia – Coca Cultivation Survey, Wien, June 2009

INCSR – US Department of State – Bureau for International Narcotics Matters and Law Enforcement Affairs: International Narcotics Control Strategy Report 2010, Washington, Sept. 2009

Dawid Bartelt

Gefährliche Verbindungen

Gewalt, Drogen und Staat in Rio de Janeiro, Brasilien[1]

Am Vormittag des 13. November 2011, als alles vorbei war, präsentierte die Polizei stolz 13 Sturmgewehre Kaliber 7.62, zwei Gewehre AR 15 sowie drei Granaten, dazu 120 Kilogramm Marihuana und 60 Kilogramm Kokapaste. Ein Gewehr wies auf Kolben und Magazin ein Playboyhäschen sowie die Buchstaben ADA auf. Wieder einmal konnte man sich die Augen reiben. Immer wieder hatte die Polizei in Rio de Janeiro Favelas ohne Vorankündigung mit Panzerwagen und um sich schießend gestürmt, um Drogenhändler dingfest zu machen oder – vielfach bevorzugt – außergerichtlich hinzurichten. Die Schießereien mit den bestens bewaffneten Drogenhändlern zogen sich gelegentlich über Tage hin. Oft kamen Unbeteiligte durch Querschläger ums Leben, darunter viele Kinder. Manche traf es, obwohl sie sich unter ihr Bett geflüchtet hatten.

Nun aber hatte die Einheit für Spezielle Operationen der Militärpolizei BOPE über die Medien verbreiten lassen, wann und wo genau sie die Rocinha, die größte Favela Brasiliens, und die benachbarten Favelas Vidigal und Chácara do Céu stürmen würde. Und dann stürmte sie, nahm die Hügel ohne Widerstand und konnte oben stolz die brasilianische Flagge hissen. Wie schon oft zuvor erhielt die Polizei Unterstützung von Soldaten der Bundesarmee. Fast genau drei Jahre nach der Premiere in der Favela Santa Marta wurde in Rocinha und Vidigal die 19. *Unidad de Polícia Pacificadora* (UPP, Befriedungseinheit der Polizei) installiert. Nach deren »Eroberung« werden mitten in den Favelas Polizeiwachen errichtet und mit speziell trainierten, zumeist aus jungen Absolventen der Polizeischule bestehenden Sondereinheiten der Militärpolizei, dauerhaft besetzt.

---

1 Ich danke Ana Carolina Alfinito Vieira für substanzielle Hilfe bei der Literaturrecherche und Alena Profit Pachioni für die mühevolle Transkription eines fast zweistündigen Interviews mit Luiz Eduardo Soares.

Die Rocinha liegt oberhalb der Nobelstadtteile São Conrado und Gávea. Mit wohl 100.000 Einwohnern ist sie einer der lukrativsten Drogenumschlagplätze, was nicht zuletzt an der besserverdienenden Nachbarschaft liegt. Die Drogenhändler der Fraktion *Amigos dos Amigos* (ADA, Freunde der Freunde) hatten 2006 nach blutigen Kämpfen gegen die Drogenhändler des *Comando Vermelho* (Rotes Kommando) die Kontrolle über die Rocinha übernommen. Nun sind sie weg. Viele ihrer Waren und Waffen hatten sie nicht mitnehmen können; die Polizei fand in den Folgetagen Dutzende weitere Gewehre, zwei Granatwerfer und sogar zwei Panzerabwehrraketen, eine Marihuana-Presse und große Mengen von Verpackungsmaterial zur Verfertigung von Kokainpäckchen für die Endverbraucher.

Zwei Tage vor der Eroberung konnte die Polizei Antônio Bonfim Lopes, genannt »Nem«, festnehmen, als er versuchte, im Kofferraum eines Autos zu entkommen. Nem gilt als Chef der Rocinha. Die beiden Polizisten, die ihn festnahmen, widerstanden Zeitungen zufolge dem Angebot, ihn gegen etwa 400.000 Euro laufen zu lassen. Auch fünf Geschäftskollegen von Nem wurden in ihren Autos verhaftet. Sie hatten besondere Fluchthelfer: vier Polizisten und einen Ex-Polizisten. Wie andere Geschäftsführer des Drogenhandels gehörte es zu Nems Gebaren, Polizisten der Militärpolizei und der (angeblich nicht so korrupten) Zivilpolizei durch regelmäßige Geldzahlungen einzubinden. Er gab nach seiner Festnahme an, etwa die Hälfte seiner – auf etwa 3,5 Millionen Euro monatlich geschätzten – Einnahmen für Zahlungen an Polizisten aufzuwenden.

Das Organisierte an der Drogenkriminalität ist, wenn überhaupt, nicht die Struktur der Gruppen, die sich Freunde der Freunde oder Rotes Kommando nennen, sondern die Art wie Teile der Polizei und Justiz aller Hierarchieebenen in diesem Komplex die Hebel bedienen. Der frühere Landes- und Bundesminister für öffentliche Sicherheit Luiz Eduardo Soares wird nicht müde zu betonen, dass der Drogenhandel nur funktionieren kann, weil formelle Sektoren der Wirtschaft und Teile der Politik sowie der Justiz mit dem Drogenhandel verbunden sind. Er formuliert damit einen *common sense* in der kritischen Gewaltforschung Brasiliens.

Drogenhandel, Polizei und politische Eliten stehen in »gefährlichen Verbindungen«, wie Michel Misse, Soziologe der Bundesuniversität Rio de Janeiro und einer der anerkanntesten Experten für die Politik der öffentlichen Sicherheit, das nennt. Wirtschaftsbeziehungen der besonderen Art, in denen Korruption die Währung ist und in welcher der Drogenhandel die anderen beiden Gruppen für »politische Güter« bezahlt: Für Hilfe bei der Beschaffung der Drogen, Verkauf von Waffen aus Polizei- und Armeebeständen, Verzicht auf effektive Unterbindung des Drogenhandels an den bekannten Verkaufsstellen, Unterstützung bei Geldwäsche, Tötung von rivalisierenden Bandenführern, das Ebnen von Zugängen in die formelle Ökonomie und anwaltliche Dienstleistungen zahlen die Drogenchefs Geld – viel Geld. Wie die Zeitung Folha de São Paulo am 9. Dezember 2011 berichtete, haben Angehörige der Antidrogenpolizei in São Paulo von internationalen Drogenhändlern umgerechnet rund 1,25 Millionen Euro dafür erpresst, dass sie sie nicht der Justiz übergeben. Die Drogenchefs bezahlen auch, indem sie Politikern Wählerstimmen zuführen. Innerhalb der Favela etablieren die Kommandos Klientelbeziehungen zu den Bewohnern. Sie tauschen »Sicherheitsgarantien« sowie einzelne »Sozialleistungen« gegen Schweigen und die Duldung einer permanenten und im körperlichen Sinne existenziellen Unsicherheit und Willkür.

Dass der Drogenhandel in Brasilien und vor allem in Rio de Janeiro so vielen Menschen das Leben kostet – und zwar nicht durch den Konsum der Drogen –, hat mit seiner verschärften Territorialität zu tun. Damit ist die Kennzeichnung, Aneignung und Kontrolle eines Raumes mittels Machtbeziehungen, physischer wie symbolisch-diskursiver Art gemeint. Das wichtigste Territorium ist die Favela. Eine Favela ist ja zunächst nichts anderes als ein vom Sozialstaat ignorierter, aber von der staatlichen Repression besonders betroffener Stadtbezirk mit zwischen absoluter Armut und unterer Mittelklasse sozial differenzierter Bevölkerungsstruktur und einer Mehrheit von *working poor*, die hart arbeiten und mit ihren Familien ein möglichst »normales Leben« führen wollen.

Als Territorium beziehungsweise Territorialität durchziehen die Favela Strukturen der Exklusion und Inklusion: Ausgeschlossen ist eine Favela etwa von staatlichen Leistungen, wie sie in einem Mittelschichtsviertel ein paar Meter weiter unten »auf dem Asphalt« sind (Müllabfuhr, Kanalisation, Gesundheitssystem, Sicherheitstruktur) sowie von einer an Rechten orientierten Behandlung durch Staatsvertreter. Eingeschlossen ist sie in die informelle, aber immer mehr auch in die formelle Ökonomie sowie in ein gewaltförmiges Beziehungsgeflecht zwischen gesellschaftlichen, staatlichen wie nichtstaatlichen Funktionsgruppen, die legale und illegale Güter einschließlich »politischer Güter« untereinander handeln. Dieses Geflecht konzentriert sich auf kleinem Raum und schafft dadurch eine politisch-symbolische Dichte. Diese Dichte liefert unter anderem einem öffentlichen, vor allem medialen, Diskurs fortlaufend Nahrung, der hochmoralisch operiert und die Favela als solche innerhalb eines binären Gut-Böse-Schemas verortet. Nirgendwo sonst in Brasilien ist der Drogenhandel so territorial gebunden und zugleich so exponiert wie in Rios Favelas. Die Kosten dafür, vor allem die an Menschenleben, sind ständig gestiegen.

Der Drogenhandel in der Rocinha und in anderen Teilen der Stadt wird weitergehen. Aber er wird eine andere Form von Territorialität annehmen. Es zeichnet sich etwas ab, das man als »zwangsweise Modernisierung« bezeichnen könnte.

Kleiner Blick in die Geschichte der Gewaltökonomie Rios

Gesellschaftskritische Romane aus den 1920er Jahren wie Théo-Filhos »Ipanema« legen Zeugnis ab, dass der Konsum von Rauschgift wie Opium und Kokain eine mindestens hundertjährige Geschichte hat – in der Ober- und Mittelschicht Rio de Janeiros. Die schädlichen Folgen des Marihuanakonsums hatten bereits 1915 einen Arzt in Bahia im Nordosten Brasiliens beschäftigt, dem bis heute wichtigsten Anbaugebiet dieser Pflanze. Sofern sie es sich leisten konnten, rauchten die Armen in den Favelas Marihuana, wie es seit den 1940er Jahren belegt ist, als der Konsum strafbar und in den Polizeiakten verzeichnet wurde.

Ende der 1960er Jahre nahm die Verfolgung von Drogenkonsum und Drogenhandel drastisch zu. Neue Gesetze erweiterten Straftatbestände und erhöhten das Strafmaß, insbesondere für den Handel. Die »rebellische« universitäre Jugend entdeckte das Marihuana für sich. Auch der Kokainkonsum stieg. Verschiedene Autoren weisen darauf hin, dass sich innerhalb der Leitdoktrin der »nationalen Sicherheit« der Status des »inneren Feindes« vom Linksaktivisten auf den Drogenhändler übertrug. Während der Militärdiktatur (1964-1985) verfestigte die Militärpolizei ihre repressive Ausbildung und Identität, die sie vor allem während der Vargas-Diktatur (1930-1945) angenommen hatte.

Folter und außergerichtliche Hinrichtungen gehören seitdem zu ihrem standardmäßigen Arsenal. Ganz besonders im Bundesstaat Rio de Janeiro: Nach offiziellen Angaben erschoss die Polizei hier seit 2002 im Durchschnitt etwa 1.000 Zivilisten im Jahr, also im Schnitt drei am Tag, wegen »Widerstands gegen die Staatsgewalt«. Nur ein Bruchteil dieser Tötungen wird überhaupt von der Staatsanwaltschaft untersucht. Menschenrechtsorganisationen haben nachgewiesen, dass ein erheblicher Teil dieser Fälle tatsächlich außergerichtliche Hinrichtungen Unbewaffneter sind. All diese Tötungen bleiben praktisch straffrei.

Das Drogenbekämpfungsgesetz von 1976, das 30 Jahre Bestand haben sollte, definierte Drogenhandel sehr vage und unterließ es, verbotene Substanzen und Mengen genauer zu bestimmen. Gleichzeitig übertrug es Polizei und Justiz weitreichende Befugnisse. Das gab der Polizei alle Freiheit, mit Dealern etwa den Preis für eine Nichtfestnahme auszuhandeln. Die Gewaltdynamik der Drogenökonomie hängt nicht zuletzt davon ab, welche Formen der finanziellen Beteiligung – Entführung von Anführern oder Familienangehörigen und Lösegeldforderung, monatliche Schutzgeldverträge, Erlöse durch illegalen Waffenhandel, Honorar für Auftragsüberfälle auf Territorien rivalisierender Gruppen oder Auslieferung von Anführern derselben – die Polizei jeweils favorisiert.

Wie sich ein illegaler Markt mit Hilfe staatlicher Strukturen zu einem ökonomisch wie politisch profitablen Komplex entwickelt, wurde in Rio de Janeiro seit den 1940er Jahren mit dem *jogo de bicho*, dem beliebten Lotteriespiel mit den Tierbildchen, vorgemacht. Die Chefs der Lotterie teilten die Stadtbezirke unter sich auf, rekrutierten Laufboten zur Nachrichtenübermittlung zwischen Chefs, Geschäftsführern und den Annahmestellen sowie Späher, die die Polizei auskundschafteten. Damit boten sie ehemaligen Strafgefangenen sowie Kindern und Jugendlichen Verdienstmöglichkeiten. Gewaltsame Auseinandersetzungen um die Kontrolle von Territorien endeten in einem Generalabkommen zwischen den »Bankiers« des *jogo de bicho* in Rio de Janeiro und anderen Bundesstaaten Ende der 1970er Jahre. Das *jogo do bicho* konnte sich danach sowohl in die formelle Wirtschaft als auch in die Politik ausdehnen. Während regelmäßige Zuwendungen die Augen des Gesetzes auf der Straße geschlossen hielten, kauften sich die Bankiers in Hotels und Baufirmen ein, wurden zu unverzichtbaren Geldgebern der großen Sambaschulen und gewannen dank ihres Einflusses in den bevölkerungsreichen Bezirken Mandate als Stadt- und Landtagsabgeordnete. Zu seiner Hochzeit war der *jogo de bicho* die bisher einzige Form wirklich organisierter Kriminalität in Brasilien.

Diese Beschreibung zeigt, dass die Trennung zwischen formeller und informeller Ökonomie hier wenig sinnvoll ist. Vielmehr gibt es legale und illegale beziehungsweise illegalisierte Wirtschaftsweisen und unterschiedliche Formen und Grade ihrer Strafverfolgung (oder auch des illegalen Verhaltens auf den legalen Märkten). Straßenhandel mit Gemüse, Pirateriewaren oder kleinen Drogenmengen, Prostitution, Handwerksdienstleistungen, Glücksspiel können je nach Gesetzeslage, repressiver Praxis, erfolgreichem Austausch von Gefälligkeiten beziehungsweise Schweigegeldern und Akzeptanz bei der Kundschaft formeller oder informeller, legaler oder illegaler, verfolgt oder geduldet sein. Drogenhandel ist in brasilianischen Großstädten ein wesentliches Segment der informellen Ökonomie, bei der die Kennzeichnung »illegal« weder die Funktionsweise noch die gesellschaftlichen Effekte verständlich macht.

Die Gewaltökonomie basiert auf ungleichen Klientelbeziehungen, wie sie die brasilianische Gesellschaft seit Jahrhunderten prägen. Immer schon sah sich die arme Bevölkerung an die ökonomisch-politischen Machthaber gebunden und ihnen untergeordnet. Privat-persönliche Normen und Verfügungen prägten auch die eigentlich öffentlich zu regelnden Räume – etwa Justiz und politische Wahlen.[2] Diese Gesellschaft, die der Sklaverei erst Ende des 19. Jahrhunderts und eher widerwillig entsagte, lehrte die Polizei, Favela mit Faulheit und Verbrechen gleichzusetzen und ihre Bewohner nicht als Staatsbürger, sondern als Störer zu betrachten. Durch ihre Aktionen hat die Polizei diese Sicht der Gesellschaft immer wieder bestätigt. Diese sichert ihr wiederum bis heute zu, sich hierfür nicht verantworten zu müssen. Es ist immer noch kein Skandal, sondern nur die Summe kleiner Zeitungsmeldungen, dass diese Polizei ungesühnt jeden Tag drei Menschen tötet.

Das Muster lag also bereit, als in den 1980er Jahren der Drogenhandel die soziale Landschaft Rio de Janeiros veränderte. Während der Militärdiktatur hatten politische Gefangene und Kriminelle als gemeinsame »Feinde der nationalen Sicherheit« in Hochsicherheitsgefängnissen wie der Ilha Grande vor der südlichen Küste Rio de Janeiros eingesessen. Eine verbreitete Erzählung besagt, dass sie dabei einen intensiven

---

2 Vgl. dazu und zur Gewaltförmigkeit der illegalisierten Ökonomie Brasiliens Regine Schönenberg: Gewalt, Kriminalität und Drogenhandel, in: Sergio Costa et al. (Hg.): Brasilien heute, Frankfurt: Vervuert 2010, S. 265-281.

Austausch pflegten, bei dem sich die kriminellen Insassen bei den politischen Gefangenen Organisationsformen, Guerillataktiken sowie eine Ethik des Zusammenhalts abschauten. Inwieweit dies der Realität entsprach, ist unter Wissenschaftlern umstritten. Unumstritten ist allerdings, dass die *Falange LSN* 1979 in Ilha Grande rivalisierende Bandenführer umbrachte und die Macht im Gefängnis übernahm.

Als *Comando Vermelho* (CV, Rotes Kommando), errang die Gruppe schnell die Kontrolle über alle Gefängnisse Rio de Janeiros. Sie setzte einen unmissverständlichen Kodex in Kraft. Er verbot bei Todesstrafe Gewalt und Diebstahl unter den Gefangenen. Außerhalb der Gefängnisse galt, dass die kontrollierten Territorien zu respektieren seien. Neumitglieder erhielten Gründungskredite, die Familienangehörigen der Gefangenen finanzielle Unterstützung. Verrat an der Gruppe, etwa durch Zusammenarbeit mit der Polizei, wurde streng bestraft. Anfänglich erzielte das CV seine Einnahmen, indem es Banken und Apartments ausraubte und mit gestohlenen Autos handelte. Doch in den 1980er Jahren erwies sich der Handel mit Kokain als lukrativer und zukunftsträchtiger. Vom Gefängnis aus baute das Kommando in den Favelas den Drogenhandel auf. 1985 kontrollierte das CV 70 Prozent der Favelas in Rio.

Mit dem Ende der Militärdiktatur im selben Jahr öffnete sich Brasilien auch ökonomisch. Der Warenverkehr weitete sich grenzüberschreitend aus, die Sicherung der Außengrenzen gehorchte nicht mehr der Paranoia der nationalen Sicherheit. Der Staat wurde aus der Wirtschaft zurückgedrängt, der Markt liberalisiert und dereguliert. Dies erhöhte den Zustrom von Kokain aus den Produktionszentren in Kolumbien, Bolivien und Peru.

Organisierte Kriminalität?

Weder das *Comando Vermelho* noch später entstehende Konkurrenzformationen wie *Terceiro Comando* (TC, Drittes Kommando) oder die eingangs genannten »Freunde der Freunde« sind der italienischen Mafia oder den kolumbianischen Drogenkartellen vergleichbare kriminelle Organisationen. Nicht wenige Spezialisten lehnen daher den Begriff der Organisierten Kriminalität für den brasilianischen Drogenhandel ab, da er klare Hierarchien und Strukturen impliziere, die bei diesen

Verbänden nicht vorhanden seien. »Die Fraktionen wie CV, ADA oder PCC sind eher ›Marken der Angst‹ als Ausdruck organisierter Kriminalität«, argumentiert der Landtagsabgeordnete von Rio de Janeiro und Spezialist für Städtische Kriminalität Marcelo Freixo im Interview: »Sie sind im Endverkauf tätig, nicht im internationalen Handel; sie sind fragmentiert, desorganisiert und nicht einmal in ihren Territorien wirklich allbeherrschend.« Der CV ist dem US-amerikanischen Kulturanthropologen Ben Penglase zufolge »am besten beschrieben als lose Verbindung von Drogenhändlern, die sich zwecks gegenseitiger Unterstützung zusammentun, dabei aber mit großer Selbständigkeit handeln. Er kann so gedacht werden, wie ihn Mitglieder und Favelabewohner auch oft beschreiben, als ein ›Banner‹, ein Modus des Denkens und Handelns, eine ›kriminelle Vereinigung‹, die lose, aber dauerhafte Symbole einer gemeinsamen Identität etabliert, dazu eine allgemeine Strategie für kollektiven Gewinn und einen Verhaltenskodex in Bezug auf andere Kriminelle, Nachbarn und den Staat.«

Auf Vertrauen basierende Hegemonie ist in einem gewaltförmigen, mit illegalen Gütern handelnden Markt besonders problematisch, und so begannen in den späten 1980er Jahren Fraktionen und Konkurrenzgruppen dem CV Territorien und Einfluss streitig zu machen. Dies führte zu einem blutigen Dauerkrieg zwischen den Gruppen und der Polizei, die sowohl als Ordnungsmacht als auch als integraler Akteur im Drogenhandel beteiligt war. In dieser Zeit erschoss die Polizei immer häufiger junge schwarze Männer und Minderjährige, da die Organisation des Drogenhandels unter Kriegsbedingungen in der Logik der Anführer den Einsatz von Kindern besonders sinnvoll machte. 6.000 Kinder sollen in der Stadt Rio bewaffnet sein.

In Rio selbst ist der Handel nur weniger hierarchisch, aber funktional differenziert als das organisiert, was die Beteiligten selbst eine »Firma« nennen: Der *matuto*, ein Zwischenhändler, liefert dem Chef eines Gebietes (meist einer Favela) Drogen zu. Dieser hat um sich eine Gruppe von Vertrauenspersonen: Der »Geschäftsführer« hält den Kontakt zu Untergeschäftsführern der einzelnen Verkaufsstellen, die wiederum für die Koordination der einzelnen Verkaufsstellen, für die »Soldaten«, für die Waffenverteilung und Munitionsbeschaffung zuständig sind; die *endoladores* sind für das Aufbereiten, Abwiegen und Verpacken des Kokains in Abgabemengen zuständig; *vapores* (Dämpfe) verkaufen Päckchen entweder direkt an den Endverbraucher oder weiter in Kommission an *aviões* (Flugzeuge) aus der eigenen Favela oder gegen Bares an Kleinhändler von außerhalb, etwa aus den Mittelschichtsbezirken; *olheiros* (Beobachter) und *fogueteiros* (Feuerwerker) wachen von den Zinnen und schießen Leuchtmunition ab, wenn die Polizei oder eine verfeindete Bande sich anschicken, die Favela zu stürmen. Dies sind die Kleinsten, die zum Teil nicht älter als acht Jahre alt sind. Solche Angriffe abzuwehren, ist Aufgabe der schwer bewaffneten (und dem Kindesalter meist kaum entwachsenen) *soldados*. Sie bewachen auch die *bondes*, Autokonvois, die zum Überfall auf Banken oder Geldtransporter ausfahren.

Die Territorialisierung bedeutet hier, Biographien auf grausame Weise vorherzubestimmen: Sie hält die Kinder physisch wie sozial in den Favelas fest. Und 80 Prozent aller Kinder, die in den Drogenhandel involviert sind, werden einer Studie des Instituts für Religionsstudien zufolge nicht älter als 21 Jahre.

Der Chef mag noch den einen oder anderen Hügel kontrollieren. Doch im Wesentlichen ist der Drogenhandel in Rio sozusagen in burgenartig verschanzten operativen Einheiten organisiert. Nach dem Zusammenbruch der Hegemonie des CV ist auch kein nennenswerter Überbau mehr vorhanden. Der Drogenhandel in Rio kann als Geflecht sich überlagernder und punktuell miteinander verknoteter Netze beschrieben werden: Das internationale Netz, das die Produktionsorte in den Andenländern mit den Hauptkonsumorten USA und Europa verbindet und das Rios Häfen und Flughäfen als Umschlagort für Drogen nutzt; das Netz der »Bewegungen« des CV und seiner Konkurrenten, die die halbautonomen Einheiten in den Favelas sowie größere Transporte organisieren sowie die Territorien selbst, in denen ein funktionales Netz Transport, Verpackung und Einzelhandel organisiert. Diesem lokalen Netz assoziiert, ist der Einzelhandel in den wohlhabenderen Stadtteilen mit Lieferung frei Haus. Die Händler vom »Asphalt« (die selbst der Mittelklasse angehören) sind denen vom »Hügel« teils verbunden, agieren aber auch unabhängig von den Favelas. Nach einer Studie des Finanzministeriums des Bundesstaates Rio de Janeiro von Dezember 2008 setzt der Drogenhandel im Bundesstaat bis zu 270 Millionen Euro jährlich um. Der Gewinn wird in der Studie auf 56 Millionen Euro geschätzt.

Die Kosten jenseits des Einsatzes für den Ankauf der Droge, insbesondere für Logistik, den Schutz der Territorien, für Waffen und Munition, Verluste durch fehlgeschlagenen Schmuggel und nicht zuletzt die nötigen Bestechungsgelder für die Polizei sind hoch. Wie viele Menschen in Brasilien vom Drogenhandel leben, ist unklar. Schätzungen sprechen von 100.000 allein in Rio de Janeiro. Allerdings ist der Drogenhandel vielfältig mit anderen illegalen Beschaffungsmaßnahmen verbunden, wie Waffenhandel, Autodiebstahl oder Schmuggel von Gold, Edelsteinen und Tropenholz, und viele derer, die in untergeordneter Funktion beim Drogenhandel verdienen, sind gleichzeitig in anderen Bereichen der informellen Ökonomie tätig.

Die Routen des Drogenhandels

Über Brasiliens lange grüne Landgrenze im Westen kommt die Ware ins Land. Mittelsmänner des *Primeiro Comando da Capital* (PCC) aus São Paulo und den Kommandos in Rio kontrollieren den Drogenschmuggel entlang der Grenzen zu Argentinien, Paraguay, Bolivien, Peru, Kolumbien und Venezuela. Einer der wenigen Studien zu den Routen der in Brasilien gehandelten Drogen zufolge unterhalten auch die japanische, libanesische, russische und italienische Mafia Personal an diesen Grenzen, beschränken sich aber auf die Transitkontrolle und mischen sich nicht in den innerbrasilianischen Handel ein. Eine ganze Reihe brasilianischer Drogenbosse sind über die Grenze in die Nachbarländer, vor allem nach Paraguay und Bolivien, gegangen, erfreuen sich dort des Schutzes korrupter Behörden und »überschwemmen die Städte des Landes mit Tonnen von Kokain und Kokapaste«, wie die brasilianische Zeitschrift Época in einer am 3. Oktober 2011 veröffentlichten umfangreichen Recherche berichtet. Die Grenzstadt Ponta Porã in Mato Grosso do Sul bildet mit seiner paraguayischen Doppelstadthälfte Pedro Juan Caballero eines der wichtigsten Einfallstore für Kokapaste.

Vor allem Paraguay gilt heute als de facto unkontrolliertes Drogenumschlaggebiet. Einzelerfolge wie die Festnahme von Alexander Mendes da Silva, genannt Polegar, durch paraguayische Antidrogeneinheiten widerlegen dies nicht. Wie einige andere Drogenchefs war Polegar bei der Megaoperation im November 2010 im Favelakomplex »Alemão« und »Vila Cruzeiro« aus Rio de Janeiro auf der gut funktionierenden Route nach Paraguay entkommen. Allein in Pedro Juan Caballero sollen Angaben paraguayischer Behörden zufolge Monat für Monat Drogen im

Wert von 100 Millionen US-Dollar umgesetzt werden. Ein großer Teil des Kokains gelangt über die langen grünen Grenzen Amazoniens nach Brasilien. Beliebt ist es, mit kleinen – oft gestohlenen – Flugzeugen unterhalb des Radars zu fliegen und die Paste in 200 bis 500 Kilogramm schweren Paketen auf den Farmen beteiligter Zwischenhändler abzuwerfen. In São José do Rio Preto, 450 Kilometer von São Paulo entfernt, konnte die Polizei fast 500 Kilogramm bestes Kokain sicherstellen. In einer zweimotorigen Maschine des wohl heute wichtigsten brasilianischen Drogenmagnaten Luiz Carlos da Rocha, genannt »Weißkopf«, war der Stoff aus Kolumbien direkt auf eine Farm in Mato Grosso geflogen worden. Von dort gelangte er unter Tonnen von Reis versteckt auf Lastwagen ins Hinterland São Paulos. Vorgesehen war der Weitertransport nach Rio, dieses Mal zwischen Zuckersäcken verborgen.

Zwar haben für Amazonien immer schon spezielle militärische Schutzprogramme gegolten, doch de facto sind die Grenzkontrollen in dieser Region schwach. Ausgeprägt dagegen ist die Korrumpierbarkeit von Staatsvertretern, etwa von Grenzschützern oder den Kontrollbehörden der kleinen grenznahen Flughäfen. Aber auch viele Lokalpolitiker in drogenrelevanten Bundesstaaten wie Acre, Rondônia, Mato Grosso und Mato Grosso do Sul, Tocantins oder Goiás sind direkt in den Drogenhandel involviert. Im brasilianischen Amazonasgebiet wird mittlerweile auch Koka selbst angebaut sowie verarbeitet. Procópio Filho und Costa Vaz haben die »Hinterwäldlerroute« durch die ländlichen Gebiete von São Paulo und Minas Gerais beschrieben. Mit Unterstützung der korsischen und italienischen Mafia gelangt die Paste an die Häfen in Paraná, São Paulo und Espirito Santo zum Export in die USA und nach Europa. Die Koka folgt hier vielfach den Wegen der enormen Mengen an Eisenerz, Soja und anderer Waren aus dem Norden und Nordwesten, die nach China, USA und Europa exportiert werden. Das bedeutet auch, dass heute die Routen durch fast das ganze brasilianische Territorium verlaufen, mit einem Schwerpunkt gerade in »entwickelten« Bundesstaaten wie São Paulo und Minas Gerais, wo der Drogenhandel in vielen kleineren und mittleren Städten Basen errichtet hat. Die Routenverläufe verändern sich je nach Intensität staatlicher Kontrollen, eine »stillgelegte« Route kann aber auch jederzeit wieder aktiviert werden.

Die Internationale Drogenkontrollbehörde UNODC betrachtet Brasilien als »wichtiges Transitland für verschiffte Drogen mit Ziel USA,

Afrika und Europa«.[3] Solche Einschätzungen basieren auf unsicheren Daten. Es gibt keine gesicherten Angaben darüber, wie viele Drogen nach Brasilien gelangen und wie viel davon reexportiert wird. Hinweise geben Zahlen über Drogenkonsum und – bei allen Unwägbarkeiten – die Mengen sichergestellter Drogen. Der letzte Weltdrogenreport von UNODC zeigt, dass in Brasilien der Konsum deutlich steigt. Immer noch liegt er aber weit unter dem, was in den USA und Europa konsumiert wird und gehört auch im südamerikanischen Vergleich nicht zur Spitze. Dagegen ist zwischen 2004 und 2009 die Menge beschlagnahmter Drogen von 8 auf 24 Tonnen gestiegen (zum Vergleich: Kolumbien 253, Ecuador 65 t). Soweit bekannt, war Brasilien 2009 das einzige südamerikanische Land, von dem aus Kokain nach Afrika gelangte. Die verhältnismäßig geringe Entfernung zwischen dem Nordosten Brasiliens und der westafrikanischen Küste haben dazu geführt, dass »signifikante Mengen« des Kokains aus Bolivien, Kolumbien und Peru von Brasilien auf dem Land- und Seeweg in westafrikanische Länder geschmuggelt werden. Es ist aber nicht zuletzt die steigende Nachfrage im Land selbst, die die Umschlagmengen in Brasilien erhöht und auf die gewaltförmigen Ökonomien – und damit die Menschenrechtssituation – in den Städten zurückwirkt. Denn dort ist der Drogenhandel wesentlich ein Abnehmermarkt – man könnte auch sagen, mehr Einzel- als Großhandel. Die großen Händler, die den Kontakt zu den hispano-amerikanischen Kartellen pflegen und den Import der Paste oder der Koka sowie ihren Weitertransport in die Hauptkonsumländer organisieren, treten in Rio oder São Paulo nicht in Erscheinung. Sie sind nicht in Gruppen zersplittert, sie sterben nicht im Alter von 17 Jahren im Kugelhagel der Polizei oder der Konkurrenz.

Produktionsort Gefängnis

Wie in Rio de Janeiro entstand der organisierte Drogenhandel auch in São Paulo aus dem Gefängnis heraus. Obwohl São Paulo vermutlich einiges mehr umsetzt als Rio, ist die Geschichte und Handlungsweise des

---

[3] Siehe dazu und zum Folgenden die jährlichen World Drug Reports der UNODC, hier insbesondere 2005 und 2011, verfügbar unter http://www.unodc.org/unodc/en/data-and-analysis/WDR.html?ref=menuside.

»Ersten Hauptstadtkommandos« (PCC), der führenden Drogenorganisation in São Paulo, seit seinem Entstehen 1993 bisher kaum erforscht. Offenbar besteht wie in Rio auch in São Paulo ein Zusammenhang mit Folter und Misshandlungen an Gefangenen sowie den unerträglichen Haftbedingungen. Für beides war der Anbau des Gefängnisses von Taubaté in São Paulo berüchtigt. Vergleichbar dem CV in der Anfangsphase ist das PCC nichthierarchisch in autonomen Zellen organisiert. Im Unterschied zu Rio ist aber die Organisation nicht territorial gebunden, sondern agiert überregional. Auch ist die Hegemonie des PCC bis heute kaum angefochten. Sie reproduziert sich weiterhin aus den Gefängnissen, denn praktisch alle wichtigen Führer sind seit Jahren in Haft. Noch vor wenigen Jahren hat das PCC bewiesen, dass es den Staat im öffentlichen Raum herausfordern kann: Mit einer simultanen Rebellion in 73 Gefängnissen des Bundesstaates ging eine Serie koordinierter Gewalttaten mitten in den Städten einher, hunderte Anschläge auf öffentliche und private Einrichtungen, Banken, Polizeistationen. Busse brannten dutzendweise, in einigen Fällen verbrannten dabei Fahrgäste. Polizisten und Gefängnisbeamte wurden gezielt ermordet. Im Wirtschafts- und Finanzzentrum der Stadt sah sich der Handel für einige Tage gezwungen, zu schließen. Insgesamt starben innerhalb von acht Tagen im Mai 2006 offiziell 439 Menschen im Bundesstaat São Paulo. In geringerem Umfang hatten solche Aktionen in den Jahren zuvor in São Paulo und auch in Rio de Janeiro stattgefunden.

Die Rolle des Gefängnisses ist für die Analyse von Drogenhandel und Gewalt in Brasilien kaum zu überschätzen. Das brasilianische Gefängniswesen wird nicht nur von Fachleuten wie dem bereits erwähnten Marcelo Freixo als »eines der perversesten Systeme der Welt« beschrieben. Eine überforderte Klassenjustiz schickt arme Kleintäter hinter Gitter, oft nur für eine »Untersuchungshaft«, wo sie dann aber schlicht vergessen werden, während Wirtschaftskriminelle in Krawatte gar nicht erst vor Gericht kommen. Heute sitzen fast 500.000 Menschen in Brasilien in Haft, in Rio mehrheitlich wegen Drogenhandel. Nirgendwo auf der Welt ist die Zahl der Gefangenen in den letzten Jahren so stark angestiegen wie in Brasilien. Sie hat sich seit 1994 verdreifacht. Es wird kaum einen Ort in Brasilien geben, an dem sich Fanons Wort von den »Verdammten der Erde« im Urbanen derart drastisch erfüllt, wie in den Gefängnissen. Chronische Überbelegung, unvorstellbare hygienische Bedingungen, endemische und allseitige Korruption und ein Regime des Schreckens, das den einzelnen Gefangenen der Willkür der internen kriminellen Strukturen aussetzt. Nicht umsonst stehen das Verbot der Vergewaltigungen von Mitgefangenen einerseits, das Verbot der Folter durch Staatsvertreter andererseits ganz oben auf der Liste der Kodizes von CV und PCC. Periodisch entladen sich die Spannungen in gewaltsamen Revolten mit Dutzenden von Toten. »Niemand leugnet mehr, dass die Verhältnisse in unserem Strafvollzug grausam, unmenschlich und erniedrigend sind«, fasst Julita Lemgruber vom Studienzentrum für Sicherheit und Staatsbürgerrechte der Universität Cândido Mendes in einem Interview mit dem Nachrichtenportal Rede Brasil Atual vom 2.9.2011 zusammen. Der damalige Zuständige für die Justizvollzugsanstalten und heutige Minister für öffentliche Sicherheit in São Paulo, Antonio Ferreira Pinto, vergleicht in einem von Wikileaks veröffentlichten Dokument des US-amerikanischen Konsulats in São Paulo zufolge 2008 die Gefängnisse des Bundesstaates gegenüber US-Diplomaten mit Konzentrationslagern.[4] Und es ist den einsitzenden Hungerdieben praktisch unmöglich, sich nicht mit den kriminellen Gruppen zu arrangieren, die die Gefängnisse dominieren, und für diese tätig zu werden – durch Verbrechen. Dieses System »resozialisiert« nicht Kriminelle, sondern produziert sie erst und sorgt somit für den ständig benötigten Nachschub an *olheiros, aviões, fogueteiros* und *soldados*.

Die Modernisierung des Drogenhandels

Das territoriale Modell des Drogenhandels hatte sich seit Mitte der 1990er Jahre als zu teuer erwiesen. Ein sichtbarer und allseits bekannter Standort für einen äußerst lukrativen und zugleich stark kriminalisierten Wirtschaftszweig führt in Konkurrenzsituation zu hohen Kosten für seine Verteidigung. Kämpfe um die Territorien zwischen konkurrierenden Gruppen haben seit den späten 1990er Jahren ebenso zugenommen wie die staatliche Repression. Die Polizei tötete immer mehr am Drogenhandel Beteiligte (und auch viele Unbeteiligte), die Zahlen stiegen von 300 Zivilpersonen, die die Polizei 1997 wegen »Widerstands gegen die Staatsgewalt« im Bundesstaat Rio erschoss, auf 1.330 im Jahr 2007.

---

4 http://apublica.org/2011/07/08saopaulo87/, zuletzt geöffnet am 25.12.2011.

In den letzten Jahren haben sich sogenannte Milizen enorm ausgebreitet. Diese zunehmende Kontrolle von Territorien in Rio entwickelt einerseits die kriminelle Staatsökonomie fort und schwächt andererseits den Drogenhandel weiter. Statt die Drogenfraktionen gegeneinander auszuspielen und Schweigegelder einzutreiben, sind aktive und ehemalige Polizisten und in geringerer Zahl Feuerwehrleute (die in Brasilien militärisch organisiert und bewaffnet sind) und Strafvollzugsbeamte dazu übergegangen, dem Drogenhandel Territorien ganz abzunehmen. Oft sind diese Milizen aus den Todesschwadronen der 1980er und 1990er Jahre hervorgegangen, die vor allem in den ärmeren Vororten der Stadt wüteten. Sie treten an, um einen Bezirk vom Drogenhandel zu »befreien«. Doch die Bevölkerung stellte alsbald fest, dass ihr der Teufel mit dem Beelzebub ausgetrieben wurde. Die Milizen übernehmen systematisch die Kontrolle über die ortstypischen informellen Wirtschaftszweige wie Kochgashandel, Kleinbustransporte, illegales Kabelfernsehen, selbst Parkplätze am Straßenrand, und kassieren von allen Händlern und Bewohnern dafür »Schutzgebühren«. Widerstand gegen diese Ausbeutung brechen die Milizionäre rücksichtslos. Noch viel direkter als der Drogenhandel sind von Milizen beherrschte Territorien in die Wahlmaschinerien lokaler Politik eingefügt, wie es der Film »Tropa de Elite 2« beschreibt. Erst 2007 hat die Regierung in Rio offiziell zugegeben, dass die Milizen existieren und ein erhebliches Sicherheitsproblem darstellen. Dennoch bleiben sie zumeist unbehelligt. Heute kontrollieren die Milizen bereits mehr als 40 Prozent aller Favelas in Rio.

Die Polizei erzielte zugleich Verhaftungserfolge. 2001 ging in Paraguay Fernandinho Beira-Mar ins Netz, oberster Chef des Drogenhandels in Rio und Chef des CV. Auch Marcinho VP, die ehemalige Nummer Zwei des CV sowie zahlreiche andere Drogenchefs sitzen in Haft. Die Polizei setzt sie mit Isolationshaft[5], Repressalien gegen Familienangehörige, Verlegung in von Rio weit entfernte Bundesgefängnisse sowie Beschlagnahmungen von Eigentum (etwa Apartments in den besseren Vierteln) unter Druck. Die enormen Verluste an Menschenleben, aber auch die Aufwendungen für Bestechungsgelder und für die Wiederbeschaffung beschlagnahmter Waffen machen dieses Modell

---

5 Das sogenannte »Differenzierte Disziplinarsystem« erlaubt seit 2003 Einzelhaft für bis zu 360 Tage mit erschwerten Besuchsbedingungen.

des Drogenhandels nicht nur sozial immer unerträglicher, sondern auch unrentabel.

Der kleine Teil des Handels in Rio, der die Konsumenten der Mittel- und Oberklasse direkt beliefert, operiert schon länger diskret und flexibel und verzichtet weitgehend auf Gewalt und Waffeneinsatz, wie Carolina Grillo von der Bundesuniversität Rio de Janeiro in einer jüngeren Studie berichtet. Dieses Modell basiert wesentlich auf persönlichen Beziehungen unter sozial Gleichen und ist daher auf größere Kontexte nicht direkt übertragbar. Dennoch zeichnet sich eine Modernisierung des Drogenhandels in Brasilien und in Rio de Janeiro ab, die in diese territorial weniger gebundene und gewaltärmere Richtung geht.

Die Drogenhändler in São Paulo haben weder Gewehre noch Granaten, sagt der Vorsitzende der Untersuchungskommission zum Waffenhandel im Bundesstaat Rio de Janeiro, Marcelo Freixo. Mittlerweile ist das PCC aus São Paulo in 16 Bundesstaaten vornehmlich im Nordosten des Landes und oft im Bündnis mit örtlichen Gruppen im Drogenhandel aktiv. Antonio Ferreira Pinto, langjähriger Minister für öffentliche Sicherheit des Bundesstaates São Paulo, hat kürzlich bekräftigt, dass Massenrebellionen und Anschlagsserien wie die bereits erwähnte im Jahr 2006 sich nicht mehr wiederholen könnten, da der Staat die etwa 30 PCC-Führer im Gefängnis mittlerweile vor allem durch geheimdienstliche Arbeit sehr gut kontrolliere. Unterdessen hat das Kommando fast unbemerkt seine Zellenstruktur und damit seinen Einfluss nationalisiert. Die Nachfolger der Beira-Mars haben sich in den Grenzbereich und gerne nach Paraguay zurückgezogen. »Weißkopf« da Rocha, Jarvis Gimenez Pavão, Lourival Máximo da Fonseca und andere ziehen es vor, »wie Geschäftsmänner zu handeln und befehligen, von außerhalb oder innerhalb der Gefängnisse, veritable Unternehmensnetze für Drogen«, so die Wochenzeitschrift Época in der oben zitierten Reportage vom 3.10. 2011. Auf Gewalt verzichten sie nicht, doch ziehen sie Diskretion vor. Sie halten sich von kriminellen Gruppen fern und unterhalten keine bewaffneten Kleinarmeen, die der Polizei militärisch entgegentreten.

Erklärtermaßen dient das große neue Sicherheitskonzept Rios mit den Polizeieinheiten der UPP nicht dazu, den Drogenhandel zu bekämpfen. Ebenso wenig wird die Festnahme des Rocinha-Chefs Nem den Drogenhandel verringern. Irgendjemand im Justizwesen und bei der Polizei wird darüber entscheiden, welche Rolle Nem bei der Fortsetzung der Geschäfte zukünftig spielen soll. Genau dies erklärt, weshalb es für die Polizei in Rio zuletzt so einfach war, ganze Favelas zu besetzen.

Das Drogensystem stellt sich um und folgt einem größeren ökonomischen Imperativ: Die Stadt muss einer auf die Großereignisse der kommenden Jahre, allen voran die Fußball-WM 2014 und die Olympischen Spiele 2016, ausgerichteten Verwertungslogik entsprechen. Die UPPs säubern schon jetzt die dafür benötigen Routen und Territorien – in der strandnahen Südzone und um die Sportstätten herum. Dass die *favelados* aus ihren Hütten mit Ausblick ausziehen müssen, weil die Mieten zu hoch werden, ist nur noch eine Frage der Zeit.

Indem die UPPs dem Drogenhandel seine wichtigsten Territorien genommen haben, zwingen sie ihn zur Flexibilisierung seiner Standorte und Verkaufsmethoden und zu einer insgesamt leiseren Vorgehensweise, in der Konfliktvermeidung vor bewaffneter Auseinandersetzung geht. Damit würde sich der Drogenhandel in Rio dem internationalen Standard annähern. Da die Polizei ja weniger Gegner als Geschäftspartner ist und sich mit dem Verschwinden der Gruppen aus den Favelas der medial-moralische Imperativ erfüllt, stehen die Chancen hierfür ganz gut. Das Geschäft ist einfach zu lukrativ.

Kleine Auswahl zitierter und weiterführender Literatur

Adorno, Sérgio; Salla, Fernando (2007): Criminalidade organizada nas prisões e os ataques do PCC. In: Estudos Avançados 21 (61), S. 7-29

Amorim, Carlos (2010): Assalto ao Poder. O Crime Organizado. Rio de Janeiro: Record

Barbosa, Antônio Rafael (2005): Prender e Dar Fuga. Biopolítica, sistema penitenciário e tráfico de drogas no Rio de Janeiro. PPGAS/MN/UFRJ 2005 (tese de doutorado)

Justiça Global (Hg.) (2008): Segurança, tráfico e milícias no Rio de Janeiro, Rio de Janeiro: Fundação Heinrich Böll

Misse, Michel (2007): Mercados ilegais, redes de proteção e organização local do crime no Rio de Janeiro. In: Estudos Avançados 21 (61), S. 139-157

Misse, Michel/Vargas, Joana D. (2010): Drug Use and Trafficking in Rio de Janeiro. Some remarks on harm reduction policies. In: Vibrant v.7 n.2, S. 88-108

Penglase, Ben: The Bastard Child of the Dictatorship: the Comando Vermelho and the Birth of »Narco-Culture« in Rio de Janeiro. In: Luso-Brazilian Review 45:1, S. 118-144

Procópio Filho, Argemira/Costa Vaz, Alcides (1997): O Brasil no contexto narcotráfico internacional. In: Revista Brasileira de Política Internacional 40, 1, pp. 75-122

Schönenberg, Regine (2010): Gewalt, Kriminalität und Drogenhandel, in: Sergio Costa et al. (Hg.): Brasilien heute, Frankfurt: Vervuert, S. 265-281

Théo-Filho ([1927] 2000): Praia de Ipanema. Rio de Janeiro: Livraria Editora Leite Ribeiro

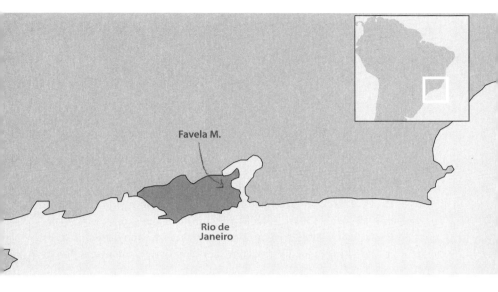

Stephan Lanz

Das Gute des Bösen

Drogengangster und Gottesmänner
in einer Favela von Rio de Janeiro[1]

Weil er an Gott glaube, so erzählt der lokale Drogenchef des *Comando Vermelho*, den wir im Weiteren »Paulo« nennen, möchte er mit allen Erweckungskirchen in »seiner« Favela zusammenarbeiten. Dafür erwartet der Gangster, der seinen Geschäften in einer der ärmsten Favelas

---

1 Der Text basiert auf einer fünfmonatigen Ethnographie, die ich gemeinsam mit Isabel Jennerjahn zwischen Februar 2010 und März 2011 in der hier besprochenen Favela durchgeführt habe. Unsere dortigen Gesprächspartner sind zu ihrem Schutz anonymisiert, ebenso die Favela. Die Forschung wäre ohne die großzügige Unterstützung der Heinrich-Böll-Stiftung im Rahmen des Forschungsprojekts »Global Prayers« (globalprayers.info) und durch den Deutschen Akademischen Austauschdienst (DAAD) nicht möglich gewesen. Ich möchte mich bei ihnen dafür herzlich bedanken.

der von Verkehrsadern, schmutzigen Schwerindustrien und einfachsten Wohnvierteln geprägten Nordzone von Rio de Janeiro nachgeht, dass die Pastoren für ihn und »seine Leute« beten. Seine bisherige Erfahrung mit den religiösen Gemeinden stimme ihn diesbezüglich aber eher traurig. Paulo hat vor einiger Zeit für die Bewohner seiner *comunidade* – so bezeichnen die Bewohner ihre Favelas – ein Schwimmbecken bauen lassen. Den Ort für den Pool habe er eigens so gewählt, dass auf dem Platz noch genug Raum bleibe, um dort Messen veranstalten zu können. Tatsächlich steht das recht kleine, aber ordentlich betonierte und gekachelte Becken heute am Rande des größten Platzes des Viertels. Im Sommer erfrischen sich darin vor allem die Kinder, die Gang lässt den Pool dann jeden Abend reinigen und ihn morgens wieder mit frischem Wasser befüllen. Als das Schwimmbecken gebaut war, so erzählt Paulo, wollte er es gerne mit einer Messe einweihen lassen. Dafür habe er Einladungen an die Pastoren aller religiösen Gemeinschaften in der gesamten Favela geschrieben, sei auf sein Motorrad gestiegen und habe sie ihnen persönlich überbracht. Doch zu seiner Enttäuschung hätten nur wenige Gläubige und lediglich eine Handvoll Pastoren den Gottesdienst besucht.

Bedenkt man, dass in dieser Favela, die zu den ärmsten Nachbarschaften in Rio de Janeiro gehört, ungefähr 10.000 Menschen leben und es dort 23 Erweckungskirchen gibt, ist dies in der Tat ein bescheidener Erfolg – zumal, wenn der Einladende der Boss der lokalen Drogengang und damit faktisch der gesamten Favela ist. Was aber bringt einen mächtigen Drogengangster dazu, eine Messe veranstalten zu wollen? Ein Versuch, diese Frage zu beantworten, muss sich zunächst mit der Persönlichkeit und Herrschaftsform dieses Drogenchefs beschäftigen. Zugleich aber wäre der in Rio de Janeiro allgemein zu beobachtende Trend zu untersuchen, wonach sich Drogenkomplex und Pfingstbewegung, also die vermeintlichen Gegenpole des Regierens der Favelas, einander auf verschiedenen Ebenen immer weiter annähern oder sich gar ineinander verschränken.

Ein quasi-feudalistischer Herrscher

Als historisch erster Drogenclan von Rio de Janeiro ist das *Comando Vermelho* (CV) auf überlokaler Ebene als loses Netzwerk organisiert (siehe hierzu den Text von Dawid Bartelt in diesem Band). Dagegen weisen die lokalen Gangs innerhalb der einzelnen Favelas einen extrem hierarchischen Herrschaftstypus auf. Dessen konkrete Form hängt von den sozialen Beziehungen oder Verpflichtungen eines *dono*, wie ein lokaler Gebieter des Kommandos bezeichnet wird, in seiner *comunidade* ab und bewegt sich zwischen einem gewalttätigen Paternalismus und einem offenen Terrorregime. Wenn der *dono* im Gefängnis sitzt, aber aufgrund seiner gefestigten Machtposition innerhalb des Kommandos und in seinem Territorium gleichwohl in der Lage ist, seine Herrschaft aufrechtzuerhalten, setzt er einen Stellvertreter ein, der die lokalen Geschäfte führt.

Ein solcher Stellvertreter ist nun in der hier verhandelten Favela, die wir im Weiteren »Beira-Rio« nennen, der Chef Paulo. Nach eigener Aussage stammt Paulo nicht aus einer Favela, sondern ist in einer gläubigen adventistischen Familie auf dem *asfalto*, also im formellen Teil der Stadt, aufgewachsen. Nach einigen Überfällen mit Todesfolge, zu denen er sich nach seiner Ausbildung und Militärzeit habe hinreißen lassen, fand er sich mit einer zehnjährigen Haftstrafe im Hochsicherheitsgefängnis von Bangu wieder. Dort habe damals auch die gesamte *cúpula*, die Spitze des *Comando Vermelho* (CV) eingesessen. Wegen seines recht hohen Bildungsstandes ist Paulo während seiner Haftzeit offenbar zum Sprecher des *Comando Vermelho* gegenüber der Gefängnisverwaltung aufgestiegen. Als er schließlich 2007 entlassen wurde, habe ihn der ebenfalls in Bangu inhaftierte *dono* der Favela Beira-Rio gebeten, die Verantwortung für seine Geschäfte zu übernehmen – eine Bitte, die er nicht abschlagen konnte, obwohl er nie als *traficante* gearbeitet und sein Leben lang keine Drogen, ja nicht einmal Alkohol angerührt habe.

Im Verlauf unseres Gespräches macht Paulo unmissverständlich klar, dass er sich seither als Chef und Verantwortlicher nicht nur für die Geschäfte des *comando*, sondern für die gesamte Favela versteht. Er habe in den vergangenen Jahren eine »Verwaltung« aufgebaut, so drückt er sich aus, die ihrem eigenen »Rhythmus« folge und sich in einigen Dingen von benachbarten Favelas abhebe. Diese Verwaltung, so bestätigen andere Bewohner, beinhalte eine kühl kalkulierte Geschäftsführung seines Drogenhandels, die einer betriebswirtschaftlichen Logik zu folgen scheint und geschäftsschädigende Zusammenstöße mit der Polizei so weit als möglich vermeidet. Invadiere ein bis an die Zähne bewaffneter Polizeitrupp in kriegerischer Absicht Beira-Rio, wie dies ab und zu vorkomme, so erzählt Paulo, liefere er sich im Gegensatz zu den *comando*-Bossen der Nachbar-Favelas keine Feuergefechte. Er ziehe seine Jungs, Waffen und Waren dann in Wohnhäuser zurück und warte, bis die Polizei wieder abziehe. Generell sei ihm wichtig, dass in seiner *comunidade* Ruhe herrsche. Daher lasse er seine Jungs auch nicht mit Maschinenpistolen in den Straßen patrouillieren, um die Bewohner nicht einzuschüchtern. Und tatsächlich sind großkalibrige und automatische Schusswaffen im Alltag von Beira-Rio weit weniger präsent als in den Straßen und Winkeln benachbarter Siedlungen, die ebenfalls vom *Comando Vermelho* beherrscht werden.

Die Rolle des lokalen CV-Statthalters beinhaltet für Paulo auch die Rechtsprechung und die Vollstreckung seiner Urteile. Diese folgen offensichtlich weder offiziellem Recht noch einem kollektiven Beratungssystem, sondern ausschließlich seinem individuellen Verständnis von Ordnung und Gerechtigkeit. So setze seine »Verwaltung« etwa die Regel »wer stiehlt, stirbt«, die innerhalb des normalen »Systems« des *comando* gelte, nicht um. Vielmehr versuche er Gewalt auf ein unbedingt erforderliches Minimum zu reduzieren. Innerhalb des CV erwachse ihm daraus kein Problem, solange die Geschäfte funktionierten und er niemandem etwas schulde. Offen spricht Paulo darüber, dass er nur dann töte, wenn er sich dazu gezwungen sehe. Dies gelte vor allem, wenn jemand selbst ungerechtfertigterweise einen Menschen getötet habe oder wenn durch Verrat sein eigenes Leben gefährdet sei.

Insofern er überwiegend ohne willkürliche Gewalt auskommt, wird Paulo in der Favela als besonnener Herrscher angesehen. Ein Großteil der Bewohner verurteilt die Anwendung von Gewalt nicht grundsätzlich. Ihr Gerechtigkeitsempfinden basiert traditionell weniger auf einem Begriff der Menschenrechte als auf einem sozialen Ehrenkodex innerhalb des informellen Normen- und Regelsystems, mit dessen Hilfe sich die Favela seit einem Jahrhundert lang faktisch selbst regiert. Die Bewohner verabscheuen willkürliche Gewaltanwendung, die soziale Hierarchien ignoriert und nicht zwischen unbescholtenen »Arbeitern« und in die Gewaltkriminalität Verwickelten unterscheidet. Gerade weil die Drogengangs der eigenen Gemeinschaft zugehören, kann sogar eine illegale polizeiliche Gewaltanwendung bis hin zum Mord als gerecht gelten, wenn eine Gang den sozialen Kodex verletzt, indem sie Terror ausübt oder den materiellen Verpflichtungen gegenüber der *comuni-*

dade nicht nachkommt, die aus ihren hohen Profiten resultieren.[2] Ist illegale Gewaltausübung also in Herrschaftstechniken eingebettet, die – im Sinne Foucaults – an die kollektiven Selbsttechnologien der Favela anknüpfen, kann sie Teil eines konsensualen Regierens sein.

In Beira-Rio kursiert eine Respekt bezeugende Erzählung, wonach Paulo geweint habe, als er sich gezwungen sah, einen engen Vertrauten, der offenbar zuvor verhaftet worden war und der Polizei unter Folter lokale Kommandostrukturen verraten hatte, zu töten, weil ein solcher Verrat sein Leben gefährdet. Allerdings scheint sich Paulos Aussage, Diebstahl nicht mit dem Tod zu bestrafen, in der Realität nur auf ein erstmaliges Vergehen zu beziehen. So ermordeten im Zeitraum meiner Anwesenheit offenbar Mitglieder des Kommandos eine cracksüchtige jugendliche Mutter, die zum wiederholten Mal innerhalb der Favela gestohlen hatte, um ihren Drogenbedarf decken zu können. Außerdem hat Paulo selbst vor einigen Jahren ein damals mit ihm liiertes Mädchen, das ihn vermeintlich hintergangen und öffentlich bloßgestellt hatte, wohl im Affekt auf der Straße erschossen. Auch seine Herrschaft basiert also letztlich auf einer mörderischen Willkür und allein ihm, dem CV-Statthalter, ist die Macht gegeben zu töten. Allerdings, so erzählt man sich, hatte sich Paulo gegenüber seinem inhaftierten *dono*, der sich ebenfalls als bewohnerfreundlicher Herrscher inszeniert, damals für den Mord verantworten müssen und darüber fast seine Position eingebüßt.

Bandido bonzinho

Seinem Selbstverständnis als für die Favela Verantwortlicher wird Paulo gerecht, indem er sich in die Aktivitäten der Bewohnervereine einmischt. Diese *assoçiações de moradores* repräsentieren gegenüber den Staatsapparaten offiziell die Belange der Favela, wenn sie bei den Behörden registriert und staatlich anerkannt sind.

Auf dem Papier müssen ihre Präsidenten demokratisch gewählt werden. In einer vom *trafico* beherrschten Favela bestimmt jedoch das Drogenkommando über dieses Amt und über die Form seiner Ausübung. Habituell ähneln sich traditionelle Bewohner-Präsidenten und

---

2   Vgl. Marcus Alvito (2001): As Cores de Acari: uma favela carioca. Rio de Janeiro.

Gangsterbosse häufig; etwa wenn sie sich, und dies gilt für Paulo im besonderen Maße, als virile Machos inszenieren, deren Macht sich im »Besitz von Frauen«[3] symbolisiert. In feudalistischer Manier gelten die oft autokratisch regierenden Präsidenten als Eigentümer (*donos*) der Vereine, während den Drogenchefs die Favela, als deren Patron sie fungieren, im Ganzen zugesprochen wird.

Beira-Rio umfasst offiziell vier *comunidades* mit je einer Bewohner-Vereinigung. Der mächtigste der vier Präsidenten, nennen wir ihn Lucio, war früher selbst in den *trafico* involviert und ist der Bruder des *Comando-Vermelho*-Chefs einer nahe gelegenen Favela. Faktisch wurde Lucio vom inhaftierten *dono* von Beira-Rio als Bewohner-Präsident bestimmt und ist diesem direkt verpflichtet. Lucio fungiert als offizieller, vermeintlich von allen Präsidenten gewählter Repräsentant der vier Vereine gegenüber dem Staat. Im Flüsterton ist allerdings zu erfahren, dass er sich in der Wahlsitzung, seine Hand ostentativ auf die umgeschnallte Schusswaffe gelegt, selbst in dieses Amt eingesetzt hat. Vor einiger Zeit hat Lucio zudem handstreichartig den Präsidenten der zweiten Nachbarschaft abgesetzt und dessen Verein selbst übernommen. Auch herrscht er faktisch über die dritte *comunidade*, wo offiziell ein älterer Präsident regiert, der sich Lucio bedingungslos unterordnet. Seiner direkten Kontrolle entzieht sich lediglich der Verein der verbleibenden Nachbarschaft. Deren Präsidentin, nennen wir sie »Vanessa«, ist wiederum die in einer Pfingstkirche aktive Ehefrau von Julio, dem Besitzer der lokalen Kleinbus-Linie, die ebenfalls zum Geschäftsbereich des *Comando Vermelho* gehört und damit dem einsitzenden *dono* untersteht.

Mit Paulo, dem Statthalter der Drogengeschäfte, Julio, dem Manager der Kleinbus-Linie, und Lucio, dem offiziellen Repräsentanten aller Bewohnervereine, sind also die drei mächtigsten Männer der Favela dem *dono* des *Comando Vermelho* rechenschaftspflichtig. Im Alltag kooperieren sie nicht miteinander, sondern agieren eher wie einander verhasste Konkurrenten. Aus Sicht von Paulo ist Präsident Lucio ein korrupter »Bandit«, lediglich daran interessiert, seine eigenen Taschen auf Kosten der Bewohner zu füllen. Ein Großteil der Bewohner teilt diese Wahrnehmung und kann sie mit allerlei Geschichten über Lucios korrupte Aktivitäten untermalen.

---

3   Vgl. Alvito 2001, a.a.O., S. 145.

Weil er sich für die *comunidade* verantwortlich fühle, sieht sich Paulo daher gezwungen, selbst »Projekte zu initiieren«, wie er sagt, obwohl dies nicht sein Job sei. So habe er alle Präsidenten zu einer Versammlung »eingeladen« und sie »gebeten«, sich im Rahmen eines Urbanisierungsprogramms, das die Regierung von Rio de Janeiro in den letzten Jahren in Beira-Rio durchgeführt hat, für den lokalen Fußballplatz einzusetzen. Obwohl er in den offiziellen Plänen schon gestrichen gewesen sei, werde der Sportplatz nun erhalten und bekomme sogar ein Dach und einen festen Boden. Auch der von ihm gespendete Pool sollte beseitigt werden, so erzählt Paulo, sei nun auf seine »Bitte« hin aber in die Planungen integriert und sogar saniert worden.

In diversen Gesprächen bestätigen Bewohner diese Angaben. Paulo sei ein »*bandido bonzinho*«, so heißt es überwiegend, ein guter Bandit vom alten Schlag, der sich für seine *comunidade* verantwortlich fühle und sich für sie engagiere. Häufig, so erzählen einige Bewohner, helfe er in Notsituationen aus und spendiere Grundnahrungsmittel oder Medikamente. »Er hat den Willen«, so sieht es die Vize-Präsidentin eines Bewohnervereins, »die Gemeinschaft zu verbessern, die Kinder und die Alten zu unterstützen. Er macht eigentlich eine Arbeit, die durch die Stadtverwaltung, den Staat gemacht werden müsste. Die aber kommen immer nur vor den Wahlen und versprechen alles Mögliche …«

Das Gute des Bösen

Ohne einer bestimmten Kirche anzugehören, so betont Paulo mehrfach im Gespräch, glaube er an Gott. Gerade weil er aus einer tiefgläubigen evangelikalen Familie stamme, sei ihm dies wichtig. Als Gläubiger lege er Wert auf göttlichen Segen für seine *comunidade* und besonders für seine »Jungs«. Explizit verortet er sich damit in einer Gründungstradition des *Comando Vermelho*, dessen Selbstverständnis immer geheißen habe, »das Gute des Bösen« (»*o bem do mal*«) zu verkörpern: Und als Guter sei man selbstverständlich mit Gott und nicht mit dem Teufel. Als aber seine Einladung an alle Pastoren, eine gemeinsame Messe zu feiern, einen so geringen Widerhall fand, habe er erkennen müssen, dass sich die einzelnen Kirchen untereinander genauso bekriegen wie die Fraktionen des Drogenhandels und nicht bereit seien, gemeinsam zu Gott zu beten. Daher habe er eine innige Beziehung zu nur einem Gottesmann aufgebaut – Pastor Antonio – und unterstütze dessen selbst gegründete und autonome Kirche auch mit Geldspenden. Dafür segne der Pastor seine Jungs nicht nur während der Messe, sondern auch auf den wöchentlichen Funkpartys.

Als lokaler Drogenboss ist Paulo traditionell der Ausrichter der jedes Wochenende auf den Plätzen der Favela tobenden Rio-Funk-Events.[4] Zwischen Donnerstag und Sonntag verwandelt die weit über die Schmerzgrenze hinausreichende Lautstärke dieser Tanzpartys bis in die frühen Morgenstunden je eine der vier *comunidades* in ein nächtliches Sound-Inferno. Entweder bieten dabei professionelle Sänger ihren Rio-Funk im 20-Minuten-Takt live dar oder es heizen DJs der jugendlichen Masse mit den basslastigen Beats ein. Bevor die eigentlichen Partys beginnen, lässt Paulo Pastor Antonio immer eine Viertelstunde lang zu den jugendlichen Gästen predigen, beten und einige Gospel-Lieder spielen: »Denn da ist alles randvoll mit Leuten, das lohnt sich«, so Paulo. Und es komme bei der Jugend sogar gut an.

Mit seinem religiösen Engagement verkörpert Paulo eine seit einigen Jahren in der Favela zu beobachtende Sozialfigur, die von der Anthropologin Christina Vital da Cunha als »*traficante evangelico*«, als evangelikaler Drogengangster bezeichnet wird.[5] Bis in die 1990er Jahre hinein waren die *comandos* mit den afro-synkretistischen Kulten des Umbanda oder des Candomblé verbunden, dessen Rituale jahrzehntelang die religiöse Landschaft der Favelas beherrscht haben. Von den *mães* und *pães de santo*, den Priester/innen der Kulte, ließen sich zahlreiche Banditen in kostenpflichtigen Ritualen ihre »Körper schließen«, um von feindlichen Gewehr- und Pistolenkugeln nicht verwundet werden zu können. Als zahlreiche der sich unverwundbar wähnenden Gangster im immer blutigeren Krieg zwischen den konkurrierenden *comandos* und mit der Polizei gleichwohl ihr Leben verloren, begannen sich die Drogenbosse von den traditionellen Kulten abzuwenden.

---

4 Siehe zu Rio-Funk und den Funkpartys: Stephan Lanz / Gese Dorner / Katharina Gaber / Nele Harlan / Nadine Jäger / Sigurd Jennerjahn / Birke Otto / Swantje Plähn (Hg.) 2008: Funk the City. Sounds und städtisches Handeln aus den Peripherien von Rio de Janeiro und Berlin. Berlin, metroZones 9.

5 Siehe Christina Vital da Cunha (2009): Evangélicos em ação nas favelas cariocas: um estudo sócio-antropológico sobre redes de proteção, tráfico de drogas e religião no Complexo de Acari. Dissertation am Centro de Ciências Sociais der Universidade do Estado do Rio de Janeiro.

Der unaufhaltsame Aufstieg der Pfingstkirchen in der Favela brachte es mit sich, dass viele spätere *traficantes* nun in evangelikalen Familien aufwuchsen. Auch unter dem Eindruck der Fürsorge vieler pfingstkirchlicher Pastoren, die sie in den Gefängnissen erlebten, fühlten sich immer mehr Dealer, die meist schon als Kinder in das Drogengeschäft einsteigen, der Pfingstbewegung verbunden. Beeinflusst von der religiösen Intoleranz ihrer Pastoren, für die Umbanda und Candomblé vom Teufel besessene Kulte darstellen und daher vernichtet werden müssten, drängten die neuen *traficantes evangelicos* die Kulte mal mehr und mal weniger gewaltsam aus der Favela hinaus, wo sie heute so gut wie verschwunden sind.

Eine besondere Attraktion der Pfingstkirchen für die Drogengangster liegt darin, dass die Pastoren Sucht und Drogengewalt zwar als Ausbund des teuflischen Wirkens in der Favela markieren; sie bekriegen aber nicht die Dealer und noch weniger versuchen sie im Gegensatz zum staatlichen »Krieg gegen die Drogen«, diese physisch zu vernichten. Vielmehr deuten sie die meist jugendlichen *traficantes* als vom rechten Weg Abgekommene und zielen darauf, sie zu missionieren und in die Gemeinschaft Gottes zurückzuholen. Denn nur wenn sie »Jesus finden«, so ihre Botschaft, können sie sich aus dem so häufig tödlichen Strudel von Sucht und Gewalt, in dem sie vermeintlich ausweglos gefangen sind, befreien. Aus Sicht der Gangster eröffnet sich dadurch ihre fast einzig verbleibende Option, um den »Weg des Todes« eines Tages doch noch verlassen zu können: Denn wenn sie konvertieren oder gar als Pastor selbst eine Kirche eröffnen, wie dies nicht selten geschieht, befreien sie sich nicht nur von ihrer Sucht oder ihrem kriminellen Handeln, sondern sind zudem bis zu einem gewissen Grad für ihre Feinde – vor allem die Polizei – unberührbar. Ihr gegenwärtiges Leben, so schreibt die Anthropologin Patricia Birman,[6] imaginieren daher viele *traficantes* als transitorische Phase auf ihrem vorgesehenen Weg zu einer Wiedergeburt durch eine pfingstkirchliche Taufe. Bis ihnen dies gelingt, suchen sie Gott und die Pastoren gnädig zu stimmen, indem sie die Kirchen an ihren hohen Profiten teilhaben oder sich dort segnen lassen.

---

6 Siehe Patricia Birman (2011): Spiritueller Krieg und staatliche Gewalt. Pfingstkirchliche Lebensweisen in Rio de Janeiro. In: metroZones (Hg.): Urban Prayers. Neue religiöse Bewegungen in der globalen Stadt. Berlin.

Der Hirte des *trafico*

Pastor Antonio, der Hirte des lokalen *trafico*, bestätigt die Existenz der beiden üblichen Formen des Zusammentreffens von Drogenhandel und Pfingstkirchen auch für die Favela Beira-Rio: die ökonomisch und die idealistisch motivierte Partnerschaft zwischen Pastor und Gangster. Im Alltag der Favela, der durch Informalität und Prekarität geprägt ist, sind diese beiden Figuren aber keineswegs so klar zu trennen, wie es erscheinen mag. Als Antonio vor einigen Jahren nach Beira-Rio kam, so erzählt er, stand er noch keiner eigenen Kirche vor, sondern begann seine Gottesarbeit in einer autonomen Gemeinde namens »Gott antwortet mit Feuer«. Dort »kamen die Jungs mit ihren Waffen an, es wirkte wie eine Armee, es war eine Armee des Teufels selbst. Sie kamen mit ihren Waffen an, großen Waffen, legten sie an der Ecke der Kirche ab und traten ein. Ich salbte die Jungs und betete mit ihnen. Das wuchs zu einer derartigen Menge an, dass nicht mehr alle in der Kirche Platz hatten.« Den idealistischen Pastor störte es aber, dass dabei »Gott versteigert« wurde, wie er es nennt. Denn den »Jungs« wurde genau beziffert, wie hoch ihre Spende sein müsse, um einen bestimmten Segen zu erhalten: Psalm 91, »unter Gottes Schutz«, kostete 91 Reais (mehr als 40 Euro), die in einem Briefumschlag hinterlassen werden mussten; eine Segnung nach Psalm 23, »der gute Hirte«, war mit nur 23 Reais schon deutlich günstiger zu haben.

Antonio trat aus der Kirche aus und gründete seine eigene Gemeinde. Er verbannte das »Geschäft der Gottesversteigerung« als »Sache des Teufels« aus seiner neuen Kirche, führte aber seine Arbeit mit den Kriminellen und Süchtigen fort. Zugleich gab er offen zu, von Paulo, dem Statthalter des *Comando Vermelho*, finanziell unterstützt zu werden. Dies ermögliche es seiner Gemeinde, am Sonntag des Öfteren eine »Suppe des Glaubens« an die verelendete Masse der Crack-Konsumenten auszuschenken. Seit die *comandos* vor einigen Jahren damit angefangen haben, den billigen Koksverschnitt in den Favelas zu verkaufen, um ihre sinkenden Profitraten im stark umkämpften Kokainhandel aufzufangen, haust die sprunghaft zunehmende Menge obdachloser Süchtiger in immer mehr Brachen, Nischen und Winkeln der Favela. Unter ihnen finden sich kleine Kinder ebenso wie Mütter oder Alte, und fast alle verelenden in kürzester Zeit, wenn sie dem Crack einmal verfallen sind. Die meisten halten sich extrem mühsam mit kleinstem

Straßenhandel, mit Diebstählen oder Überfällen über Wasser. Diese dürfen sie aber nur außerhalb der Favela begehen, da sie ansonsten den Regelkodex der *comandos* verletzen und ihr Leben riskieren. In der Favela ist der Großteil der *crackeiros* daher nur nachts anzutreffen, oft zu kleinen Gruppen in dunklen Winkeln zusammengekauert, die nur ab und zu durch das Aufflackern eines Feuerzeugs beim Erhitzen der Droge beleuchtet werden.

Pastor Antonio, der wie viele seiner Kollegen nicht von den Spenden der Gläubigen leben kann, sondern mal diesem und mal jenem Job nachgeht, sieht nun die wahre Aufgabe eines Gottesmannes darin, diese Elenden und die Kriminellen zu Gott zu führen und ihnen so dabei zu helfen, sich von dem Bösen, das sie unterdrückt, zu befreien. Nur deshalb, so schildert er eindringlich, arbeite er mit dem CV-Chef zusammen. Ein Großteil der Süchtigen, aber auch der »Soldaten« des *comando*, so bestätigt Pastor Antonio die Beobachtung von Anthropologinnen wie Patricia Birman und Christina Vital da Cunha, »sind heute Söhne von Pfingstgläubigen, alle von betenden Müttern. Das verletzt mich.«

Er bete mit den Jungs an ihren *bocas*, den Verkaufsstellen der Drogen, und auf den Funkpartys, denn nur dort versammle sich das gesamte *Comando Vermelho* der Siedlung. In seiner Kirche treffe er jene irregeleiteten Jugendlichen, welche die Botschaft Gottes am dringendsten benötigten, nicht an. Die Kombination aus einem von einem Gangster veranstalteten Funk-Event und einem pfingstkirchlichen Gebet und Gospel ist aus Sicht der religiösen Programmatik der Pfingstbewegung eigentlich eine Unmöglichkeit. Denn es sind gerade die Funkpartys – dominiert von pornographischen, die Drogengang verherrlichenden Lyrics, durchdrungen von exzessivem Drogenkonsum, einer ostentativen Zurschaustellung der waffenstarrenden *gang culture* und einer hochgradig sexualisierten Atmosphäre –, die mehr als alles Andere das »Wirken des Teufels« in der Favela symbolisieren. Gott schicke ihn dorthin, so Pastor Antonio, um seinen Samen auszusäen: »Ich sage, dass die Droge, das Crack, die Droge der Hölle ist. Sie kommt direkt aus der Hölle, und ich schicke diese Botschaft mit dem Lautsprecher in die *boca* hinein, weil sie das hören müssen.« Unmittelbar nach Gebet und Gesang verlasse er die Partys, um sich, wie er sagt, deren Verführungen nicht aussetzen zu müssen und keinen mentalen Schaden zu erleiden.

Den Weg des Todes verlassen

Zugespitzt gesagt, ernähren sich die Pfingstkirchen in den Favelas von Rio de Janeiro wie Vampire vom blutigen Drogenkrieg zwischen den paramilitärisch strukturierten Gangs und den nicht minder verbrecherisch agierenden Polizeieinheiten – einem Krieg, der nun schon ins dritte Jahrzehnt geht. Der unaufhaltsam wirkende Aufstieg der Pfingstbewegung ist von der Herrschaft des Drogenkomplexes über den Alltag der städtischen Armutsräume nicht zu trennen. Zugleich jedoch wäre die vulgärmarxistische Notion von der Religion als Opium für ein von religiösen Demagogen manipuliertes Volk in Zeiten des Elends und der Kriege eine schlichte Fehldeutung. Dies offenbart gerade die historisch neue Sozialfigur des *traficante evangelico*. Denn die Zuwendung zu einer Pfingstkirche eröffnet einem *traficante* eine der ganz wenigen imaginären wie auch realen Ausstiegsoptionen aus seinem »Weg des Todes«, so nennt es eine früher selbst süchtige und in den *trafico* verwickelte »Missionarin«. Sie ist daher eine hochgradig rationale Entscheidung. Offenbar brauchen sich in den Favelas von Rio de Janeiro die Gangster und die Pastoren, also die vermeintlichen Antipoden im spirituellen Krieg der Pfingstkirchen gegen das Böse, gegenseitig und sind so letztlich untrennbar miteinander verflochten.

Regine Schönenberg & Annette von Schönfeld

Zwischenstopp Lateinamerika

**Von Kolumbien über Südafrika nach Europa:
auf den Routen Transnationaler Organisierter Kriminalität**

»Organisiertes Verbrechen überlebt nur so lange, wie es der Bestrafung entgeht«, so die brasilianische Forscherin Alba Zaluar, die sich auf das Studium der Gewalt spezialisiert hat. »Es schafft sich sein eigenes Territorium, um sicherzustellen, dass es dort nicht bestraft wird.«[1] Die Schaffung solcher Territorien, hier »Handlungsräume« genannt, ist für Zaluar die Voraussetzung dafür, dass sich das Organisierte Verbrechen ausbreiten kann. Über diese Handlungsräume und über deren Vernetzung möchten wir hier berichten. Der organisatorische Ausgangspunkt der Organisierten Kriminalität ist zumeist territorial begründet. Entsprechend spezifisch sind ihre Ursachen und Rahmenbedingungen. Dass sich Organisierte Kriminalität zu Transnationaler Organisierter Kriminalität vernetzen kann, hängt im Wesentlichen mit unzureichend aufeinander abgestimmten nationalen wie globalen Gesetzgebungen und den sich daraus ergebenden juristischen Lücken, mit der fehlenden Koordination und Verbindung zwischen verschiedenen Ansätzen der Verbrechensbekämpfung, mit neuen Kommunikationswegen und mit den sich weltweit ausweitenden Handelsbeziehungen[2] zusammen.

Organisierte Kriminalität ist eng mit den jeweiligen gesellschaftlichen Strukturen vor Ort verwoben. Sie agiert in Räumen, die besonders in Zeiten gesellschaftlichen Wandels juristisch wie habituell ungeregelt sind. Die transnationale organisierte Kriminalität ist dementsprechend ein Bestandteil der Globalisierung. Sie profitiert von den Regulierungslücken des internationalen Warenverkehrs, zum Beispiel der uneinheitlichen Verzollung von Tabakwaren, und von unterschiedlichen recht-

---

1 Spiegel-online, 05/22/2006, Violence in Latin America: The Mafia's Shadow Kingdom, Jens Glüsing, R.d.J.
2 Welt-Exporte in Mrd. U\$: 1950 = 62; 1960 = 130; 1970 = 317; 1980 = 2.034; 1990 = 3.449; 2000 = 6.456; 2010 = 15.238, aus: WTO – Time series of international trade - http://www.wto.org/english/res_e/reser_e/reser_e.htm.

lichen Grundlagen, etwa beim Artenschutz. Eine wichtige Rolle spielt auch, dass der Warenumschlag insgesamt zunimmt, die Stichprobenkontrollen im Verhältnis dazu jedoch rückläufig sind. Darüber hinaus begünstigt der insbesondere in den USA und der EU zu beobachtende festungsartige Ausbau der Außengrenzen den Menschenhandel. Auch die beschleunigte Datenübermittlung und die damit einhergehenden Möglichkeiten der Kommunikation und Geldwäsche helfen die Maximierung des Profits transnational vernetzter Kriminalität abzusichern. Flexibel ergreifen Unternehmer des Organisierten Verbrechens ihre Chancen, Extraprofite auf den von ihnen kontrollierten Routen zu realisieren.

Je nach Ort variiert die Erscheinungsform. Auch der schmale Grat zwischen Legalität und Illegalität wird in jedem Land unterschiedlich interpretiert und gehandhabt. Dies lässt sich meist historisch herleiten. In Lateinamerika finden sich die Wurzeln mangelnden Unrechtsbewusstseins sowohl bei delegitimierten, korrupten Staatsapparaten, deren Funktionären und entsprechend gesetzesuntreuen Bürgern. Trotz Dekolonisierung und Nationenbildung stehen die aktuellen Staatsapparate in erheblichem Maße in den Traditionen der Kolonialbürokratie; d.h. auch, dass die Bevölkerung, häufig berechtigterweise, staatliche Regulation weiterhin als Machtinstrument der Oberklasse wahrnimmt. So waren alle nur erdenklichen Formen des Ämterkaufs, der Vorteilswirtschaft und einer umfassenden Vermischung von Amt und Privatinteressen über Jahrhunderte hinweg gesellschaftliche Norm. Auch die weit verbreitete Straflosigkeit, hervorgerufen durch mangelnde Rechtsstaatlichkeit oder strukturelle Ineffizienz des Justizapparats, trägt zur Ausbreitung illegaler Praktiken bei.

Diese Faktoren zusammengenommen machen es sehr schwer, einen gesamtgesellschaftlichen Konsens über die häufig feine Grenze zwischen Legalität und Illegalität herzustellen. Diese gelebte Rechtsunsicherheit begünstigt die Ausbreitung Organisierter Kriminalität.

Was aktuell illegal be- und vertrieben wird, ist von Ort zu Ort unterschiedlich. Meist scheint das Verbotenste zugleich das Lukrativste. In Lateinamerika existieren alle Varianten Organisierter Kriminalität, und zwar in flexiblen Kombinationen und transnationalen Kooperationen: Drogenhandel, Waffenschmuggel, Menschenhandel, Entführungen, Auftragsmord, Geldwäsche, Fälschung von Markenprodukten, Zigarettenschmuggel, Frachtraub, Autodiebstahl, Umweltverbrechen.

Auf nationaler Ebene gehören Kidnapping und Auftragsmorde zum klassischen Portfolio der Kriminellen. Internetkriminalität, vor allem Phishing[3], nimmt besonders in Brasilien zu. Dort breitet sich entlang der Flüsse und Küsten zudem die Piraterie erneut aus. Auch mit Blick auf Umweltverbrechen im Bereich der Biopiraterie, der sogenannten »Holzwäsche«[4] und der illegalen Entsorgung von Giftmüll, verzeichnet Brasilien eine Zunahme. Nichts davon kommt ohne eine mehr oder weniger intensive Kooperation mit staatlichen Organen aus. Deshalb verweist jede Statistik auch auf Staatskorruption.[5] In Brasilien hat man hierfür bereits einen Straftatbestand gefunden: Mit *formação de quadrilha* werden systematische illegale Absprachen juristisch gefasst, die der eigenen Klientel innerhalb politischer Repräsentationen und Behörden Vorteile gewähren.

Wie illegal gewirtschaftet wird, variiert ebenfalls von Land zu Land und kann hier nur exemplarisch erläutert werden. Ein weit gefasster Rahmen für Kavaliersdelikte macht es beispielsweise einfacher, kriminelle Aktivitäten in legale unternehmerische Portfolios zu integrieren. So reist der größte Teil des Kokains, das über Routen im Amazonas-Gebiet nach Europa verschifft wird, als Beiladung von Edelholz- und Krabbencontainern nach Rotterdam. Dort wo es, wie in Kolumbien oder bis vor wenigen Jahren in Zentralamerika, bewaffnete Auseinandersetzungen im Rahmen politischer Konflikte gab, gehen Strukturen kriegerischer Gewalt häufig fließend in kriminelle Verbände über, die Drogenhandel, Kidnapping und Schutzgelderpressung betreiben.

Besonders im Hinblick auf den alltäglichen Gebrauch von Gewalt lässt sich ein direkter Zusammenhang mit der Geschichte des jeweiligen Landes beobachten. So wird in Kolumbien der Verantwortliche meist sofort erschossen, wenn beim Drogentransport eine Ladung abhanden kommt. In Brasilien dagegen kommt er in der Regel zunächst mit einer »Verwarnung« davon. Ähnlich verhält es sich bei Entführungen. Deren Dauer und Verlauf hängt oft von der kriminellen Infrastruktur des jeweiligen Landes ab. Hohe Gewaltbereitschaft sowie die Existenz einer kriminellen Infrastruktur lassen auf eine lange Geschichte ge-

---

3 Phishing ist das Ausspähen von Bank- und Kreditkartendaten mit Hilfe von Trojanern.
4 Ausstattung von Edelhölzern mit gefälschten Nachhaltigkeitszertifikaten.
5 Vgl. Mingardi 1998.

waltförmiger gesellschaftlicher Konflikte schließen, deren Spuren in jegliches gesellschaftliches Handeln eingeschrieben sind. Transparency International zufolge kann für viele Länder Lateinamerikas davon ausgegangen werden, dass eine endemische, also in den Staatsapparat und in das wirtschaftliche Handeln prozedural eingeschriebene Korruption herrscht. Lediglich Chile und Uruguay schneiden beim Corruption Perception Index 2011 relativ gut ab.[6]

Auch die Methoden, mit denen offizielle Statistiken über Opfer der Organisierten Kriminalität erstellt werden, variieren von Land zu Land. Sie spiegeln die unterschiedlichen Strukturen der Polizeiapparate und die jeweils offizielle Definition von Organisierter Kriminalität wider. So werden in Brasilien nur die direkt im Zusammenhang mit Auseinandersetzungen zwischen oder mit Drogenbanden getöteten Menschen diesem Milieu zugerechnet. Menschen, die etwa bei Raubüberfällen oder Entführungen zu Tode kommen, werden getrennt aufgeschlüsselt. Mexikos Behörden scheinen dagegen zurzeit sämtliche Opfer von Gewaltverbrechen nebulös den Narcos zuzuschreiben, was eine weitere Aufklärungsarbeit über die Natur dieser Todesfälle erschwert. Das führt zudem dazu, dass staatliche und private Kreise gefahrlos Menschenrechtsverletzungen begehen können. Außerdem bietet dieses Vorgehen die Möglichkeit, wegen hoher Opferstatistiken mehr Geld für Sicherheitsorgane einzufordern.

Schwache Institutionen als Einfallstor

Damit wären wir bei der innergesellschaftlichen Rolle, die Organisierte Kriminalität bei der Bearbeitung gesellschaftlicher Konfliktpotenziale spielen kann. Der Diskurs der inneren Sicherheit ist immer direkt mit dem Gewaltmonopol des Staates und damit auch mit dem Bestand des Staates verknüpft. Wenn also Sicherheitsorgane teilweise mit kriminellen Strukturen verflochten sind und folglich unterschiedlichen Herren dienen, haben Initiativen zur Verbrechensbekämpfung meist einen doppelten Boden. Große gesamtgesellschaftliche Anstrengungen sind notwendig, um sich aus den Verflechtungen staatlicher und

---

6 Corruption Perception Index von transparency International: http://cpi.transparency.org/cpi2011/results/#CountryResults.

krimineller Akteure zu befreien. Als Beispiel seien die Favelas von Rio de Janeiro genannt. Dort haben häufig die *Milícias*[7], ein Konglomerat privater Sicherheitsfirmen, Polizisten und Krimineller, das Sagen. Wie David Bartelt in diesem Buch beschreibt, gibt es dort zeitlich begrenzte Ansätze wie die punktuell[8] zum Einsatz kommenden Friedenseinheiten (UPP's), die mit den bevorstehenden Großereignissen wie beispielsweise der Fußballweltmeisterschaft 2014 oder der Olympiade 2016 gerechtfertigt werden. Hoffnung auf Veränderung können sie jedoch kaum bieten. Dafür bräuchte es große Investitionen in Programme zur sozialen Sicherung, weitreichende Reformen des Sicherheitssektors sowie den Auf- und Ausbau von Mittler-Institutionen wie etwa den nationalen Staatsanwaltschaften.

Staaten mit schwachen und intransparenten Institutionen bieten große Einfallstore für die Ausbreitung illegaler Praktiken. Wo Finanz- oder Landmärkte[9] kaum kontrolliert und Beamte schlecht ausgebildet sowie bezahlt werden, kann die transnationale Kriminalität leicht Fuß fassen. Dies gilt auch für Staaten, in denen Vergabeverfahren, etwa die Kontrolle öffentlicher Ausschreibungen, nicht klar definiert sind oder nachlässig gehandhabt werden. Zahlreiche lateinamerikanische Staaten zeichnen sich seit langem durch ineffiziente, langsame und korrupte Justizapparate aus, die auch schon ohne die Präsenz transnationaler oder heimischer Organisierter Kriminalität ein System der Straflosigkeit für Eliten und Großkriminelle, die sich einen guten Anwalt und entsprechende Bestechungszahlungen leisten können, begünstigt haben.

Die zunehmende Internationalisierung von Recht führt zudem zu »Kollateralschäden« auf lokaler Ebene. Viele Gesetze und Richtlinien werden heute von meist internationalen Organisationen formuliert oder in Anlehnung an die Kredit-Vergaberichtlinien westlicher Geberländer vorgegeben. Nicht immer treffen sie auf die gleichen Traditionen und Vorstellungen von Recht und Unrecht, oder sie beziehen die naturräumlichen Gegebenheiten nicht mit ein. Wo Abweichungen entstehen, wo also Rechts- und Unrechtsbewusstsein oder Vorschriften und Realität zu stark divergieren, entstehen Anknüpfungspunkte für

---

7 Vgl. Studie von Ignácio Cano, Milícias, HBS 2010.
8 Aktuell werden in 46 von mehr als 900 Favelas Friedenseinheiten eingesetzt.
9 Hier geht es vor allem um den Weiterverkauf von Boden mit umstrittenen Landtiteln und dubiosen Katasterämtern.

illegale Dienstleister, die sich als Mittler zwischen staatlicher Kontrolle und üblichen Praktiken einschalten. So zum Beispiel beim Verbot der Kinderarbeit ohne Ansehen der gängigen Praxis der Familienarbeit, bei Hygienevorschriften für Straßenhändler, die diese aus finanziellen Gründen nicht einhalten können, oder bei Artenschutz-Gesetzen, die kulturellen Praktiken zuwiderlaufen.

Auch gesellschaftliche Ungleichheit, also die große Schere zwischen Arm und Reich – dies trifft für Lateinamerika in besonderem Maße zu – schafft günstige Bedingungen für die Ausbreitung krimineller Strukturen. Arm zu sein ist teuer, weil den Mittellosen der offizielle Zugang zu notwendigen Dienstleistungen wie Strom, Wasser, Gas, Internet, Sport, Bildung, Gesundheit, Sicherheit oder auch zu Krediten, Land- und Ressourcennutzung häufig verbaut ist. Das trifft beispielsweise zu, wenn Menschen in informell gebauten Häusern leben oder keine Landtitel besitzen. In diesen Fällen müssen informelle Mittler zwischengeschaltet werden, die für die Bereitstellung der Dienstleistung Extraprofite kassieren, von der Abhängigkeit verschuldeter Abhängiger profitieren und sie so für ihre kriminellen Aktivitäten rekrutieren können.

Besonders anfällig für Organisierte Kriminalität sind Staaten und Regionen, die von raschen ökonomischen oder ökologischen Transformationsprozessen betroffen sind, sowie Nachkriegsgesellschaften. Ein typisches Beispiel aus Lateinamerika ist Guatemala, wo keine funktionierenden staatlichen Institutionen existieren und die Landbesitzverhältnisse weitgehend ungeklärt sind. Hinzu kommt, dass das Land eine Geschichte von beinahe 40 Jahren bewaffneten Konflikts hinter sich hat. Hier kann sich die Organisierte Kriminalität leicht neue Handlungsräume schaffen. Das findet auf allen gesellschaftlichen Ebenen statt. Großgrundbesitzer stellen auf ihren Ländereien Flugpisten für den Drogentransport zur Verfügung, Beamte lassen sich leicht bestechen, ausgemusterte und bewaffnete Kämpfer des offiziell beendeten Krieges stehen zur Verfügung. Ähnlich sieht es in vielen Nachfolgestaaten der Sowjetunion oder auf dem Balkan aus. Auch dort hat die Organisierte Kriminalität starken Einfluss auf allen Ebenen von Politik und Gesellschaft.[10] In konsolidierten Ländern, wie den meisten westeuropäischen

---

10 Jürgen Roth beschreibt detailliert Beispiele zu Kasachstan in seinem Buch »Gangsterwirtschaft«, Eichborn Verlag, 2010; vgl. auch: *Dejan Anastasijevic*: Organized Crime in the Western Balkans, *First Annual Conference on Human*

Staaten, gibt es zwar auch Organisierte Kriminalität, sie verfügt hier jedoch nur über einen eingegrenzten Spielraum und bringt nicht unmittelbar staatliche Institutionen oder Strukturen ins Wanken.[11]

Offene und geschlossene Grenzen

In zahlreichen Ländern Lateinamerikas haben die Strukturanpassungsprogramme der 1980er und 1990er Jahre und die Durchsetzung des Washington Consensus, also des neoliberalen Dreiklangs von Privatisierung, Liberalisierung und Deregulierung, staatliche und soziale Strukturen systematisch geschwächt. Die Beziehungen zwischen Bürgerinnen bzw. Bürgern und dem Staat waren jenseits von klientelistischen oder patrimonialen Strukturen zu diesem Zeitpunkt in Lateinamerika[12] wenig institutionalisiert. Die »Verschlankung« der Staatsapparate und die Privatisierung zahlreicher öffentlicher Aufgaben schwächten die nach der Beendigung der Diktaturen neu geknüpften Bande zwischen Bevölkerungen und staatlichen Institutionen und verschlechterten das Verhältnis der Bürger zu ihrem Staat. Dessen Legitimität wurde angezweifelt, die Grenze zwischen dem, was als legal oder illegal empfunden wird, verwischte und führte zu mehr Toleranz gegenüber »Kavaliersdelikten« wie Steuerhinterziehung, Bestechung oder der Unterstützung von Geldwäsche.

Als Reaktion auf die Strukturanpassungsprogramme stimmten große Teile der Bevölkerung Lateinamerikas bei den Wahlen im letzten Jahrzehnt eher für »linke« Präsidenten und Präsidentinnen, die eine stärkere Rolle des Staates und den sozialen Ausgleich auf die politische Agenda setzten, so z.B. in Venezuela, Brasilien, Bolivien und Ecuador. Aber auch diese neuen Regierungen haben eine Vielzahl ehemals staatlicher Versorgungsleistungen (v.a. in den Bereichen Gesundheit, Bildung, Renten) nicht wieder verstaatlicht. Die Leistungen blieben dem Privatsektor überlassen oder wurden von Familienstrukturen und in-

---

Security, Terrorism and Organized Crime in the Western Balkan Region, organized by the HUMSEC project in Ljubljana, 23.-25. November 2006.
11 Vgl. Jürgen Roth, Mafialand Deutschland, 2009.
12 Das gilt für die einzelnen lateinamerikanischen Länder in sehr unterschiedlichem Ausmaß. Die Situation in Uruguay etwa ist nicht mit der in Brasilien oder Mexiko zu vergleichen.

formellen Netzwerken aufgefangen. So sind auch dort Intransparenz und Regulierungslücken gewachsen, die nun von illegalen Netzwerken genutzt werden.

Nach 1989 erlebte die Idee eines »trickle-down«-Effekts[13] in der freien Marktwirtschaft ihre Renaissance. Die Öffnung von Grenzen für Waren und Kapital, die legale Expansion der internationalen Finanzmärkte und die technischen Möglichkeiten blitzschneller internationaler Geldtransfers beförderten illegalen Handel und Geldwäsche ebenso wie die vielfach als illegitim wahrgenommenen Börsenspekulationen. Besonderen Einfluss hatten diese Veränderungen auf die Grenzen zwischen Legalität und Illegalität. Diese werden bei den Transformationsprozessen zunehmend diffus – insbesondere in der öffentlichen Wahrnehmung.

Den staatlichen Grenzen kommt bei der Ausbreitung der Organisierten Kriminalität eine doppelte Bedeutung zu. Zum einen bietet die Aufhebung von Grenzkontrollen, etwa im Rahmen des Nordamerikanischen Freihandelsabkommen (NAFTA), den kriminellen Netzwerken Vorteile: Schmuggel und Handel mit verbotenen Gütern, die in erster Linie in Form von Beiladungen erfolgen, werden erleichtert. Zugleich wird die illegale Nutzung von Routen über stark gesicherte Grenzen wie die zwischen den USA und Mexiko immer teurer. Die Gewinnspannen der transportierten Waren wachsen also enorm.

Menschenschmuggel ist folglich in den letzten Jahren zu einer äußerst lukrativen Einnahmequelle geworden. Sie ist zudem weniger riskant als der Drogenhandel. Ein Bericht des Büros der Vereinten Nationen für Drogen- und Verbrechensbekämpfung über die Globalisierung des Verbrechens legt dar, wie stark transnationale kriminelle Vereinigungen wie die Zetas und das Golf-Kartell in den Schmuggel von Migranten involviert sind.[14]

»Nach Angaben der Entwicklungsorganisation CEIDAS geraten allein in Mexiko jedes Jahr schätzungsweise rund 20.000 Perso-

---

13 Mit trickle-down-Effekt wird die auf der Modernisierungstheorie basierende Idee bezeichnet, dass wirtschaftliche Entwicklung in einem Land von oben nach unten »durchsickere«, also Wirtschaftswachstum und Wohlstand in den reichen Schichten einer Gesellschaft auch die Lebensbedingungen armen Bevölkerung verbessere.
14 Jennifer Dresel, Website der Heinrich Böll Stiftung, 5.12.11 http://www.boell.de/weltweit/lateinamerika/lateinamerika-mexiko-transit-migration-13574.html.

nen in die Fänge der Menschenhändler. Für ganz Lateinamerika wird von 250.000 Opfern ausgegangen, die den kriminellen Banden nach Schätzungen des mexikanischen Ministeriums für öffentliche Sicherheit Einnahmen in Höhe von 1,35 Milliarden US-Dollar verschaffen. Auch wenn die Zahlen variieren, einig sind sich die Experten, dass der Menschenschmuggel in und aus Lateinamerika zu Beginn des 21. Jahrhunderts deutlich zugenommen hat.« (IPS-Tagesdienst vom 23. September 2010)

»Seit dem Amtsantritt Felipe Calderóns sind in Mexiko schätzungsweise 100.000 zentralamerikanische, aber auch mexikanische Migrant/innen verschwunden. Diese werden von kriminellen Banden, häufig in Zusammenarbeit mit Beamten, systematisch entführt und erpresst. Ihr Status als undokumentierte Migrant/innen macht sie dabei besonders verletzbar. Die staatliche Migrationsbehörde musste seit 2007 etwa 350 Beamte – fast 15 Prozent seines Personals – wegen mutmaßlicher Verbindungen zum organisierten Verbrechen und anderer Delikte wie Menschenhandel entlassen.«[15]

Globalisierung und Internationalisierung haben – ähnlich wie bei legalen – auch bei illegalen transnationalen Unternehmen dezentrale Strukturen geschaffen. Den Boss oder Paten, der alles kontrolliert, gibt es immer seltener. Niemand hat die volle Kontrolle, niemand ist unersetzbar, egal, in welcher Schlüsselposition er sich befindet. Vor diesem Hintergrund wirkt die Strategie der mexikanischen Regierung, im Kampf gegen die Kartelle ständig neue Bosse oder »Köpfe« der wichtigsten Organisationen zu verhaften, wenig überzeugend. Denn die freigewordene Position wird sofort von jemand anderem besetzt.

Auch in ihren ökonomischen Konzepten ähneln sich legale und illegale Unternehmen zunehmend. Das Streben nach schnellem Profit in kurzlebigen Allianzen entspricht einer kapitalistischen Lebens- und Wirtschaftsweise, die soziale Desintegration befördert und nachhaltige Entwicklungswege höchstens noch im Munde führt. Das ist ein wesentlicher Grund für eine soziale und kulturelle Akzeptanz krimineller Strukturen, wie sie sich beispielsweise im Gangster-Rap in Brasilien

---

15 Jennifer Dresel, Website der Heinrich Böll Stiftung, 5.12.11 http://www.boell.de/weltweit/lateinamerika/lateinamerika-mexiko-transit-migration-13574.html.

oder in den mexikanischen *Narco-Corridos* niederschlägt. Kaum eine Regierung begegnet diesen Tendenzen mit Weitsicht. Statt gesellschaftliche Teilhabe zu befördern, wird meist eine weitgehend eindimensionale Kriminalitätsbekämpfung betrieben.

Die Macht der Netzwerke

> »*Organisiertes Verbrechen ist beides, ein soziales System und eine soziale Welt. Das System setzt sich aus Beziehungen zusammen, in die professionelle Kriminelle, Politiker, Juristen und diverse Unternehmer verflochten sind.*«[16]
>
> Alan Block, USA, Anwalt für Bürgerrechte, 1983

Organisierte Kriminalität basiert nicht nur auf der Kontrolle des Territoriums, sondern auch auf sozialen illegalen Netzwerken und dem Management ihrer Schnittstellen. Charakteristisch für diese Netzwerke sind ihre fließenden Übergänge zu legalen sozio-ökonomischen Austauschsystemen.[17] Auch in der legalen Wirtschaft geht nichts ohne Beziehungen, gegenseitige Vorteilsgewährung und sozial eingebettete ökonomische Transaktionen. In Lateinamerika spielen Lions-Clubs, lokale Fußballvereine, Rinderzüchter- oder Sojafarmer-Vereinigungen, in Rio de Janeiro dazu noch die Karnevalsvereine, eine wichtige Rolle beim Zustandekommen und der Abwicklung von Geschäften. Man macht sich gegenseitig auf Gelegenheiten aufmerksam, lädt befreundete Unternehmer und Politiker zu wichtigen informellen Zusammenkünften mit ausländischen Partnern ein. Im Laufe von Jahrzehnten kommt es zu Patenschaften, Ehen werden geschlossen und gegenseitig bezeugt, die Kinder machen Praktika in den Firmen der Geschäftspartner oder im Büro eines befreundeten Senators. Das von Alan Block so bezeichnete »soziale System und die soziale Welt« sind entstanden. Von hier ist es nur ein kleiner Schritt in den von gegenseitigem Vertrauen abgesicher-

---

16 »*Organized crime is both a social system and a social world. The system is composed of relationships binding professional criminals, politicians, law enforcers, and various entrepreneurs.*« Aus: http://www.organized-crime.de/organizedcrimedefinitions.htm.

17 Vgl. Cartier-Bresson (1997): Corruption Networks, Transaction Security and Illegal Social Exchange, in: Political Studies (1997), XLV, 463+476.

ten Schutzraum, in dem das eine oder andere nicht ganz legale Geschäft abgewickelt wird. Je nach gesellschaftlicher Toleranz ist dieser Schritt über die imaginäre Linie kleiner oder größer, offener oder verdeckter.

Die Übernahme gewisser Versorgungsaufgaben bei der Rekrutierung neuer Netzwerk-Mitglieder spielt eine ähnlich stabilisierende und einnehmende Rolle. Für Jugendliche in brasilianischen Favelas und mexikanischen oder mittelamerikanischen Armenvierteln stellt sich das soziale Netzwerk der Organisierten Kriminalität oft funktionstüchtiger und überschaubarer dar als der kaum präsente Staat oder unterfinanzierte zivilgesellschaftliche Organisationen. Sobald man zu einer kriminellen Struktur gehört, gelten einfache Regeln: Für eine bestimmte Aufgabe (dealen, jemand mit Waffen schützen etc.) gibt es Geld, je nach Position auch Schutz und Versorgung der Familie. Und falls nötig auch einen Anwalt. Solche »Rundumpakete« knüpfen unmittelbar an die kollektiven, häufig wehmütig erinnerten Patrimonialstrukturen an und sind durchschaubarer als staatliche Bürokratien.

Der *Patron* früherer Zeiten versprach im Austausch für absolute Loyalität, alles Weitere zu regeln, und solch einen Patron gibt es in der kollektiven Erinnerung jeder Familie und Gemeinde. Sich auf staatliche Behörden zu verlassen, ist dagegen ein Vabanquespiel mit unübersichtlichen Regeln und offenem Ergebnis. Häufig erwarten die Beamten irreguläre Zahlungen, ohne einen Erfolg zu garantieren. In Amazonien bilden noch heute patrimonial basierte, das heißt persönliche Netzwerke die Basis des gesellschaftlichen Austausches sowie der Reproduktion. Das bedeutet de facto, dass es beispielsweise gar nicht im Handlungsrepertoire vorkommt, die Beiladung eines Pakets Kokain auf dem Boot oder Lastwagen abzulehnen, wenn der Patron darum bittet. Es handelt sich hierbei um gewachsene und tradierte Abhängigkeitsstrukturen, die häufig auch eine stark emotionale Komponente beinhalten. Mit rationalen Argumenten ist dem kaum beizukommen. Es reicht, dass einst ein Vorfahre des aktuell Mächtigsten am Ort der Ur-Großmutter bei einer Malariaerkrankung das Krankenhaus bezahlt hat, um umfassende Loyalität in der Jetztzeit zu garantieren.

Die Macht der sozialen Netzwerke entsteht durch ihre gewachsene Verflechtung in alle gesellschaftlichen Gruppierungen hinein, bis in die höchsten Ebenen von Politik, Justiz und Wirtschaft. Die jeweilige Interessenvertretung erfolgt weitgehend parteiübergreifend und entlang gewachsener Loyalitäten. Das wird in der politischen Kultur, nicht nur der lateinamerikanischen, zumeist als Selbstverständlichkeit betrachtet. Immer wieder gilt diese Zugehörigkeit auch für Sicherheitskräfte. Polizisten verdienen in Lateinamerika oft so wenig, dass sie von ihrem Gehalt kaum eine Familie unterhalten können. Sie sind auf einen Zuverdienst geradezu angewiesen. Der mexikanische Präsident Felipe Calderón selbst hat von einem überwältigenden Anteil korrupter Polizisten gesprochen. In einer Presseerklärung am 30. November 2008 versprach Calderón deshalb, die Korruption innerhalb der Polizeien und der Regierung energisch zu bekämpfen.[18]

Doch obwohl in den meisten Ländern Lateinamerikas sogenannte Sicherheitssektorreformen diskutiert bzw. implementiert werden, ist der Weg zu einem ansatzweise rechtsstaatlichen System noch weit.[19] Die meisten Versuche scheitern daran, gleichzeitig die Mitarbeiter des Sicherheitssektors zu qualifizieren, deren Gehälter zu erhöhen, innerbehördliche Transparenz einzuführen und die Straftaten im eigenen Bereich konsequent zu verfolgen. Innerhalb der Polizeien, Gerichte und Staatsanwaltschaften tobt ein Kampf zwischen der Verteidigung alter Loyalitäten und dem Weg hin zu mehr Rechtsstaatlichkeit. Auf der erweiterten politischen Bühne lässt sich der Stand der Dinge an der Freigabe von Geldern für die Umsetzung entsprechender Reformen ablesen. Momentan scheint der Trend dahin zu gehen, dass Netzwerke des Gebens und Nehmens auf Recht basierende Politiken zunehmend ersetzen. Das zeigt sich deutlich angesichts der Wahlen in Mexiko im Jahr 2012. Bereits im Vorfeld stellen diverse Medien die Frage nach dem Einfluss der Kartelle auf die Wahlen. Kriminelle Strukturen befördern absurderweise den politischen Wandel hin zu mehr Pluralität. Angeblich finanzieren einzelne Kartelle alle Parteien im Wahlkampf, so dass ihnen der Zugang zur Politik unabhängig vom Wahlausgang sicher bleibt. Es stellt sich die Frage: Ist ein Bürgermeister in der mexikanischen Grenzregion heute eher dem vor Ort herrschenden Kartell als seinen Wählern verpflichtet? Wie geht er mit konkurrierenden Angeboten um? Kriminelle Netzwerke funktionieren durch Drohungen und Erpressung. Je nach Verfassung der staatlichen Institutionen können parallele Machtstrukturen mit eigenen Wertesystemen demokratische Strukturen bedrohen und das Macht- und Gewaltmonopol der Staaten untergraben.

---

18 www.periodicoexpress.com.mx/nota.php?id=214574.
19 Vgl. Buscaglia zu Kolumbien in diesem Band.

Flexible Routen, flexible Waren

Die Routen funktionieren wie rechtsfreie Korridore, durch die Waren und Geld transportiert werden. Es handelt sich um viele verknüpfte Handlungsräume, die vor Ort von der jeweiligen kriminellen Gruppe kontrolliert werden und in denen Straflosigkeit für die Benutzer garantiert ist. Entscheidend ist die umfassende Kontrolle aller involvierten Institutionen eines Routenabschnitts, also eines Handelsweges, der den reibungslosen Güterverkehr garantiert. Die Produkte werden immer austauschbarer: Es kann sich um Drogen, Waffen, Menschen oder Luxusgüter wie Kaviar handeln. Die Organisation des Vertriebs dieser Güter wird immer stärker international vernetzt. Die Staaten Lateinamerikas haben auf diesen Routen ihren festen Platz.

International wechseln die Routen schnell. So wird Kokain mal über das westliche, mal über das südliche Afrika nach Europa verkauft. Dabei wird der Handel in Westafrika häufig mit Frauenhandel verknüpft: Frauen, die in die Prostitution verkauft werden, nehmen die Drogen gleich mit nach Europa. Andere Routen des Drogenhandels verlaufen beispielsweise von Bolivien, Peru, Kolumbien über Mexiko, Zentralamerika in die USA, über die Karibik und Brasilien nach Europa und Afrika. Waffen werden aus Brasilien nach Kolumbien, aber auch aus Nordafrika und Russland über Brasilien nach Kolumbien und Mexiko geschmuggelt. Auf derselben Route können ebenso geschmuggelte Zigaretten oder geschützte Tierarten befördert werden.

Schlepperbanden betreiben Routen des Menschenhandels für Arbeitsmigranten aus Zentralamerika und Mexiko, aber auch aus China in die USA. Auf denselben Strecken reisen Beiladungen wie gefälschte Markenprodukte, raubkopierte Filme, Musik und Medikamente, die zum Beispiel wegen der besonders laxen Zollbehörden Paraguays häufig von dort weiter verteilt werden. Zigarettenschmuggel wird auch in Lateinamerika von den Staaten mit den jeweils niedrigeren Steuern in jene mit den aktuell höheren Steuern betrieben. Die im Zuge von Frachtraub und Autodiebstahl erbeuteten Güter werden auf Privatstraßen über die vielen grünen Grenzen geschoben. Geld wird dezentral, im Rahmen staatlicher Bauaufträge, virtuell und transnational, zum Beispiel auf den Cayman-Inseln in der Karibik oder in der Schweiz gewaschen.

Die Absicherung dieser Routen gegen Strafverfolgung verstärkt die damit einhergehende Korruption und die bereits existierende Netzwerkkriminalität. Die Akteure des illegalen Warenverkehrs, die man sich wie Logistikunternehmen vorstellen kann, suchen sich für ihre illegalen Güter jene transnationalen Routen, die am besten abgesichert sind. Mit anderen Worten: Der Zoll, die Polizei, die Richter und Staatsanwälte müssen dort stabil eingebunden und die Medien ruhiggestellt sein, die Politik muss flankierend zur Seite stehen. Das System wird durch lokale Mittelsmänner abgesichert, die auch sofort einen alternativen Routenabschnitt vorschlagen können, wenn der andere »hochgeht«.

Wenn der Staat nichts mehr zu bieten hat

Bei der Ausbreitung krimineller Strukturen kristallisiert sich ein Muster heraus: Der Staat, wie er vor Ort wahrgenommen wird, bietet immer weniger und schlechtere öffentliche Güter an. Sei es im Transportwesen in entlegenen Gebieten Amazoniens und den armen Vorstädten vieler Länder Lateinamerikas oder bei der Strom- und Gasversorgung in den Favelas brasilianischer Großstädte. Die Optionen legaler gesellschaftlicher Teilhabe gehen vor allem für junge Menschen zurück, zugleich breiten sich die kriminellen Netzwerke aus. Die Kriminellen schaffen also Konkurrenzsituationen, in denen der illegale, schnell zu erlangende Reichtum attraktiver scheint als staatliche Hilfen oder durch internationale Kooperation geförderte Ausbildungs- oder Sozialprojekte. So musste beispielsweise die Hilfsorganisation Caritas International Projekte der Jugendarbeit in Recife im Nordosten Brasiliens völlig umstellen, weil die Angebote der Drogengangs eine ungleich höhere Anziehungskraft für die Jugendlichen hatten.[20]

Staatliche Institutionen genießen kein Vertrauen bei der Bevölkerung, wenn sie als korrupt bekannt sind, die Justiz nicht funktioniert und Straflosigkeit herrscht, oder nicht einmal eine Grundversorgung gewährleistet wird. Dann gewinnen Parallelstrukturen leicht an Legitimität und infiltrieren und unterminieren staatliche Strukturen. Dieser Mechanismus funktioniert von der lokalen bis auf die nationalstaatliche Ebene. Entsprechende Vorwürfe gibt es in Lateinamerika gegenüber Kolumbien, Guatemala, Honduras und Mexiko, weltweit besonders gegenüber Russland und Kasachstan. Häufig ist eine Auseinandersetzung

---

20 Gespräch mit Wolfgang Hees von Caritas International, Juni 2011.

zwischen demokratischen und kriminellen Strukturen zu beobachten. So gab es etwa in Brasilien eine jahrelange politische und juristische Debatte um das sogenannte *Ficha-limpa*-Gesetz, das besagt, dass Politiker, gegen die ein Verfahren wegen Kapitalverbrechen anhängig ist, kein offizielles politisches Amt übernehmen können. Die erstmalige Anwendung des Gesetzes bei den Wahlen 2010 führte dazu, dass zahlreiche Politiker ausgetauscht wurden, die als Köpfe krimineller Gruppen fungierten. Ein anderes Beispiel ist das im Zuge der Demokratisierung eingerichtete *Ministério Público* in Brasilien, eine Art öffentliche Staatsanwaltschaft, die sehr engagiert Amtsmissbrauch und Korruption in staatlichen Institutionen verfolgt. Jedes Jahr gibt es harte Kämpfe um die Höhe des Budgets, das gegebenenfalls eine relativ autonome Handlungsfähigkeit erlaubt. Auseinandersetzungen dieser Art finden auch zwischen der Justiz und der Exekutive Kolumbiens statt. Immer wieder wurden dort in den vergangenen Jahren hochrangige Politiker wegen ihrer Nähe zum Organisierten Verbrechen verhaftet und verurteilt. Grundsätzlich hat das jedoch noch nichts daran geändert, dass die die kolumbianische Politik von der Organisierten Kriminalität infiltriert ist.

Legale soziale Netzwerke stärken

> »*Die Internationalisierung der Verbrechensbekämpfung, insbesondere die Homogenisierung krimineller Normen durch die internationale Gesellschaft, kann so zum Teil als ein historischer Prozess verstanden werden, der vor allem von den Kriminalisierungen dominanter Staaten (besonders denen Europas und der Vereinigten Staaten) und deren Bemühungen, ihre eigenen strafrechtlichen Präferenzen in andere Staaten zu exportieren, vorangetrieben wird.*«[21]
> Peter Andreas & Ethan Nadelmann, Policing the Globe, 2006:11.

Seit der Shanghai-Konferenz der Internationalen Opium-Kommission 1909 und bis zum heutigen Tag ist die internationale Kriminalitätsbe-

---

21 »The internationalization of crime control, particularly the homogenization of criminal norms throughout international society, can thus be understood in part as a historical process driven primarily by the criminalizations of dominant states (notably, those of Europe and the United States) and their efforts to export their own criminal justice preferences to other states.«

kämpfung in allen Institutionen und Organisationen von den USA und damit vom Thema Drogen beherrscht. Seit 2003 haben mehr als 140 Staaten die »UN-Konvention gegen die Transnationale Organisierte Kriminalität« ratifiziert. Auf der letzten Statuskonferenz zu transnationaler Organisierter Kriminalität im brasilianischen Salvador de Bahia 2010 sind neue Themenfelder wie die Bekämpfung von Wirtschaftsverbrechen und Geldwäsche, die Unterstützung von Gesetzesentwürfen zu Umweltverbrechen, die Verbrechensprävention in städtischen Gebieten sowie die Bekämpfung von Jugendgewalt und die Unterstützung des Justizwesens von Mitgliedsstaaten in die Agenda aufgenommen worden. Trotzdem werden finanzielle Ressourcen weiterhin hauptsächlich im Kampf gegen Drogenkriminalität eingesetzt. Die jährlich durch die USA vorgenommene Zertifizierung bzw. der Entzug der Zertifizierung für Staaten, die hier nicht kollaborieren, bleibt auch mit Blick auf Lateinamerika ein wichtiges Instrument der US-Außen- und Handelspolitik.

Der *Plan Colombia* in Kolumbien und entsprechende Projekte in den Nachbarländern, wie zum Beispiel die *Operation Cobra* in Brasilien, haben durch ihren rein militärischen Umgang mit der Coca-Produktion maßgeblich zur Kriminalisierung ganzer Regionen beigetragen und jegliche Ansätze zur Erweiterung des Spektrums bei der Analyse von Kriminalitätsursachen im Keim erstickt. Besonders die Verknüpfung von Kriminalität, vor allem von Jugendkriminalität, mit der sozialen Frage wird viel zu wenig beachtet und hat auf der politischen Ebene so gut wie keine Konsequenzen. Es ist einfacher, einer marginalisierten, »moralisch verkommenen«, Drogen konsumierenden und handelnden Unterschicht die Schuld zu geben, als sich mit den Profiteuren des Handels und deren Verflechtungen in Politik und Wirtschaft zu befassen. Was Brasilien anbelangt, so werden diese Verflechtungen seit Jahren auf Bundes- und Landesebene in parlamentarischen Kommissionen untersucht.[22] Die Erkenntnisse haben jedoch keine praktischen Auswirkungen. Im Gegenteil machen diese Vorgänge eher noch deutlicher, dass die Strukturen der Organisierten Kriminalität denen der staatlichen Strafverfolgung überlegen sind. In diesem Sinne greifen auch die inzwischen häufig, so auch von den ehemaligen Staatschefs Fernando Henrique Cardoso aus Brasilien, Vicente Fox aus Mexiko oder César

---

22 Siehe z.B. den Abschlussbericht der CPI Narcotráfico des Staates Sao Paulo: www.al.sp.gov.br./StaticFile/documentacao/cpi_narcotrafico_relatorio_final. htm.

Gaviria aus Kolumbien geäußerten Forderungen nach einer Legalisierung von Drogen zu kurz. Die Maßnahme wäre zwar begrüßenswert, da sie vermutlich das Ausmaß der Gewalt gerade unter den Jugendlichen eindämmen würde. An der transnationalen Organisierten Kriminalität würde sie jedoch wenig ändern. Die findet sofort ein neues Betätigungsfeld, da sie längst institutionalisiert und in vielen Ländern zu einem integralen Bestandteil der legalen Wirtschaft geworden ist. Transnationale Organisierte Kriminalität bewegt weltweit Milliarden. In allen gesellschaftlichen Schichten sind Menschen käuflich. Gerade vielen jungen Menschen erscheint eine Beteiligung in kriminellen Strukturen angesichts fehlender Zukunftsperspektiven attraktiv. Nicht zuletzt deshalb sind die »Politiken der harten Hand«, die in zahlreichen lateinamerikanischen Ländern en vogue waren und teilweise noch sind, durchweg gescheitert. Auch rein nationalstaatliche Ansätze führen nicht weiter. Generell spiegelt die globale Ausbreitung krimineller Strukturen die weltweit abnehmende soziale Kohäsion und ein verfehltes globales Entwicklungsmodell wider. Einzelmaßnahmen gesellschaftlicher Partizipation, Prävention durch punktuelle Maßnahmen wie Finanzmarkt- und Investitionskontrollen gegen Geldwäsche, Sicherheitssektorreformen etc. können langfristig nicht darüber hinwegtäuschen, dass das globale Wirtschaftsmodell immer mehr Menschen marginalisiert und sie dazu bringt, Anschluss an Netzwerke suchen, die häufig kriminell sind.

In jedem Fall brauchen wir Staaten, die Regulierungsfunktionen wahrnehmen und sozialen Ausgleich fördern. Und wir brauchen starke Institutionen und eine aktive Zivilgesellschaft. Das Öffentliche muss aufgewertet, die politische Transparenz verbessert werden. Es müssen deutliche politische Zeichen gesetzt werden: gegen Spekulation mit Grundnahrungsmitteln, Wasser sowie Gesundheit, für Bildungsmaßnahmen, für eine integrative Jugendpolitik und für die Stärkung lokaler Strukturen und legaler sozialer Netzwerke. Menschenrechte müssen eingehalten und umgesetzt werden. Eine konsequente Bekämpfung der Korruption[23] kann dazu beitragen, sichtbarere Linien zwischen Illegalität und Legalität zu rekonstruieren und Verknüpfungen zwischen legitimen Staaten und ihren Bürgern neu zu erarbeiten.

---

23 Wie z.B. die kläglose Akzeptanz mexikanischer Drogengelder beim Bau des Freizeitparks am Nürburgring (siehe Jürgen Roth, Gangsterwirtschaft, S.38ff).

Weltweit engagieren sich Organisationen, Betroffenen-Gruppen und Einzelpersonen[24] gegen die Organisierte Kriminalität. Sie machen auf das Phänomen aufmerksam, gehen gegen die Stigmatisierung der Opfer vor und fordern von Politikern ein aktives Handeln ein. Andere setzen sich für eine engagierte Jugendarbeit und die Wiederherstellung lokaler sozialer Netzwerke ein. Dies alles sind die Ansätze, die gestärkt werden müssen.

Literatur

Andreas, Peter, Ethan Nadelmann (2006): Policing the Globe, New York

Glenny, Misha (2008): McMafia – Die grenzenlose Welt des organisierten Verbrechens, München

Hernández, Anabel (2010): Los Señores del Narco, México D.F.

Jelsma, Martin, Theo Roncken (1998): Democracias bajo fuego – Drogas y poder en América Latina, Montevideo

Mingardi, Guaracy (1992): Tiras, Gansos e Trutas, S.P.

Mingardi, Guaracy (1998): O Estado e o Crime Organizado, S.P.

Motta Ribeiro, Ana Maria, Jorge Atílio S. Iulianelli (2000): Narcotráfico e Violência no Campo, Rio de Janeiro

Naim, Moises (2005): Das Schwarzbuch des globalisierten Verbrechens, München

Roth, Jürgen (2009): Mafialand Deutschland, Frankfurt am Main

Roth, Jürgen (2010): Gangsterwirtschaft, Frankfurt am Main

Soares, Luiz Eduardo et al. (2010): Elite da Tropa 2, Rio de Janeiro

Thoumi, Francisco E. (2002): El imperio de la droga – Narcotráfico y sociedad en Los Andes, Bogotá

Youngers, Coletta A., Eileen Rosis (2005): Drugs and democracy in Latin America – The Impact of US Policy, London

---

24 Beispiele hierfür sind das Museo della Ndrangheta in Kalabrien, die »Bewegung für den Frieden mit Gerechtigkeit und Würde« in Mexiko, Menschenrechtsorganisationen wie das CELS in Argentinien oder REDEPAZ in Kolumbien, die Initiative Mafia Nein Danke in Deutschland und Italien u.v.m.

AutorInnen und HerausgeberInnen

Dawid Danilo Bartelt, Historiker und Sozialwissenschaftler, Promotion über *Sertão, Republik und Nation. Canudos als sozialhistorisches und diskursives Ereignis der Geschichte Brasiliens 1874-1902* an der FU Berlin. Seit den 1980er Jahren als Journalist und Autor vor allem zu Nord-Süd-Themen tätig, von 2002 bis 2010 Pressesprecher für Amnesty International Deutschland, seit Mai 2010 Leiter des Brasilienbüros der Heinrich-Böll-Stiftung in Rio de Janeiro.

Edgardo Buscaglia ist Jurist, Politologe und Wirtschaftswissenschaftler. Der US-Urugayer leitet das *International Law and Economic Development Center der University of Virginia*, ist Vizepräsident der *Inter American Law and Economics Association* sowie Gastprofessor am *Instituto Tecnológico Autónomo de México* (ITAM). Als Experte für Transnationale Organisierte Kriminalität berät er internationale Organisationen im Bereich Schattenwirtschaft, Korruption und Justizreform. Auch für die UNO war er als Berater in juristischen Fragen unter anderem in Afghanistan, Jordanien, Pakistan, Nigeria und Kolumbien tätig.

Jesús Cantú Escalante ist Inhaber des Forschungslehrstuhls *Institutionen und Praktiken in den zeitgenössischen Demokratien* der Graduiertenschule EGAP *Gobierno y Política Pública* der Technischen Universität Monterrey in Mexiko und leitet den dortigen Masterstudiengang Politische Analyse und Informationsmedien. Zahlreiche Vorträge an Universitäten in Mexiko, USA und Kanada und Mitarbeit an verschiedenen Publikationen und Büchern. Cantú Escalante schreibt außerdem für die mexikanische Zeitschrift *Proceso* und für verschiedene Tageszeitungen des Landes.

Lourdes Cárdenas arbeitet seit mehr als zwanzig Jahren als Journalistin in Mexiko und den USA. In den 1990er Jahren war sie für die mexikanische Tageszeitung *La Jornada*, für diverse Zeitschriften sowie als Fernsehreporterin tätig, zuletzt für *CNN-español*. Seit 2011 ist sie Chefredakteurin von *SomosFrontera.com*, dem spanischsprachigen

Online-Portal der texanischen Tageszeitung *El Paso Times*, die über die Grenzregion Ciudad Juárez und El Paso berichtet. Cárdenas hat an verschiedenen Hochschulen Journalismus unterrichtet und war Fellow der renommierten *Nieman Foundation for Journalism* an der Harvard-Universität.

Mariana Franco hat an der Technischen Universität Monterrey in Mexiko Politikwissenschaften studiert und bei der staatlichen Menschenrechtskommission Vertiefungsstudien im Bereich Menschenrechte und öffentliche Sicherheit absolviert. Sie hat verschiedene Artikel über Sicherheit und Bürgerbeteiligung in mexikanischen Zeitschriften publiziert.

Nana Heidhues ist Politikwissenschaftlerin und freie Journalistin. Sie hat zu Erinnerungspolitik in Lateinamerika und Deutschland geforscht und arbeitet für das Paulo Freire Institut der FU Berlin im Bereich der Friedenspädagogik und Friedensforschung zusammen mit Universitäten und NGOs in Kolumbien und Zentralamerika. Ihre Schwerpunkte sind gewaltfreie Konflikttransformation, Erinnerungsarbeit und Gender/Diversität. Als Journalistin ist sie für verschiedene Medien tätig und war von 2006 bis 2009 Mitherausgeberin des *Jahrbuch Lateinamerika*.

Anne Huffschmid lebt als Kulturwissenschaftlerin und Autorin in Berlin; bis 2003 arbeitete sie als Reporterin und Korrespondentin in Mexiko-Stadt. Nach ihrer Promotion über die zapatistische »Diskursguerilla« forscht und publiziert sie heute vor allem zu Stadt, Erinnerung und Visualität, derzeit am Lateinamerika-Institut der FU Berlin. Sie ist Gründungsmitglied von metroZones. Zahlreiche, auch internationale Veröffentlichungen als Autorin und Herausgeberin, darunter zuletzt die Bücher *Mexiko. Das Land und die Freiheit* (Zürich 2010), *Urban prayers* (mit *metroZones*, Berlin 2011) und *Metrópolis desbordadas* (Mitherausgeberin, Mexiko-Stadt, 2011). Sie war von 2003 bis 2009 Mitherausgeberin des *Jahrbuch Lateinamerika*.

Michael Krämer, Politikwissenschaftler, ist Redakteur des Nord-Süd-Magazins *Südlink* (www.suedlink.de). Außerdem ist er Projektreferent für El Salvador beim INKOTA-netzwerk. Als Journalist beschäftigt er sich seit vielen Jahren mit Nord-Süd-Themen, sein regionaler Schwerpunkt ist Zentralamerika. Von 2003 bis 2009 war er Mitherausgeber des *Jahrbuch Lateinamerika*.

Stephan Lanz, Dr. phil., lehrt und forscht an der Europa-Universität Viadrina in Frankfurt (Oder) zu Stadtentwicklung, Stadtpolitik und urbanen Kulturen in Metropolen wie Berlin, Rio de Janeiro und Istanbul. Gegenwärtig ist er wissenschaftlicher Leiter des Forschungs- und Kulturprojekts *Global Prayers: Erlösung und Befreiung in der Stadt* (metroZones, Viadrina, Haus der Kulturen der Welt). Lanz ist Gründungsmitglied von *metroZones – Center for Urban Affairs* und Miterausgeber der Buchreihe metroZones (b_books). Er publizierte unter anderem die Bücher *Berlin aufgemischt* (2007), *Self Service City: Istanbul* (mit O. Esen, 2005) und *City of COOP* (2004).

Robert Lessmann ist promovierter Soziologe und Politologe. Er arbeitet als freier Journalist, Buchautor und Consultant. Er ist außerdem Lehrbeauftragter an der Universität zu Köln im Bereich Internationale Politik und Außenpolitik. Er hat zahlreiche Artikel und mehrere Bücher unter anderem über internationale Drogenpolitik und die Rolle der USA im Andenraum publiziert. Zuletzt ist von ihm erschienen: *Das neue Bolivien* (Zürich, 2010).

David C. Martínez-Amador ist Mexikaner-Costa Ricaner und lebt seit einigen Jahren in Guatemala. Er ist Professor an der Universität Rafael Landívar in Guatemala und forscht aus kulturanthropologischer Sicht über Organisierte Kriminalität in Costa Rica, Guatemala und Mexiko. Er hat in den von Drogenkriminalität betroffenen Regionen im Norden Mexikos und in Mittelamerika intensive Recherchen betrieben. Martínez war Stipendiat der Fulbright Stiftung. Er schreibt als Autor für verschiedene Medien, unter anderem für das Onlineportal *Plaza Pública* in Guatemala. (Kontakt: david.martinez-amador@fulbrightmail.org)

Óscar Martínez ist Journalist aus El Salvador und koordiniert bei der salvadorianischen Internetzeitschrift *El Faro* den Bereich »*Sala Negra*« über Gewalt und Organisierte Kriminalität. Zuvor hat er als Mexiko-Korrespondent von *El Faro* unter anderem über zentralamerikanische Migranten auf ihrem Weg in die USA geschrieben, woraus das Buch *Los Migrantes que no importan* entstanden ist. Er hat in Medien aus Zentralamerika, Kolumbien, Mexiko, den USA und Europa veröffentlicht. 2008 wurde er beim Internationalen Buchfestival in Guadalajara in Mexiko mit dem Nationalen Preis für Kulturjournalismus ausgezeichnet, 2009 hat er den Menschenrechtspreis der Zentralamerikanischen Universität in San Salvador erhalten.

Alfredo Molano ist Soziologe, Journalist und Schriftsteller aus Kolumbien und gilt als einer der bekanntesten Chronisten des bewaffneten Konflikts in seinem Land. Er publiziert in kolumbianischen und internationalen Medien und hat zahlreiche Bücher und Fernsehreportagen veröffentlicht. Seit über 15 Jahren begleitet er die Entwicklungen in Kolumbien mit einer kritischen Kolumne in der Tageszeitung *El Espectador*. Für seine journalistische und investigative Arbeit ist er mehrfach ausgezeichnet worden. Von 2001 bis 2002 lebte Molano aufgrund von Todesdrohungen durch rechte Paramilitärs im Exil in Spanien, danach war er Gastprofessor in Stanford, USA. Zuletzt sind von ihm erschienen *Ahí le dejo esos fierros* (2009), *Las Perlas Uribistas* (2010) und *Del otro lado* (2011).

César Osorio Sanchez ist als Dozent für Staatstheorie, Menschenrechtsschutz im Rechtssystem und gemeinschaftliches Recht an der Universidad Pedagógica Nacional in Bogotá tätig. Er ist Mitglied des Herausgeberkomitees der kolumbianischen Zeitschrift *CEPA*. Von 2005 bis 2009 war er Akademischer Direktor des NGO-Netzwerks für Gemeindejustiz und Konfliktbearbeitung. Osorio Sanchez hat Rechtswissenschaften und Soziologie an der Universidad Nacional in Bogotá studiert und Vertiefungsstudien im Bereich Erinnerungsarbeit, Konfliktmanagement, Interkulturalität und Gender in Deutschland beim Paulo Freire Institut/Internationale Akademie der FU Berlin absolviert.

Rossana Reguillo, promovierte Sozialwissenschaftlerin und Sozialanthropologin, ist Professorin an der Jesuiten-Universität von Guadalajara (ITESO), Mexiko. Sie war Gastwissenschaftlerin an diversen Universitäten Lateinamerikas, Spaniens und der USA, und hat eine Reihe von Büchern und unzählige Artikel verfasst. Ihre Forschungsschwerpunkte liegen im Bereich Jugendkulturen, Gewalt, Stadt und Sozialanthropologie der Gefühle und sozialen Ängste. Für das Ende 2010 initierte

Bürgerportal für den Frieden *nuestraaparenterendicion.blogspot.com* betreibt sie den Blog *Espejos Laterales* (Seitenspiegel), in dem sie über Gewalt und Drogenhandel schreibt.

José Reveles gehört zu den Begründern des investigativen Journalismus in Mexiko. Seit mehr als vierzig Jahren recherchiert er zu Menschenrechten, Korruption und Sicherheitspolitik. Reveles hat für die größten Tageszeitungen des Landes gearbeitet, zuletzt für *El Financiero* und gilt als Experte auf dem Gebiet der Organisierten Kriminalität. Im Kontext der aktuellen Entwicklungen in Mexiko veröffentlichte er diverse Bücher, zuletzt *El cartél incómodo* (2010), *Narcoméxico* (2011) und *Levantones, Narcofosas y Falsos Positivos* (2011).

Regine Schönenberg ist Politologin und beschäftigt sich mit der Kriminalisierung sozialer Transformationsprozesse, der Natur von Wissen und mit interkulturellem Lernen. Ihr regionaler Schwerpunkt liegt seit über 20 Jahren in Amazonien, seit einigen Jahren auch in Indien. Sie ist am Lateinamerika-Institut der FU Berlin als Projektleiterin tätig. Gemeinsam mit Annette von Schönfeld veranstaltete sie im Juni 2011 die Internationale Konferenz der Heinrich-Böll-Stiftung »Grenzenlos illegal – Transnationale Organisierte Kriminalität und die Zukunft einer demokratischen Welt«.

Annette von Schönfeld ist Publizistin und seit 2006 Leiterin des Lateinamerika-Referats der Heinrich-Böll-Stiftung in Berlin. Dort arbeitet sie vor allem zu den Themen Bürger_innensicherheit, Organisierte Kriminalität, Demokratie und Stadtentwicklung. Gemeinsam mit Regine Schönenberg veranstaltete sie im Juni 2011 die Internationale Konferenz der Heinrich-Böll-Stiftung »Grenzenlos illegal – Transnationale Organisierte Kriminalität und die Zukunft einer demokratischen Welt«.

Valentin Schönherr studierte Geschichte und Spanisch in Berlin und San Salvador. Von 1995 bis 2001 war er Literaturredakteur bei den *Lateinamerika Nachrichten*. Heute schreibt er regelmäßig über (meist lateinamerikanische) Literatur, unter anderem für *Südlink* und die Wochenzeitung *WoZ*, und leitet Seminare und Lesungen. Er ist Lehrer in Zürich.

Christiane Schulte arbeitet seit zwei Jahrzehnten in der Entwicklungspolitik mit Schwerpunkt Lateinamerika. Sie hat zehn Jahre in Mexiko und Guatemala gelebt und in ländlichen Regionen gearbeitet. Seit vier Jahren koordiniert sie die entwicklungspolitischen Projekte von AWO International in Asien und Lateinamerika. Nach einem politikwissenschaftlichen Studium hat sie in Mexiko einen Master in Ländlicher Soziologie abgeschlossen und beschäftigt sich derzeit mit dem Thema Wirkungsevaluation. Sie war von 2005 bis 2009 Mitherausgeberin des *Jahrbuch Lateinamerika*.

Paco Ignacio Taibo II ist Krimi- und Sachbuchautor und lebt in Mexiko-Stadt. Mit seinen Eltern, die im Widerstand gegen Franco aktiv waren, emigrierte der Sohn eines Schriftstellers nach Mexiko, als er neun Jahre alt war. Er studierte Literatur, Soziologie und Geschichte und arbeitete als Journalist und Universitätsdozent. Er gilt als Begründer des neuen lateinamerikanischen Kriminalromans, der Stilmittel des Abenteuerromans, Politthrillers und Krimis miteinander verbindet. Bis heute fühlt er sich den Protestbewegungen Mexikos verbunden. Auf Deutsch erschien zuletzt von ihm der Abenteuerroman *Die Rückkehr der Tiger von Malaysia* (2012) bei Assoziation A.

Wolf-Dieter Vogel ist Journalist, Publizist und Pressereferent im Europäischen Parlament im Bereich Menschenrechte. Für Printmedien und den Hörfunk berichtete er sechs Jahre lang aus Mexiko, zudem war er dort für entwicklungspolitische Projekte, Freie Radios, den Nachrichtenpool Lateinamerika und im ARD-Studio Mexiko tätig. Er ist Autor zahlreicher Veröffentlichungen und lebt in Berlin. Zuletzt erschien von ihm das Buch *Abenteuer DDR – Kubanerinnen und Kubaner im deutschen Sozialismus* (Berlin 2011). Seine Schwerpunkte: Menschenrechte, Lateinamerika, internationale Politik, Flucht und Migration, soziale Bewegungen.

Paco Ignacio Taibo II bei Assoziation A ...

Paco Ignacio Taibo II
Die Rückkehr der Tiger von Malaysia
Taibos Hommage an Emilio Salgaris sagenumwobene Figuren Sandokan und Yanez de Gomara, die als Freibeuter im 19. Jahrhundert die Meere befuhren. Salgaris Helden fordern bei Taibo den europäischen Kolonialismus heraus. Ein Buch mit allen Charakteristika eines Abenteuer- und Piratenromans – allerdings erlaubt sich Taibo einige Freiheiten und führt verschollene Briefe Friedrich Engels', eine Überlebende der Pariser Kommune, Old Shatterhand und einen alten Gegner von Sherlock-Holmes in die Handlung ein …
ISBN 978-3-86241-412-3 | 304 Seiten | gebunden

Paco Ignacio Taibo II
Der Schatten des Schattens
Mexiko 1922: Der Journalist Pioquinto Manterola, der Chinese Tomás Wong, der Dichter Fermín Valencia und der Anwalt Alberto Verdugo kommen durch Zufall einem Komplott von Armeegenerälen, Ölförderfirmen und US-Senatoren auf die Spur. Eine wilde Hetzjagd beginnt…
ISBN 978-3-935936-63-7 | 232 Seiten | Paperback
Platz 1 auf der litprom-Bestenliste Weltempfänger, Juni 2010
Platz 3 der KrimiWelt-Bestenliste des Monats Juni 2010

Paco Ignacio Taibo II
Die Rückkehr der Schatten
Mexiko zu Beginn des Zweiten Weltkrieges: Ein Nazi-Komplott soll das Land destabilisieren, in Chiapas herrschen deutsche Kaffeebarone, die Abwehr des Dritten Reichs hat eine Agentin lanciert… Aber sie haben die Rechnung ohne Wong, Manterola, Valencia und Verdugo gemacht…
ISBN 978-3-935936-31-6 | 440 Seiten | gebunden

Subcomandante Marcos und Paco Ignacio Taibo II
Unbequeme Tote
Der wortgewandte Sprecher der zapatistischen Guerilla und der bekannteste Krimi-Schriftsteller Mexikos schreiben vierhändig einen Roman. Gemeinsam nehmen sie eine Spur auf, die zurück in die Zeit des Schmutzigen Krieges in Mexiko führt…
ISBN 978-3-935936-39-2 | 240 Seiten | Paperback

Zeitschrift der
Informationsstelle
Lateinamerika
Bonn

Täglich im Web
10 x im Jahr
auf Papier

Seit über 30 Jahren ein Begriff in der Lateinamerikaszene. Seit 1976 berichtet die **ila** kritisch über politische, wirtschaftliche, soziale und kulturelle Entwicklungen in Lateinamerika.
Die **ila** benennt die Ursachen und Folgen einer ungerechten Weltordnung und sie nennt die zugehörigen Namen.

www.ila-web.de

ila • Heerstraße 205 • 53113 Bonn • ila@ila-bonn.de

LATEIN AMERIKA
NACHRICHTEN // Die Monatszeitschrift

Jeden Monat auf über 60 Seiten
aktuelle Informationen aus Lateinamerika und der Karibik.

Hintergrundberichte, Reportagen und Interviews zu:
// Politik
// Gesellschaft
// Wirtschaft
// Literatur, Kunst, Film und Musik

Differenzierte, unabhängige und kritisch-solidarische
Berichterstattung, die bestehende Machtverhältnisse
analysiert und hinterfragt.

Jetzt ein **Probeabo**
für 10 Euro bestellen und
3 Monate LN lesen

Lateinamerika Nachrichten e.V.
im Mehringhof
Gneisenaustr. 2a
10961 Berlin

Email: abo@LN-Berlin.de

www.lateinamerika-nachrichten.de   Tel: 030 6946100